Bonnie McCullough/Susan Monson
Es geht auch ohne Zoff

Bonnie McCullough/Susan Monson

Es geht auch ohne Zoff

So helfen auch Ihre Kinder
gern im Haushalt

Aus dem Amerikanischen
von Christian Rendel

Brendow
Buch · Kunst · Verlag

Die Deutsche Bibliothek – CIP-Einheitsaufnahme

Bonnie McCullough/Susan Monson:
Es geht auch ohne Zoff! : so helfen auch Ihre Kinder gern im Haushalt / Bonnie McCullough/Susan Monson. [Aus dem Amerik. von Christian Rendel]. – Moers : Brendow, 1998
Edition C : C 523
Einheitssacht.: 401 ways to get your kids to work at home <dt.>
ISBN 3-87067-739-2

ISBN 3-87067-739-2
Edition C, C 523

Originaltitel: 401 Ways to Get Your Kids to Work at Home.

First published by St. Martin's Press, New York
Einbandgestaltung: Kortüm + Georg, Agentur für Kommunikation, Münster (Westf.)
Satz: Convertex, Aachen
Druck und Bindung: Clausen & Bosse, Leck
Printed in Germany

Inhalt

Einleitung

Heutzutage sind Geld und Zeit knappe Güter, und die meisten von uns könnten zu Hause sehr gut ein wenig Hilfe gebrauchen. Doch wie viele Eltern verschaffen sich diese Hilfe aus der naheliegendsten Quelle, nämlich von ihren Kindern? „Schöne Theorie", sagt man uns, „aber das kostet mehr Zeit, als es einbringt." Möglich, daß Eltern eine Aufgabe besser und schneller erledigen können als ihre Kinder, aber ist das ratsam? Nein. Wir glauben, daß es gut ist, wenn unsere Kinder zu Hause mithelfen, denn Kinder müssen lernen zu arbeiten, und Eltern brauchen ihre Hilfe.

Wenn unsere Kinder das achtzehnte Lebensjahr vollenden, werden sie 32 234 Stunden unter unserer Führung und Anleitung verbracht haben. Vergleichen Sie damit, daß man nur 2100 Stunden Vorlesungs- und Lernzeit benötigt, um einen einfachen Studienabschluß zu machen, für manche Ausbildungsberufe sogar nur die Hälfte dieser Zeit. In Ihrem Zuhause steht sechzehnmal mehr Lernzeit zur Verfügung als in einer Universität. Was wollen Sie mit dieser Zeit anfangen?

Denken Sie an den Tag, an dem Ihre Kinder flügge werden und das Elternhaus verlassen. Wir nehmen gern an, daß sie den alltäglichen Herausforderungen des Lebens gewachsen sein werden – aber haben wir damit recht? Wir gehen davon aus, daß sie mit den grundlegenden Hausarbeiten vertraut sind – aber sind sie das?

Dieses Buch wurde geschrieben, um Ihnen Grundsätze, Strategien und Tips weiterzugeben, wie Sie Ihren Kindern helfen können, erfolgreich im Haus mitzuhelfen. Bei seinen Experimenten mit Tauben stellte B. F. Skinner fest, daß er einen Vogel durch die Aussicht auf ein einziges Futterkügelchen als Belohnung dazu bringen konnte, zehntausendmal mit dem Schnabel zu picken. Kinder sind in der Lage, Erwachsene zu manipulieren, um die Aufmerksamkeit oder Belohnung zu bekommen, auf die sie aus sind. Wie die Taube versuchen sie immer und immer wieder, sich die Belohnung zu verschaffen, sei sie nun positiv oder negativ. Wir werden Ihnen zeigen, wie Sie Ihre negativen Reaktionen in positive Reaktionen umgestalten können, die Ihr Kind dazu motivieren, das zu tun, was es Ihrer Meinung nach tun sollte, nämlich im Haus mithelfen.

In diesem Buch werden Sie lernen, welche Fähigkeiten ein Kind in welchem Alter erlangen sollte. Sie werden lernen, wie Sie ihm diese Fähigkeiten beibringen und wie Sie Ihr Kind motivieren können, sie auszuüben. Oft scheint es, als ob andere Leute ein Kind viel besser zur Arbeit motivieren könnten als die eigenen Eltern, doch durch Rollenspiel und Dramatisierung können auch die Eltern der Sache die Dosis Spaß geben, die das Kind zur Mitarbeit anreizt. Geschichten, Tabellen, Spiele und Techniken dienen dazu, das Kind zur Arbeit anzuhalten, bis es die Reife und das innere Verlangen danach entwickelt.

Wenn Sie auf der Suche nach einem Trick sind, um sofort zu Ergebnissen zu kommen, versuchen Sie es mit einem Ratespiel. Lassen Sie das Kind zehn Gegenstände in einem Zimmer wegräumen, und Sie raten dann, welche Gegenstände es waren. Um Ihren Kindern die Angewohnheit auszutreiben, ihre Jacken, Bücher und Habseligkeiten überall im Haus einfach fallenzulassen, führen Sie die „Acht-Uhr-Räumaktion" ein, die im achten Kapitel beschrieben wird. Wenn das Zimmer Ihres Kindes die Problemzone ist, gehen Sie direkt zu Kapitel neun, um die Ursache herauszufinden, oder versuchen Sie es mit der Zimmerappell-Tabelle. Das zwölfte Kapitel mit der Überschrift „401 Wege, wie Sie Ihre Kinder dazu bringen, im Haus mitzuhelfen" bietet viele praktische Anregungen, um Ihre Kinder auf positive, kreative Weise zur Mitarbeit anzuhalten.

Andere Teile dieses Buches wie etwa die Kapitel „Ziele setzen", „Die besten Zeiten für das Lernen" oder „Die Familie zusammenbringen" legen dar, welche Theorie dahintersteht, in der

Familie ein starkes Fundament zu legen, das den Kindern hilft, zu verantwortungsvollen, unabhängigen Leuten heranzuwachsen. Dieses Buch legt das Augenmerk auf einen durchführbaren Plan, dem Eltern und Kinder folgen können, um jene 32 234 Stunden produktiv einzusetzen. Es soll ein Wegweiser zum Erfolg in Bereichen sein, die sonst oft dem Zufall überlassen bleiben. Möglicherweise müssen Sie dazu einiges an Ihrem eigenen Verhalten ändern oder auch die häusliche Umgebung anders gestalten, damit Ihr Kind Fortschritte machen kann.

Es ist nicht zu spät, um damit anzufangen, egal, wie alt Ihr Kind ist, wenn auch die Methoden und Anreize unterschiedlich sein können. Seien Sie stolz auf das, was Sie bereits erreicht haben. Ihr Interesse an diesem Buch deutet darauf hin, daß Sie bereits versuchen, einige dieser Ideen umzusetzen. Lassen Sie die Reue über die Fehler der Vergangenheit hinter sich. Sie haben Ihr Bestes getan, soweit es mit den Werkzeugen, die Sie bisher hatten, möglich war. Wir können Ihnen nicht versprechen, daß Ihre Kinder nun die ganze Hausarbeit übernehmen oder auch nur Aufgaben aus eigenem Antrieb in Angriff nehmen werden, aber wir können Ihnen zumindest helfen, sie zu trainieren, so daß sie später, wenn sie ein eigenes Zuhause haben und es gerne schön erhalten möchten, dazu auch in der Lage sind.

Bei einer Befragung von zweihundertfünfzig Kindern waren über siebenundneunzig Prozent aufrichtig der Meinung, daß sie zu Hause mitarbeiten sollten. Bringen wir es ihnen bei, und geben wir ihnen die Gelegenheit dazu. Kinder zur Arbeit anzuhalten bringt viele Vorteile. Bei den Kindern stärkt es ungemein die Selbstachtung und das Zugehörigkeitsgefühl. Sie erlangen Fähigkeiten, die sie im Erwachsenenleben brauchen, entwickeln erfolgversprechende Gewohnheiten, die zu Unabhängigkeit und Selbständigkeit führen, und lernen, rasch und effizient zu arbeiten. Das Bewußtsein für den Wert der Dinge und die Wertschätzung für die Bemühungen anderer werden gestärkt. Die Eltern werden dadurch belohnt, daß ihnen ein Teil der Arbeitslast abgenommen wird, daß sie von dem Zorn darüber befreit werden, sich ausgenutzt zu fühlen, und daß sie mehr Zeit für die schönen Dinge des Lebens haben. Außerdem ist es ein Erfolgserlebnis, das Kind auf die Erwachsenenwelt vorzubereiten, wie der altbekannte Satz mahnt:

> Fang mir einen Fisch, und ich werde heute zu essen haben. Lehre mich fischen, und ich werde für den Rest meines Lebens zu essen haben.

Kapitel 1

Setzen Sie Ziele!

Wenn Ihre Kinder das Haus verlassen und allein in die Welt hinausziehen, welche Fertigkeiten im Haus werden sie dann mitnehmen?

Wenn Sie jedem Ihrer Kinder fünfzigtausend Mark mit auf den Weg geben könnten, wäre das ebensoviel wert, wie wenn sie sich in Vorbereitung auf das Erwachsenenleben ein paar grundlegende Fähigkeiten angeeignet hätten – die kleinen Dinge, die sie jeden Tag erledigen müssen, selbst wenn sie hundertunddrei werden?

Wenn junge Erwachsene wissen, wie man eine Wohnung saubermacht und sauberhält, wie man gute Lebensmittel auswählt und zubereitet oder wie man sich das Geld einteilt, dann müssen sie nicht die zusätzliche Zeit aufwenden, die es kostet, diese Dinge zu lernen, wenn sie sich eigentlich auf ihr Studium, ihren Beruf oder andere Lebensbereiche konzentrieren müßten.

Wenn wir als Eltern keine Ziele für unsere Kinder haben, kann ihr Leben später leicht schiefgehen. Wir können ihnen aber auch nicht helfen, sich Ziele zu setzen, wenn wir nur eine vage Vorstellung davon haben, was sie erreichen sollten. Vielleicht fragen Sie jetzt: „Haben wir als Eltern denn überhaupt das Recht, die Ziele zu setzen, die unsere Kinder erreichen sollen?" Unsere Antwort ist ja, denn wenn die Eltern erst einmal den Rahmen gesteckt haben, in dem das Kind ungefährdet agieren und Fähigkeiten entwickeln kann, um erfolgreich den Herausforderungen des Lebens zu begegnen, dann kommt das Recht des Kindes auf eigene Entscheidung ins Spiel. Ohne diese Grenzen fehlt einem Kind zumeist die Reife, um sich Ziele zu setzen. Leider denken wir über einen zweiwöchigen Urlaub oft sorgfältiger nach als über die Erziehung unserer Kinder.

Als Eltern haben Sie Möglichkeiten, Ihr Kind auf die große Welt vorzubereiten, ob es nun zwei ist oder zweiundzwanzig. Während der etwa achtzehn Jahre, die ein Kind in Ihrem Haus zubringt, werden Sie viele Dinge unternehmen und viele Orte aufsuchen. Warum also nutzen Sie diese Erlebnisse nicht voll aus, indem Sie Ziele setzen, und planen Ihre Aktivitäten so, daß Ihre Kinder möglichst viel dabei lernen? Jede Aufgabe, die Ihr Kind bewältigt, stärkt sein Selbstbild und gibt ihm das Selbstvertrauen, auf dem es weitere Fähigkeiten aufbauen kann. Unabhängige Kinder können Krisen wegstecken und vorwärts gehen, während abhängige Kinder angreifbarer sind für Probleme, die ihr Leben ruinieren können. Auch Sie als Eltern werden viel davon haben; Ihr Erfolgsgefühl entwickelt sich, die Arbeitslast wird geteilt, und das Kind wird mit Ihnen statt gegen Sie arbeiten. Das Setzen solcher Ziele verschafft Eltern und Kindern mehr Zeit, um die anderen Dinge des Lebens zu genießen.

Interessanterweise haben bei einer Umfrage über Hausarbeit, die wir mit zweihundertfünfzig Kindern durchgeführt haben, siebenundneunzig Prozent geäußert, sie fänden, daß sie mithelfen sollten. Hier sind die Gründe, die sie dafür nannten.

Die Kinder sagten, sie sollten zu Hause mithelfen, denn:

> „Dann schnappen die Eltern nicht über, weil sie alle Arbeit allein machen müssen."

„Die Kinder machen ja auch den meisten Dreck im Haus. Außerdem haben sie irgendwann einmal ein eigenes Haus, und dann müssen sie wissen, wie man saubermacht und kocht."

„Dann ist es leichter, eine Arbeit zu finden und selbständig zu sein."

„Dadurch macht man Erfahrungen, man lernt zu organisieren und bereitet sich aufs spätere Leben vor."

„Kinder müssen lernen, Verantwortung zu übernehmen; wenn nicht, werden sie später zu Faulpelzen."

„Auf diese Weise kriegen wir die ganze Arbeit erledigt, und dann können wir Dinge tun, die uns auch wirklich Spaß machen."

„Meine Mutter und mein Vater sind geschieden, und meine Mutter mußte schon immer den ganzen Tag arbeiten. Darum braucht sie auch unsere Hilfe. Meine Schwester und ich (siebzehn und zwölf) erwarten nicht von ihr, daß sie alles macht."

„Ich glaube, dadurch entwickeln sich gute Gewohnheiten, wenn das Kind zum Erwachsenen wird."

„Es hilft Mama und Papa, denn sie sorgen ja auch für das Essen auf dem Tisch."

Als Eltern können wir uns Methoden bewußtmachen, die dem Kind helfen, sowohl zu sehen, was zu tun ist, als auch, wie es selbständiger werden kann. Ein Beispiel: Eine junge Volleyball-Mannschaftskapitänin war so erpicht darauf, daß ihre Mannschaft siegte, daß sie ständig Anweisungen gab. Wenn ein Mädchen einen Fehler machte, sagte sie diesem Mädchen genau, wie sie es richtig hätte machen sollen. „Du hättest den Ball mit der Faust schlagen sollen. Geh weiter nach vorn, du stehst zu weit hinten!" Innerhalb von zehn Minuten waren alle anderen Mädchen soweit, daß sie nur noch auf ihre neue Kapitänin schauten und auf Anweisungen warteten, bevor sie sich von der Stelle rührten. Manche Eltern machen es zu Hause genauso und schreiben ihrem Kind jeden Schritt vor. Doch unser Kind soll ja nicht nur Gehorsam lernen, sondern auch Selbständigkeit. Es gibt sieben Stufen, um Kinder zur Selbständigkeit zu erziehen und sie dazu zu bringen, im Haus mitzuarbeiten:

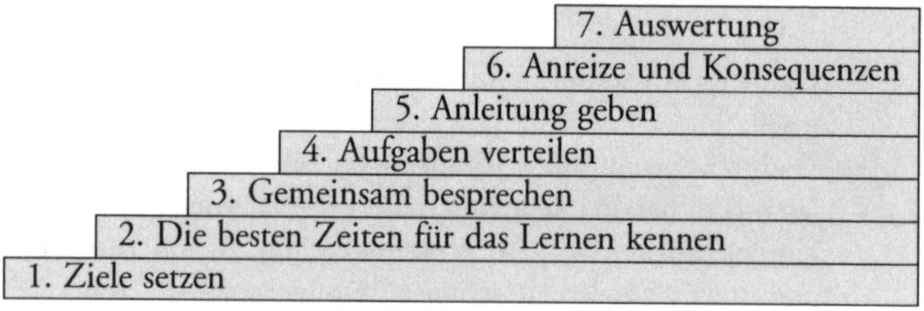

Die ersten vier sind die Grundlagen, die gelegt werden, bevor wir dem Kind sagen, daß es sich „an die Arbeit machen“ soll. Der eigentliche Spaß beginnt dann, wenn wir dem Kind beibringen, wie eine Aufgabe zu erledigen ist, und uns Anreize einfallen lassen, um es zu motivieren. Der Lohn der Mühe stellt sich regelmäßig ein, wenn das Kind Fähigkeiten erlernt und Selbstvertrauen entwickelt. Doch bevor Sie mit der Schulung beginnen, müssen Sie entscheiden, wo Sie mit Ihrem Kind hinwollen.

Wenn Sie sich keine klaren Ziele setzen, wird es Ihnen gehen wie Alice im Wunderland, die von der Cheshire-Katze gefragt wird, wo sie „ankommen“ wolle. Als Alice antwortete, das sei ihr „nicht so wichtig“, sagte die Katze: „Dann ist es auch nicht so wichtig, in welche Richtung du gehst.“

Wo wollen Sie hin?

Es ist nicht egal, wohin wir mit unseren Kindern wollen. Beim Zielesetzen kann es hilfreich sein, daran zu denken, wie das zum Beispiel im amerikanischen Schulsystem gehandhabt wird. Viele Schulen verwenden dort Fortschrittstabellen, die das Kind von Schuljahr zu Schuljahr begleiten und zeigen, welche Kenntnisse es sich etwa in Mathematik oder in den Sprachen angeeignet hat. Für einen Erstkläßler kann diese Liste etwas entmutigend aussehen, doch während das Kind sich Stück für Stück voranarbeitet, sammeln sich mit der Zeit viele Dinge an, die es schon gelernt hat. Wäre es nicht interessant, zu sehen, welches Niveau Ihr Kind in „Haushaltskunde“ erreicht hat?

Die folgende Haushalts-Fortschrittstabelle soll Ihnen eine Hilfe sein, zu definieren, was Sie Ihren Kindern gerne mit auf den Weg geben möchten, bevor sie das Elternhaus verlassen. Die Tabelle ist dabei ein Startpunkt und ein Platz, an dem Sie Ihre Aufzeichnungen festhalten können; kürzen oder erweitern Sie sie je nach Ihren persönlichen Umständen. Bedenken Sie dabei, daß oft unbewußt versäumt wird, dem jüngsten Kind die Dinge beizubringen, die den älteren aus schierer Notwendigkeit beigebracht wurden. Außerdem wird es vernachlässigt, Jungen in Haushaltstätigkeiten und Mädchen in handwerklichen Fähigkeiten zu schulen, da unbewußt davon ausgegangen wird, daß diese übergangenen Bereiche irgendwann einmal vom Ehepartner übernommen werden. Wir dagegen meinen, daß es Jungen wie Mädchen nur nützen kann, sich in beiden Bereichen auszukennen. Auch behinderte Kinder sollten so viele Dinge lernen, wie sie irgend bewältigen können.

In dieser Tabelle geht es zwar im wesentlichen um die Haushaltstätigkeiten, doch auch das Lernen in der Schule sollte kräftig gefördert werden. Vielleicht können Sie auch ein paar Fähigkeiten mit aufnehmen, mit denen sich Geld verdienen läßt, wie etwa Maschineschreiben, Mobel aufpolstern, Elektroreparaturen und dergleichen, und dazu die Hilfe anderer Lehrer in Anspruch nehmen.

Gehen Sie nun die Tabelle durch, und werden Sie sich klar, welche Fähigkeiten Sie bei Ihren Kindern entwickeln möchten. Es werden viele Einträge angeboten, aber vielleicht ist es nützlicher, sich drei Kategorien auszuwählen, sie sorgfältig durchzusehen und sich für eine Fähigkeit aus jeder dieser Kategorien zu entscheiden, die Sie Ihrem Kind beibringen wollen – oder auch für drei Fähigkeiten aus einer Kategorie. Wenn Sie mehrere Kinder haben, die im Alter dicht beieinander liegen, können Sie mit ihnen als Gruppe arbeiten oder auch ein Kind jetzt und die anderen später schulen. Manche der Tätigkeiten werden Sie zwar jetzt schon einführen, aber erst später erwarten, daß sie fehlerlos klappen. Ihre Kinder können eine erste Vertrautheit mit einer Tätigkeit gewinnen, indem sie direkt durch Beobachtung, Fragenstellen oder Mithilfe daran beteiligt werden. Als abgeschlossen kann der Lernprozeß gelten, wenn sie eine Aufgabe mindestens dreimal selbständig erfolgreich bewältigt haben. Bedenken Sie, daß die Haushalts-Fortschrittstabelle nur ein Leitfaden (kein Test) ist, um Ihnen zu helfen, Ziele für Ihre Familie zu setzen. Manche der aufgelisteten Punkte erscheinen Ihnen vielleicht unwichtig, andere hingegen möchten Sie hinzufügen. Seien Sie flexibel, und überlegen Sie sich in Ruhe, was Ihnen am wichtigsten ist.

Körperpflege und persönliche Dinge

___ Schlafanzug wegräumen (2-4)
___ Spielzeug aufräumen (2-6)
___ Sich selbst ausziehen (2-4)
___ Haare kämmen (2-5)
___ Gesicht und Hände waschen (2-5)
___ Zähne putzen (2-5)
___ Zimmer aufräumen (2-8)
___ Sich selbst anziehen (3-6)
___ Das Bett machen (3-7)
___ Fingernägel reinigen und schneiden (5-10)
___ Badezimmer ordentlich hinterlassen (6-10)
___ Haare selbst waschen und fönen (7-10)
___ Für Haarschnitte selbst sorgen (10-16)
___ Eigene Körperpflegemittel selbst einkaufen (11-18)

Kleiderpflege

___ Wäschekorb ausleeren, schmutzige Wäsche in die Waschküche bringen (4-8)
___ Saubere Wäsche einräumen (5-9)
___ Die eigenen Schubladen sauberhalten (6-14)
___ Den eigenen Schrank sauberhalten (6-16)
___ Saubere Wäsche zusammenlegen und sortieren (8-16)
___ Wäsche zum Trocknen aufhängen (8-16)
___ Kleider ordentlich zusammenlegen, ohne Falten (8-16)
___ Schuhe putzen (8-18)

___ Wäsche in der Maschine waschen (9-16)
___ Wäschetrockner bedienen (9-16)
___ Waschmaschinenfilter reinigen (10-16)
___ Kleidung einkaufen (11-18)
___ Flecken entfernen – Blut, Öl, Kaffee, Tee, Cola etc. (12-18)
___ Schuhe/Stiefel wasserdicht machen (12-18)
___ Bügeln (12-18)
___ Feinwäsche oder Wolle mit der Hand waschen (12-18)
___ Einfache Reparaturen – Knöpfe annähen und Stopfen (12-17)
___ Kleider nach Farbe, Verschmutzung, Gewebeart sortieren (8-18)
___ Kleider in die Reinigung bringen
___ Einfache Näharbeiten (12-18)

Haushaltstätigkeiten

___ Eigenes Gedeck am Tisch abräumen (2-5)
___ Verschüttetes aufwischen (3-10)
___ Staub wischen (3-12)
___ Tisch decken (3-7)
___ Tisch abdecken (3-13)
___ Abfall im Garten einsammeln (4-10)
___ Tischsets ausschütteln (4-8)
___ Flecken von der Wand entfernen (4-12)
___ Türrahmen abwischen (4-12)
___ Fernsehbildschirm und Spiegel putzen (4-8)
___ Haustiere füttern (5-10)
___ Toilette putzen (5-8)
___ Waschbecken und Badewanne scheuern (5-12)
___ Papierkörbe ausleeren (4-10)
___ Eingangstreppe und Gehwege kehren (4-10)
___ Stühle abwischen (6-11)
___ Unterschiede und Anwendungen der verschiedenen Reinigungsmittel kennen (6-14)
___ Spülmaschine füllen und anstellen (6-12)
___ Spülmaschine leeren und Geschirr wegräumen (6-12)
___ Geschirr mit der Hand spülen und abtrocknen (6-12)
___ Kämme und Bürsten reinigen (6-8)

___ Badezimmer putzen (total) (6-12)
___ Fußboden schrubben oder wischen (6-13)
___ Staubsaugen (7-12)
___ Haustierkäfige und -schüsseln säubern (7-13)
___ Anrufe annehmen und notieren (7-12)
___ Mit Besen und Kehrschaufel umgehen (8-12)
___ Polstermöbel und Vorhänge absaugen (8-14)
___ Pflanzen gießen (8-14)
___ Rasen bewässern (8-14)
___ Decken ordentlich zusammenlegen (8-14)
___ Auto waschen (8-16)
___ Unkraut jäten (9-13)
___ Bettwäsche wechseln (10-13)
___ Glühbirnen auswechseln, Wattstärken verstehen (10-15)
___ Kamin reinigen (10-15)
___ Silberbestecke polieren (11-15)
___ Sicherungen auswechseln (11-18)
___ Quietschende Türen ölen (12-18)
___ Staubbeutel im Staubsauger wechseln (12-15)
___ Bäume und Büsche beschneiden (12-18)
___ Rasenmähen (12-16)
___ Holzmöbel polieren (14-18)
___ Fenster putzen (13-18)
___ Ferngespräche führen (13-17)
___ Rohre mit Chemikalien oder Pumpe freimachen (13-18)
___ Schlösser anbringen (14-18)
___ Stecker an Elektrokabel auswechseln (14-18)
___ Wände abwischen (14-18)
___ Badezimmerkacheln reinigen (14-18)
___ Wasserhahndichtung auswechseln (15-18)
___ Dichtmasse verwenden (16-18)
___ Wissen, worauf es bei Haushaltsgeräten ankommt (16-18)

Kochen

___ Grundwissen über Nahrungsmittelgruppen und Ernährung (5-14)
___ Lebensmittel einräumen (6-16)
___ Punsch zubereiten (6-9)

___ Ein Sandwich zubereiten (6-12)
___ Dosensuppen erhitzen (7-12)
___ Rezepte lesen (7-12)
___ Richtig abmessen (7-14)
___ Gelatine herstellen (7-12)
___ Lunchpaket packen (7-12)
___ Eier kochen (7-13)
___ Rühreier braten (9-13)
___ Frikadellen braten (12-16)
___ Zwischen frischen und verdorbenen Lebensmitteln unterscheiden (10-18)
___ Mit Backmischung Kuchen backen (10-14)
___ Tiefgefrorenes Gemüse und Dosengemüse zubereiten (10-13)
___ Pfannkuchenteig zubereiten (10-17)
___ Etiketten mit Inhaltsstoffen mit Verstand lesen (10-15)
___ Eine ausgewogene Mahlzeit planen (10-15)
___ Frisches Obst und Gemüse auswählen und zubereiten (10-18)
___ Plätzchen backen (10-16)
___ Törtchen und Kekse backen (11-17)
___ Salat zubereiten (11-15)
___ Heiße Getränke zubereiten (12-16)
___ Frikadellen braten (12-16)
___ Steak braten (12-16)
___ Brot backen (12-17)
___ Obstsalat zubereiten (13-15)
___ Enteisten Kühlschrank reinigen (12-18)
___ Auflauf zubereiten (14-18)
___ Backofen und Herd reinigen (15-18)
___ Für eine Woche Lebensmittelbedarf planen und einkaufen (15-18)
___ Kühlschrank oder Gefrierschrank enteisen (15-18)
___ Hähnchen braten (16-18)

Umgang mit Geld

___ Geldbezeichnungen kennen; Mark, Pfennig etc. (5-12)
___ Über geringes Taschengeld frei verfügen (5-12)
___ Geld wechseln und Wechselgeld zählen (8-11)
___ Qualität und Preise vergleichen (8-12)
___ Betrag auf Sparbuch oder Konto einzahlen (10-18)
___ Einfaches Budget anwenden (12-18)

___ Waren richtig umtauschen/ zurückgeben (14-18)
___ Scheck ausschreiben (14-18)
___ Kontostand berechnen (14-18)
___ Kenntnis der Haushaltsrechnungen, die bezahlt werden müssen: Miete, Strom, Wasser, Telefon etc. (15-18)
___ Wissen, wie man mit einer Kreditkarte umgeht (16-18)

Navigation und Verkehr

___ Eigene Adresse kennen (4-6)
___ Eigene Telefonnummer kennen (4-6)
___ Auto innen reinigen (8-14)
___ Bus oder Taxi fahren (8-16)
___ Fahrrad ölen (9-14)
___ Fahrradschlauch flicken (10-15)
___ Auto waschen (10-17)
___ Straßenkarte lesen (7-14)
___ Auto polieren (12-17)
___ Auto auftanken (15-18)
___ Ölstand prüfen (15-18)
___ Kühlwasser nachfüllen (16-18)
___ Reifen wechseln (16-18)
___ Reifendruck prüfen und korrigieren (16-18)
___ Auto fahren (18)

Sonstige Fähigkeiten

___ Notruf tätigen – Krankenwagen, Polizei, Feuerwehr (5-12)
___ Schwimmen lernen (5-14)
___ Buch aus der Bücherei ausleihen (6-10)
___ Erste-Hilfe-Maßnahmen kennen (10-18)
___ Über Verwendung von Medikamenten und Gefahren der Überdosierung Bescheid wissen (10-18)
___ Kleine Party planen (12-18)
___ Etwas richtig an die Wand hängen (12-18)

___ Zimmerwände streichen (12-18)
___ Maschineschreiben (14-18)
___ Heizungs- oder Klimaanlagenfilter wechseln (14-18)
___ Vermieter wegen eines Problems kontaktieren und informieren (14-18)
___ Frühjahrsputz organisieren (15-18)
___ Durchlauferhitzer reinigen und anzünden, falls Gasgerät (16-18)
___ Wandlöcher spachteln (16-18)
___ Teppich schamponieren (16-18)
___ Dienstleistungen wie Sperrmüllabfuhr oder Kammerjäger bestellen (16-18)

Zusätzliche Fähigkeiten

_____ _____
_____ _____
_____ _____
_____ _____

Durch Planung zum Ziel

Indem Sie die Haushalts-Fortschrittstabelle ausfüllen, erkennen Sie klarer, welche Fähigkeiten Ihr Kind bereits gemeistert hat, welche noch gefördert werden müssen und welche weiteren Fähigkeiten Sie Ihrem Kind noch mit auf den Weg geben möchten. Jetzt, wo Sie wissen, wo Sie anfangen wollen, ist es an der Zeit, Ziele zu setzen. Bedenken Sie den Reifegrad des Kindes: Kann mein Kind körperlich, geistig und emotional mit dieser Aufgabe zurechtkommen? Denken Sie auch an den Zeitaufwand: Ist der Zeitplan meines Kindes vielleicht mit Schule, Tanz- und Musikunterricht schon zu angefüllt für diese Aufgabe? Auch die Belastung für die Eltern spielt eine Rolle: Bin ich zu sehr mit Überstunden und Gemeindeleben beschäftigt, um die Sache zu organisieren? Halten Sie Ihre Pläne flexibel, und passen Sie sich veränderten Umständen an.

Das Schuljahr mit den Weihnachts- und Osterferien und den langen Sommerferien legt mögliche zeitliche Begrenzungen nahe. Während der Schulzeit, wenn die Kinder sich aufs Lernen konzentrieren, sollten Sie den Schwerpunkt darauf legen, die regelmäßigen alltäglichen Aufgaben und einfache Ein-Tages-Projekte zu fördern, wie etwa einen gemischten Salat zubereiten oder den Ölstand am Auto prüfen. Ferienzeiten können genutzt werden, um schwierigere Aufgaben wie Gartenarbeit, Kartenlesen oder Nähen in Angriff zu nehmen. Im Juni können Sie sich Ziele setzen und Pläne machen, welche Fähigkeiten Sie im Lauf der Sommerferien in die Freizeit einbauen wollen. Es ist eine Hilfe, diese Pläne für jedes Kind in den verschiedenen Kategorien wie Persönliches, Haushalt, Geld und so weiter schriftlich aufzulisten. Sie können die letzten Seiten dieses Buches oder ein besonderes Notizbuch für Ihre Familienziele benutzen.

Wenn Sie Ihre Ziele kennen, können Sie auch die Mithilfe von Organisationen wie den Pfadfindern, der Jungschar und der Schule nutzen. Susanne kann in der Schule an der Näh-AG teilnehmen; Klaus kann bei den Pfadfindern lernen, wie man ein Fahrrad auseinandernimmt und wieder zusammensetzt. In solchen Gruppen können Kinder nicht nur viel lernen, sondern auch die Gewohnheit entwickeln, auf Ziele hinzuarbeiten.

Erreichbare Ziele finden

Lehramtsreferendare beklagen sich oft über die mühselige Aufgabe, schriftliche Lernziele für ihre Schüler zu formulieren. Bald jedoch merken sie, daß der Prozeß, Ziele aufzuschreiben, alle Dimensionen eines Ziels in ein klareres Licht rückt. Später geht ihnen diese einst so lästige Aufgabe in Fleisch und Blut über. Jeder junge Lehrer lernt, daß ein Ziel erreichbarer wird, wenn es die folgenden drei Elemente des Lehrens enthält:
(1) das erwünschte Verhalten,
(2) die dazu nötigen Bedingungen und
(3) das erwartete Ergebnis.

Diese drei Elemente lassen sich auch zu Hause anwenden. Sie müssen zwar keine Lernziele und Unterrichtspläne niederschreiben wie ein Lehrer, aber wenn Sie Schwierigkeiten haben, ein Ziel zu erreichen, dann kann es hilfreich sein, diese Faktoren noch einmal durchzugehen und zu sehen, ob Sie einen davon vernachlässigt haben.

Die Handlungen, Bedingungen und Standards sind je nach Alter des Kindes und Schwierigkeit der Aufgabe unterschiedlich. Zum Beispiel erfordert das Staubwischen in einem sparsam und modern möblierten Zimmer nicht so viel Reife oder Geschicklichkeit wie das Staubwischen in einem Zimmer voller Antiquitäten und Nippes. Doch um welche Aufgabe auch immer es geht; wenn das Kind weiß, was von ihm erwartet wird, die nötige Ausrüstung hat, versteht, wann die Sache erledigt sein muß, und weiß, wie das Endergebnis aussehen soll, dann ist der Erfolg fast garantiert. Wenn Sie genau sagen, was Sie wollen, dann wird Ihr Kind normalerweise auch genau das tun.

Die folgende Tabelle kann Ihnen dabei helfen, bei den Zielen, die Sie setzen, die drei Elemente des Lehrens zu berücksichtigen.

DREI ELEMENTE DES LEHRENS

Verhalten oder Handlung	Was ist zu tun?
Bedingungen	Was wird dazu gebraucht? Wann soll es erledigt sein?
Standard	Wie gut soll es erledigt werden? Wer wird das Ergebnis überprüfen?

Beispiele fürs Zielesetzen

Die folgenden Beispiele werden den wirksamen Einsatz der drei Elemente des Lehrens verdeutlichen. Vicky ist der Meinung, daß für ihre achtjährige Tochter während der nächsten drei Monate Tischdecken, Staubwischen und Unkrautjäten auf dem Programm stehen sollten. Da Vicky ganztags berufstätig ist, bieten sich die Samstage zum Üben an. Auf dem Heimweg vom Klavierunterricht sagt Vicky zu ihrer Tochter: „Du hast mir in letzter Zeit so viel geholfen und hast es so gut gemacht, daß ich finde, du bist so weit, daß du etwas Neues lernen kannst. Ich denke da an drei Aufgaben. Mit welcher würdest du es gerne zuerst versuchen? Du könntest für uns zum Abendessen den Tisch decken, vielleicht mit Kerzen und Blumen, damit es richtig hübsch wird; du könntest im Blumenbeet im Vorgarten das Unkraut jäten, jede Woche ein kleines Stück; oder möchtest du lieber lernen, im Wohnzimmer mit der Kieferndust-Politur den Staub zu wischen?"

Vicky stellt diese Arbeiten so attraktiv wie möglich dar und überläßt dann ihrer Tochter die letzte Entscheidung. Da sie weiß, welche Fähigkeiten ihre Tochter entwickeln sollte, konnte sie eine Zielrichtung vorgeben und dabei die drei „Elemente des Lehrens" beachten.

Nehmen wir an, Sie möchten Ziele für einen zehnjährigen Jungen setzen. Mit der persönlichen Körperpflege kommt er schon sehr gut zurecht, und er ist bereit, kleine Aufgaben wie Tischdecken und Staubsaugen zu übernehmen, doch sein Zimmer sieht chaotisch aus, und er hat Interesse am Kochen geäußert. Die beiden nächsten Ziele sind also, ihm zu helfen, sein Zimmer in den Griff zu bekommen und ein paar Grundbegriffe des Kochens zu erlernen. Setzen Sie zwei oder drei kurzfristige, konkrete Ziele, die in etwa einem Monat zu erreichen sind. Der Trick ist, erreichbare Ziele zu setzen, indem Sie sich die Frage stellen: „Welche kleinen Dinge kann er tun, um diesen Hauptzielen näher zu kommen?" Diese Ziele könnten etwa so aussehen:

Zimmer

- Die Nähmaschine und die Stoffe aus seinem Zimmer nehmen.

Küche

- Zusammen ein Thunfisch-Sandwich zubereiten.
- Gemeinsam einen grünen Salat machen.
- Ihn anleiten, aus einer Backmischung einen Kuchen zu backen.

Achten Sie auf die drei „Elemente des Lehrens", wenn Sie über diese Ziele sprechen, damit Sie beide ganz genau wissen, was erwartet wird, was dazu notwendig ist und wann er diese Dinge erledigen wird. Dies kann schriftlich oder im Gespräch geschehen.

Setzen Sie beständig neue Ziele. Die meisten Leute setzen sich bei der Arbeit wöchentliche und monatliche Ziele; warum also nicht auch zu Hause? Jetzt, wo Sie das langfristige Ziel haben, Ihre Kinder dazu zu bringen, zu Hause mitzuarbeiten, können Sie sich Jahresziele und Ziele für einzelne Jahreszeiten setzen: „Diesen Sommer fange ich an, meiner Tochter das Nähen beizubringen." Beteiligen Sie das Kind an diesen Entscheidungen. Wenn wir als Erwachsene etwas nicht mögen, dann lassen wir es sein. Wenn wir nicht gerne singen, dann singen wir nicht im Chor mit. Kinder haben dieses Vorrecht nicht – sie müssen essen, was auf den Tisch kommt; sie müssen das lernen, was in der Schule auf dem Lehrplan steht; und sie müssen zu Bett gehen, wenn die Eltern es ihnen sagen. Wenn ihnen Rechtschreibung keinen Spaß macht, dann sagen wir ihnen, daß sie sich damit mehr Mühe geben müssen. Das können schwierige Jahre für ein Kind sein. Darum sollten Sie Ihrem Kind, wo immer möglich, die Gelegenheit zu einer seinem Alter angemessenen Mitsprache geben.

Versuchen Sie, das Kind am Setzen individueller Ziele zu beteiligen. Ein Vater fragt seine Kinder jeden Freitagabend: „Was für Ziele habt ihr für dieses Wochenende?" Es habe mehrere Monate gedauert, sagt er, aber inzwischen haben sie ihren Fernsehkonsum eingeschränkt und arbeiten nun an den Dingen, die sie „wirklich" tun wollen. Talente sind „Interessen", die gepflegt worden sind; wo Ziele gesetzt werden, da werden Talente wachsen.

Kinder brauchen für jede Tätigkeit viel Übung; manchmal müssen sie sogar zurückgehen und Dinge neu lernen. Bieten Sie dazu reichlich Gelegenheit: „Ich muß mit dem Streichen fertig werden, bevor der Sturm hereinbricht. Könntest du bitte ein paar Sandwiches zum Mittagessen machen?" Sie müssen auch lernen, eine neue Verantwortung beständig wahrzunehmen. Bedenken Sie, die wichtigste Schule, die Ihr Kind je besuchen wird, ist das Elternhaus. Sparen Sie nicht mit Lob und Ermutigung, und zeigen Sie Dankbarkeit auch für kleine Leistungen. Selbstachtung wird dadurch aufgebaut, daß ein Kind seine Fähigkeiten entdeckt und entwickelt. „Susi, wenn du das Unkraut jätest, habe ich das Gefühl, ich hätte noch eine erwachsene Frau, die mir hilft!" Hören Sie zu, wenn Ihr Kind Frust oder Erfolgsgefühle äußert. Bauen Sie auf die bisherigen Erfolge auf und ermutigen Sie das Kind, auf zukünftige Ziele zuzugehen.

Im Klassenzimmer einer dritten Klasse hatte die Lehrerin ein Schild an die Wand gehängt, auf dem stand: „Häng deinen Wagen an einen Stern, setz dich hinein, und schon bist du da!" Ganz so einfach ist es mit dem Zielesetzen nicht. Es kann schon recht mühsam sein, das Gespann anzutreiben, aber immerhin haben Sie etwas, worauf Sie zusteuern. Zielesetzen ist der erste Schritt in Richtung Selbständigkeit und Verantwortung. Es wird Ihnen helfen, gute wie schlechte Zeiten besser zu meistern.

Kapitel 2

Die Jahreszeiten des Lernens

Lehren – aber wann?

Wann ist die beste Zeit, um einem Kind eine bestimmte Tätigkeit beizubringen? Die Lernstufen eines Kindes lassen sich in drei Jahreszeiten oder Phasen unterteilen. Die Eltern sind die Lehrer, die die Möglichkeit haben, dem Kind die beste Ausbildung zu vermitteln, die es je anwenden wird. Wenn wir die Jahreszeiten des Lernens verstehen, können wir unsere Aufmerksamkeit auf einen durchführbaren Plan richten, um die 32 234 Stunden, die uns zur Verfügung stehen, um unsere Kinder während ihrer achtzehn Jahre zu Haus zu schulen, so produktiv wie möglich zu nutzen. Die drei Jahreszeiten des Lernens sind:
1. Frühjahr: Zwei bis fünf Jahre

2. Sommer: Fünf bis zwölf Jahre
3. Herbst: Dreizehn bis achtzehn Jahre

Frühjahr – Selbstvertrauen, Gehorsam und Alltagsroutine (2–5)

Typisch für die erste Jahreszeit ist das „Laß-mich-auch-mal"-Stadium des Vorschulkindes. Dies ist die Zeit, um die Grundlage der Liebe, der Bereitschaft und des Selbstvertrauens, etwas tun zu können, zu legen. Die Arbeit geschieht spontan und zumeist freiwillig. Wenn ein Vorschulkind helfen will, ermutigen Sie es, indem Sie ihm das Gefühl geben, eine Hilfe zu sein, selbst wenn die Arbeit dadurch länger dauert. Wenn es Geschirr spülen möchte, nehmen Sie das Glas und die scharfen Messer zur Seite und lassen Sie es. Den Lohn für diese Geduld werden Sie ernten, wenn das Kind älter ist und Sie wollen, daß es mitarbeitet. Als Sarah Monson zwei war, sah sie zu, wie Sue mit einem alten Sokken Staub wischte. Einige Tage zuvor waren sie im Städtischen Kunstmuseum gewesen und hatten eine Ausstellung der Muppets aus der Sesamstraße gesehen. Sarah brauchte nicht lange, um die beiden Erlebnisse miteinander zu verbinden: Sie schob ihre Hand in den Socken und sagte: „Guck mal, mein Staub-Muppet." Um aus dieser Kreation Kapital zu schlagen, malte Sue mit einem Markierstift ein einfaches Gesicht auf den Socken. Sarahs Selbstvertrauen bekam einen mächtigen Schub. Für sie war es ein Spiel, mit ihrem kleinen Muppet-Freund die Stuhlbeine, den Beistelltisch und die Seitenwände des Klaviers abzuwischen. Sicher, sie übernahm nicht das ganze Staubwischen, aber hatte ein fröhliches, positives Erlebnis damit, daß sie helfen konnte. Die Grundlage war gelegt.

Beim Aufbau des Selbstvertrauens gibt es für das Vorschulkind noch eine weitere wichtige Lektion zu lernen: *Gehorsam.* Gehorsam wird gefördert, wenn wir bei realistischen Forderungen beharrlich bleiben. Wenn Sie sagen, daß es Zeit ist, das Spielzeug wegzuräumen, dann müssen Sie dafür sorgen, daß das Kind tut, was Sie wollen, auch wenn das oft bedeutet, daß Sie Ihre gegenwärtige Tätigkeit liegenlassen und dem Kind helfen müssen. Gehorsam kann gelehrt werden. Auch ganz kleine Kinder müssen wissen, daß in der Familie Regeln gelten. Ronja und Sabrina fanden es lustig, ihre Schuhe auszuziehen und barfuß herumzulaufen. Im Sommer war das kein Problem, doch als es im Oktober kühler wurde, war es nicht mehr ratsam. Selbst mit ihren zwei Jahren leuchtete den beiden Mädchen die neue Kaltwetterregel ein: „Wenn ihr Schuhe und Socken ausziehen wollt, bitte, aber dann müßt ihr euch ins Bett setzen und dort spielen." Es erforderte zwei Übertretungen, zweimal wurden die beiden in ihr Zimmer eskortiert und aufs Bett gesetzt. Dann war die Regel begriffen. Den Mädchen wurden mehrere Erklärungen angeboten. Sie befühlten mit den Händen die kalten Fußböden und Wände, unterhielten sich darüber, daß der Swimmingpool der Nachbarn zugedeckt war, und wurden daran erinnert, daß in dieser kälteren Zeit Pullover und Jacken getragen wurden. Klingt das alles, als wäre es zuviel? Das war es nicht. All diese Worte waren nicht umsonst, weil sie nicht schimpfend, drohend oder herabsetzend klangen, wie es oft der Fall ist, wenn Eltern sagen: „Zieh dir sofort die Schuhe an, sonst setzt es was!" Das behutsame Durchsetzen half den Mädchen, Gehorsam zu lernen. Wenn Eltern in diesem Stadium auf Gehorsam bestehen, sollten sie sich bewußtmachen, daß ein Kind abstrakte Vorstellungen wie „kalte Jahreszeit" nicht versteht. Es muß sie erst kennenlernen. Hier ist viel liebevolle Geduld angebracht. Machen Sie sich klar, daß ein Kind, bis es sechs oder sieben Jahre alt ist, noch oft die Hilfe der Eltern braucht, um zu arbeiten und Anweisungen zu befolgen.

Als nächstes sollte das Vorschulkind die *tägliche Routine* der Sauberkeit und Ordnung – das Bett machen, das Spielzeug aufräumen – sowie die tägliche Körperpflege erlernen – Waschen, Zähneputzen, Kämmen, die Dinge, die jeden Tag zu tun sind. Eine weitere Idee, um Kinder zu täglichen Routineaufgaben zu ermuntern, wird auf Seite 86 unter „Fingerspiele für die Hausarbeit" erklärt.

Sommer – Training, Erfolg und Beständigkeit (5–12)

Wenn das Kind mit ungefähr fünf Jahren in die Sommerphase eintritt, beginnt sich die Lehrtätigkeit auf folgende Bereiche zu konzentrieren:

1. Arbeitstechniken lehren
2. Erfolgserlebnisse fördern
3. Beständige Leistung einfordern

Das Kind arbeitet auch weiterhin an den im Frühjahr erlernten Routineaufgaben, doch nun ist es bereit für konkrete Schulung in Haushaltsaufgaben. Sie werden feststellen, daß Kinder zwischen fünf und zwölf Jahren die besten Mitarbeiter sind. Der Schwierigkeitsgrad ihrer Aufgaben verändert sich während dieser sieben Jahre, die eine wichtige Trainingsperiode sind, sehr stark. Sobald sie auf einer weiterführenden Schule sind, werden Kinder von Hausaufgaben, Sport, geselligen Aktivitäten und der Selbstfindung in Gruppen Gleichaltriger sehr in Anspruch genommen.

Bei den McCulloughs beginnt das Grundlagentraining mit fünf Jahren damit, daß die Kinder an eine tägliche Morgen- und Abendaufgabe herangeführt werden. Diese Aufgabe erfüllt das Kind eine Woche lang, bis es sie so gut beherrscht, daß es zu einer neuen Aufgabe übergehen kann. Erfolgserlebnisse stellen sich ein, indem die Lernschritte klein gehalten werden und die drei Elemente des Lehrens (Handlung, Zeitrahmen und Ausrüstung, und Maßstäbe) beachtet werden, indem reichlich Gelegenheit zum Üben gegeben und mit Lob nicht gespart wird. Es kommt auf die beständige Leistung an, und wenn die Aufgaben nicht erfüllt werden, muß das Kind natürliche, logische Konsequenzen zu spüren bekommen. Oft ist es notwendig, regelmäßig nachzuprüfen und die Kinder beständig zur Arbeit anzuhalten.

Wenn die Kinder sich dem zwölften Geburtstag nähern, werden sie selbständiger. Sie haben erfolgreich viele neue Fähigkeiten erlernt, haben sie regelmäßig mit immer weniger Aufsicht ausgeführt, haben dabei viel Selbstvertrauen gewonnen und sind nun bereit, in die Herbstphase einzutreten.

Herbst – Selbständigkeit und Verantwortung (13–18)

Der Herbst stellt sich mit etwa dreizehn Jahren mit kräftigen Farben ein, die verkünden: „Ich schaffe das." Aufbauend auf dem Wachstum des Frühjahrs und Sommers spielen Selbständigkeit und Verantwortung eine große Rolle. Nutzen Sie dieses Bedürfnis nach Selbständigkeit, indem Sie Ihren Jugendlichen ermutigen und anleiten, Anleitungsbücher und Handbücher zu lesen und sich in berufsvorbereitenden Fähigkeiten zu schulen. Räumen Sie Ihren heranwachsenden Kindern viel Mitspracherecht bei der Auswahl ihrer Ziele ein, indem Sie die Haushalts-Fortschrittstabelle gemeinsam durchgehen. Ein Großteil der Zeit Ihres Kindes wird durch Schularbeiten, gesellige Aktivitäten und die Selbstfindung in Gruppen Gleichaltriger in Anspruch genommen sein. Das muß auch so sein, denn diese Aktivitäten sind wichtig für den Reifungsprozeß zum Erwachsenenalter. Dafür sollten die Jugendlichen auch in ihren Arbeitstechniken schon effizienter sein als kleinere Kinder. Dennoch sollten sie weiterhin gewisse regelmäßige Aufgaben im Haushalt haben, damit sie nicht der falschen Vorstellung verfallen, wer viel zu tun hat, habe das Recht, sich vor der Hausarbeit zu drücken. Viele Erwachsene packen sich ihr Leben so voll mit Außer-Haus-Aktivitäten, daß sie sich von den weniger aufregenden Haushaltsaufgaben zu Hause befreit fühlen.

Schätzen Sie die Bedürfnisse und Neigungen Ihres Kindes ein, und bieten Sie weiterhin attraktive Gelegenheiten wie Musikunterricht, Maschineschreiben, Holzarbeiten, kunsthandwerkliche Dinge, Nähen oder Reparaturen an mechanischen Geräten, die zu Hause oder bei der Arbeit nützlich sind. Schließen Sie auch Mahlzeitenplanung und Lebensmittelauswahl ein, auch wenn dabei vielleicht einmal ein Salatkopf mit einem Kohlkopf verwechselt wird. Die Schulung sollte auch Gelegenheiten zum richtigen und falschen Umgang mit Geld beinhalten, in Form von Taschengeld und bezahlten Jobs. Dies ist die Zeit, um systematisch die verschiedenen Reinigungsprozeduren zu lehren, wie etwa die Reinigung von Herd und Backofen. Ein Sechzehnjähriger ist in der Lage, einen der vielen Ofenreiniger auf dem Markt auszusuchen, die Anleitung sorgfältig zu lesen und diese Aufgabe durchzuführen. Beim ersten Versuch ist es ratsam, wenn ein Elternteil zu Hause ist, um ein Auge darauf zu haben und nötigenfalls Hilfe anzubieten. Vielleicht haben Sie sich, so wie wir, auch schon gewünscht, Sie hätten Ihren ersten Ofen im Elternhaus reinigen können statt in der ersten eigenen Wohnung.

Da die Kommunikation zwischen Eltern und Jugendlichen bisweilen nicht ganz reibungslos läuft, überlegen Sie, ob nicht ein Großelternteil, eine Tante, ein respektierter Erwachsener oder ein anderer sachkundiger Jugendlicher manche der Tätigkeiten lehren könnte. Es ist verblüffend, wieviel Einfluß und Steuerungsmöglichkeiten Sie haben, wenn Sie Ihre Ziele kennen, selbst wenn Sie jemanden anderes hinzuziehen müssen, um sie zu erreichen.

Susan stellte fest, daß ihre Kinder bereitwilliger mithalfen, nachdem sie einen Erwachsenen, den sie bewunderten, hatten sagen hören: „Mein Vater hat mir gesagt, ich müsse meiner Mutter beim Spülen helfen, bis ich schneller rennen könne als er. Papa war ein hervorragender Läufer, und ich war sechzehn, als ich ihn endlich abhängen konnte. Doch bis dahin war ich so reif, daß es mir nichts mehr ausmachte, beim Spülen zu helfen." Susan vermutet, daß ihre Kinder den Eindruck hatten, wenn sie sich über die Arbeit beklagten, würde das darauf hindeuten, daß sie weniger reif seien, als sie gerne erscheinen wollten.

Kein Jugendlicher wird all die Techniken und Fähigkeiten lernen können, die er als Erwachsener braucht, doch wenn er genug gelernt hat, um zu wissen, daß er fähig ist, auch noch mehr zu lernen, und wenn er die wesentlichen, fürs Überleben notwendigen Dinge beherrscht, wird er auch als Erwachsener weitere Lernfortschritte machen. Wir geben in diesem Alter oft weniger Ermunterung, weil Jugendliche ein so starkes Verlangen nach Selbständigkeit ausdrücken, doch Anerkennung brauchen Jugendliche ebenso sehr wie alle anderen. Nachdem die fünfzehnjährige Maria im unteren Badezimmer besonders gut aufgeräumt und saubergemacht hatte, klebte Mama einen Zettel an die Wand: „Es war ein Vergnügen, diesen Raum zu betreten." Am nächsten Tag nach der Schule beschwerte sich Maria: „Mama, warum hängt heute kein Zettel da? Heute morgen habe ich noch mehr Zeit für das Badezimmer verwendet als gestern." Wir alle wünschen uns mehr Schulterklopfen, als wir bekommen; Jugendliche sind da keine Ausnahme.

Frühjahr, Sommer und Herbst

Meist ist es gar nicht so wichtig, in welchem Alter Sie anfangen, solange Sie damit beginnen, einfache Routineaufgaben zu lehren, und dann allmählich zu immer spezielleren Aufgaben weitergehen. Es gibt zu viele verschiedene Rahmenbedingungen, als daß man eine allgemeingültige Regel aufstellen könnte. Anne zum Beispiel mußte mit zwanzig anfangen, die Grundbegriffe des Kochens zu lernen, eine Aufgabe, die andere Kinder vielleicht mit sieben in Angriff nehmen. Zu Hause müssen wir flexibel sein und für jedes Kind immer wieder neu überlegen, ob jede Tätigkeit, auf die wir uns geeinigt haben, wirklich nötig ist, und wenn ja, ein klares Ziel dafür setzen. Nachdem ein Kind diese drei Jahreszeiten durchlaufen hat, sollte es in der Lage sein, sich den Stürmen und Widerständen des Erwachsenenlebens zu stellen.

Menschliche Grundbedürfnisse

Als Eltern bemühen wir uns, die Bedürfnisse unserer Kinder zu befriedigen. Wir geben ihnen zu essen, damit sie nicht hungern, und bieten ihnen Obdach und Kleidung, damit sie vor Wind und Wetter geschützt sind. Unsere Gesellschaft ist weitgehend relativ frei von Tyrannei und Verbrechen: Wir werden nicht von wilden Tieren belagert, und Nahrung ist reichlich vorhanden, wenn wir uns vielleicht auch nicht zu jeder Mahlzeit ein Steak und andere Köstlichkeiten leisten können. Alles in allem werden unsere körperlichen Bedürfnisse und unsere Bedürfnisse nach Sicherheit befriedigt, so daß dem Bedürfnis nach *Zugehörigkeit* und dem Bedürfnis nach *Selbstachtung* um so mehr Gewicht zukommt. Das Bedürfnis nach Zugehörigkeit bedeutet ein Gefühl der Geborgenheit, daß wir einen Ort haben, wo wir hingehören, und uns als

Teil einer größeren Gruppe oder Sache fühlen. Dazu gehört auch, daß unser Bedürfnis, gebraucht zu werden, befriedigt wird. Die Selbstachtung bezieht sich auf das Verlangen danach, daß man gut von uns denkt, daß wir Respekt vor uns selbst haben und Anerkennung von anderen bekommen. Dieses Bedürfnis nach Selbstachtung läßt sich unterteilen in die Bedürfnisse nach

1. neuen Erfahrungen,
2. Anerkennung,
3. Gelegenheiten zu reagieren.

Die Anstrengungen, die unsere Kinder unternehmen, um ihre Bedürfnisse nach Zugehörigkeit und Selbstachtung zu befriedigen, können sehr groß sein, sowohl durch positive als auch durch negative Handlungsweisen. Viele Verhaltensstörungen sind darauf zurückzuführen, daß diese Bedürfnisse unbefriedigt bleiben. In diesem Buch versuchen wir nicht, auf Verhaltensstörungen oder irgendwelche ernsthaften psychischen oder sozialen Probleme einzugehen, die in einer Familie auftreten können. Derartige Probleme erfordern Hilfe von außen und fachkundige Beratung.

Dennoch glauben wir, daß der Prozeß, Ihre Kinder auf die Erwachsenenwelt vorzubereiten, indem Sie sie schulen und ihnen Gelegenheit zu vielfältigen Erfahrungen der Mithilfe im Haus geben, viel dazu beitragen kann, die Bedürfnisse nach Zugehörigkeit und Selbstachtung zu befriedigen. Es ist schön, das Gefühl zu haben, daß man dazugehört. Ein zwölfjähriger Junge sagte: „Kinder sollten zu Hause mithelfen, weil es unser Haus ist und weil wir alle mithelfen sollten, es in Ordnung zu halten." Diese Äußerungen des Zugehörigkeitsgefühls zu einer Familie tauchten in unserer Umfrage unter zweihunderfünfzig Kindern häufig auf. In dem hektischen Tempo der heutigen Zeit, in der Mütter wie Väter berufstätig sind, in der die Kinder von einer Bildungsveranstaltung zur nächsten hetzen und in der Gesellschaft und Schule hohe Anforderungen stellen, spüren Kinder ganz genau, daß ihre Hilfe zu Hause notwendig ist. Durch ihre Mitarbeit fühlen sich die Kinder als lebendige, unverzichtbare Mitglieder der Familie.

Das Bedürfnis nach neuen Erfahrungen kann befriedigt werden, wann immer ein Kind eine neue Tätigkeit erlernt. Die Regelmäßigkeit und Vielfalt der Aufgaben im Haus ist endlos. Zum Beispiel kann das Planen von Mahlzeiten und das Kochen von einem gekochten Ei bis zu einem Gourmet-Omelette führen. Die Hilfe des Kindes können wir jederzeit sofort durch reichliche positive Rückmeldung, Tabellen und Spiele anerkennen. Gute Leistungen können durch Lob belohnt werden, und das Kind kann sein stetiges Wachstum auf der Haushalts-Fortschrittstabelle beobachten. Die Planungen im Familienrat geben den Kindern Gelegenheit, Vorschläge zu machen und Beschwerden vorzubringen. Diese Dinge tragen dazu bei, das Bedürfnis zu reagieren zu befriedigen. Aus dem Erlernen neuer Tätigkeiten ergibt sich auch ein Gefühl der Geborgenheit. Jede Minute, die Sie mit Ihrem Kind zusammen verbringen, um diese Fähigkeiten aufzubauen und seine Anstrengungen zu loben, wie es in diesem Buch beschrieben wird, lohnt sich reichlich.

Kapitel 3

Wir gründen einen Familienrat

Was ist der nächste Schritt, nachdem Sie nun Ihre Ziele gesetzt haben: die Kooperation und Einsatzbereitschaft der Kinder zu gewinnen. Das ideale Werkzeug, um das zu erreichen, ist der Familienrat. Das kann ein spontaner Gedankenaustausch sein, den niemand als „Besprechung" erkennt, oder auch eine formelle „Sitzung", die jede Woche stattfindet, um die Angelegenheiten der Familie zu erörtern. Der Familienrat kann

1. zum Zugehörigkeitsgefühl jedes Familienmitglieds beitragen;
2. eine Struktur aus Regeln und Verfahrensweisen entwickeln, damit jedes Mitglied die Grenzen und die individuellen Verantwortungen versteht;
3. Erfahrungen im Lösen von Problemen, Verhandeln und Kompromisseschließen vermitteln;
4. jedem Mitglied Gelegenheit geben, Ideen beizusteuern und Lösungen vorzuschlagen;

5. das Setzen und Erreichen von Zielen erleichtern;
6. den individuellen Einsatz und die Kooperation fördern;
7. Übung im Leiten ermöglichen;
8. ein Forum für die Wünsche und Anliegen der Familie bieten;
9. durch Beständigkeit, Einheit und Fairneß Geborgenheit vermitteln.

Den Familienrat organisieren

Wie organisiert man einen Familienrat? Ablaufen könnte das Ganze wie eine Ausschußsitzung, bei der Vater und Mutter (falls beide Eltern da sind) den Vorsitz führen und die Kinder als Ausschußmitglieder fungieren. Jedes Mitglied hat Stimmrecht, aber die Eltern haben ein Vetorecht. Die Gespräche sollten mit derselben Höflichkeit geführt werden, die man guten Freunden erweisen würde, und jedes Mitglied sollte Gelegenheit haben, Ideen, Aktionen und Lösungen zu initiieren. Machen Sie Brainstorming, bleiben Sie offen für alle Vorschläge, und warten Sie mit der Entscheidung, bis die Sache von allen Seiten beleuchtet ist. Solche Methoden bewirken Einheit anstelle der Zimmer-mit-Frühstück-Mentalität, die in vielen weniger engagierten Familien vorherrscht. Erwarten Sie aber bitte keinen hundertprozentigen Erfolg. Hin und wieder kann es auch vorkommen, daß es beim Familienrat zum Streit kommt.

Wann soll der Rat abgehalten werden? Je nach den Umständen könnte er an einem Abend nach dem Abendessen, am Samstagmorgen oder am Sonntagnachmittag stattfinden; einmal im Monat oder jede Woche. Eine kleine Familie mit kleinen Kindern dürfte wohl weniger Beziehungs- und Terminprobleme zu regeln haben als eine Familie mit älteren Kindern, wo es mit den Fahrten und Terminen schon komplizierter wird, doch je früher Sie die Gewohnheit der offenen Diskussion in der Familie etablieren, desto besser wird das auch später funktionieren. Halten Sie die Besprechungen kurz. Die Dauer hat direkte Auswirkungen auf den Erfolg. Die meisten Dinge lassen sich in fünfzehn Minuten regeln; nach dreißig Minuten nimmt die Effizienz schlagartig ab. Ein zwanzigminütiger Familienrat einmal in der Woche ist besser als eine zweistündige Sitzung einmal im Monat!

Wie wird der Familienrat genutzt? Manche Eltern nutzen den Familienrat nicht nur zur Besprechung der familiären Angelegenheiten, sondern auch als Zeit für Belehrung und Spiel. Eltern könnten ihre Kinder zum Beispiel über Sicherheit, soziale Beziehungen und moralische Begriffe unterrichten, und dann dauert die Familienversammlung natürlich länger. Man könnte in dieser Zeit auch einen Kürbis schnitzen, Festtagsbasteleien machen, einen Garten anlegen oder lehren, wie man Knöpfe annäht. Es gibt viele Möglichkeiten, den Familienrat zu nutzen; oft wird ein richtiger Familienabend daraus. Können Sie sich vorstellen, daß Ihre ganze Familie einmal gleichzeitig zu Hause bleibt? Das passiert nicht von selbst; es muß geplant und überwacht werden, sonst werden sich andere Dinge dazwischendrängen. Statistiken weisen darauf hin, daß durch eine regelmäßige Familienversammlung einmal in der Woche, sei es zu Spiel und Spaß, zum Gespräch oder zum formellen Unterricht, die Wahrscheinlichkeit, daß Ihr Kind je Probleme mit Straftaten, Alkohol, Drogen und dergleichen bekommt, um bis zu zweiundvierzig Prozent sinkt. Eltern, die sich darum bemühen, merken bald, daß, wenn sie diese Zeiten nicht jetzt einplanen, die Jahre wie im Flug vergehen, bis die Kinder plötzlich erwachsen sind. Ein Trick, um die Sache zu einem Erfolg werden zu lassen, besteht darin, für eine Erfrischung nach der Versammlung zu sorgen – dadurch kann auch gleich noch einer die Gelegenheit bekommen, seine Kochkünste zu üben.

Der Familienrat ist eine gute Gelegenheit, um über neue Ideen zu sprechen. Nehmen Sie sich die Zeit, um zusammenzusein. Manchmal bedeutet das, daß wir lernen müssen, etwas zu tun, wonach uns nicht unbedingt der Sinn steht – sei es Angeln, Zelten, Fahrrad fahren oder Fußballspielen. Familienleben kann Spaß machen.

Worüber wird geredet? Fangen Sie an, indem Sie jedes Familienmitglied fragen, ob es irgendwelche Familienangelegenheiten zu besprechen hat. Wenn jeder weiß, daß beim Treffen dazu Gelegenheit ist, werden sie schon im voraus darüber nachdenken und Dinge zur Sprache bringen wie: „Kann ich dieses Wochenende den Hamster aus unserem Klassenzimmer mit nach Hause bringen?" „Mein kleiner Bruder kommt dauernd in mein Zimmer." „Was können wir dagegen tun, daß immer schmutzige Kleider unter dem Bett liegen bleiben?" An dieser Stelle müssen Eltern die Diskussion steuern und dafür sorgen, daß sie nicht destruktiv wird. Halten Sie sie positiv. Diese Zeit ist dazu da, um Probleme zu lösen, zu verhandeln und Kompromisse zu schließen. Eine mittelmäßige Lösung, der jeder zustimmen kann, ist besser als eine überlegene Lösung, die allen anderen von einem Erwachsenen oder einem dominanten Jugendlichen aufgedrückt wird. Lassen Sie die Kinder aus diesem Prozeß lernen; geben Sie nicht alle Entscheidungen vor. Wenn ein Kind sagt: „Das ist nicht fair!", dann hören Sie zu. Das bedeutet, daß dem Kind die Sache wichtig ist, aber etwas stimmt noch nicht ganz, und vielleicht ist eine Korrektur nötig. Bei einem solchen Treffen kann es auch hilfreich sein, Fragen zu stellen wie: „Was hat dir an diesem Wochenende am besten gefallen?", um auf gute Leistungen und Vorkommnisse hinzuweisen. Die Eltern könnten auch einen Turnus aufstellen, um den Kindern reihum die Leitung des Rates zu überlassen, und ein eingesetzter Schriftführer könnte die besprochenen Themen festhalten. Auf diese Weise können Sie beim nächsten Treffen die Fortschritte ermessen.

Dies ist eine günstige Gelegenheit, um offen über Probleme zu sprechen. Wenn sie die Chance erhalten, kommen Kinder oft auf sehr logische oder einfallsreiche Lösungen, die nicht so sehr in traditionellen Denkmustern festhängen. Lassen Sie den Ideen freien Lauf. In unserer Umfrage antworteten Kinder auf die Frage, was ihnen ihre Aufgaben erleichtern würde, es würde ihnen helfen, „wenn ich im voraus wüßte, was ich machen soll, so daß ich die Arbeit dann machen könnte, wenn es mir paßt, zum Beispiel während einer langweiligen Fernsehsendung". Ein anderes Kind sagte: „Es würde mir helfen, wenn die Leute hinter sich selbst aufräumen würden.“ Ein Junge meinte, es würde ihm seinen Job erleichtern, wenn mehr Mülleimer im Haus wären. Manchmal kommen Kinder auch auf undurchführbare Ideen, wie die Anschaffung eines fahrbaren Rasenmähers oder die Einstellung einer Haushälterin. Auch, daß sie nicht alles haben können, was sie wollen, will gelernt sein. Bei dieser Gelegenheit könnte auch das Taschengeld ausgezahlt, über besondere Ausgaben gesprochen oder ein Urlaub geplant werden. Ihr Ziel sollte es sein, den Kindern zu zeigen, daß es mehr als einen Weg gibt, um ein Problem zu lösen. Eltern müssen sich klarmachen, daß auf diese Weise die Lösungen für die Probleme etwas anders ausfallen können, als es der Fall wäre, wenn sie allein entscheiden würden. Doch der Vorteil ist, daß Kinder eher mit am gleichen Strang ziehen, wenn sie das Gefühl haben, daß sie an den Entscheidungen beteiligt sind.

Ein wichtiger Punkt für den Familienrat ist die Koordinierung der Terminkalender und der Aufgaben. Sprechen Sie über Arbeitszeiten, Treffen, Babysitter-Termine, benötigte Fahrten, Musikunterricht, Geburtstagseinladungen und alle anderen Aktivitäten der Familienmitglieder. Auf diese Weise weiß jeder im voraus über bevorstehende Termine Bescheid und ist sicher vor Überraschungen in letzter Minute wie „Ach, übrigens, ich brauche bis drei Uhr acht Dutzend Schoko-Plätzchen!“

Wenn Ihre Familie an vielen Aktivitäten beteiligt ist oder mit unregelmäßigen Zeitplänen zu kämpfen hat, ist ein Planungskalender für die Familie unerläßlich. Idealerweise ist er groß genug, um die Termine in die Datumskästchen zu schreiben, und wird an einer Stelle aufgehängt, wo jeder häufig daran vorbeikommt – vielleicht über dem Telefon. Aktualisieren Sie diesen Kalender mindestens einmal in der Woche und nehmen Sie nach Bedarf weitere Einträge vor. Wenn zum Beispiel aus der Schule zu Elternabenden oder Klassenfototerminen eingeladen wird, tragen Sie dies in den Kalender ein. Das bedeutet auch, daß Sie die meisten dieser Notizzettel wegwerfen können. Wenn Einladungen zu Partys oder Hochzeitsanzeigen kommen, tragen Sie sie ein. Wenn Sie genug Platz haben, können Sie die entsprechenden Einladungskarten an einer Pinnwand rund um den Kalender befestigen, bis die Veranstaltung vorbei ist. Dazu eignen sich auch farbige Markierstifte, um die Termine einzutragen, so daß jeder auf den ersten Blick sehen kann, ob er von einem Eintrag betroffen ist oder nicht. Rot bedeutet Aktivitäten, die die ganze Familie angehen, grüne Initialen stehen für die Kinder, Braun für Mama und Blau für Papa.

Eine andere Möglichkeit ist, daß jedes Familienmitglied einen eigenen Terminkalender hat, der regelmäßig auf dem Familienrat aktualisiert wird. Das kostet zwar ein bißchen mehr, kann aber in Familien mit älteren Kindern effektiver sein.

Der Familien-Aktivitätsplaner gibt einen anschaulichen Überblick über die Aktivitäten der Familie im ganzen Jahr. Er hilft den Mitgliedern, lohnende Aktivitäten einzuplanen, ohne sich mit Terminen zu überladen. Vielleicht beschließt Ihre Familie, einmal im Monat einen Ausflug zu unternehmen, sei es, daß Sie essen gehen, sich einen Film anschauen oder ein Museum besuchen. Wenn Sie den Familien-Aktivitätsplaner vor sich liegen haben, fällt es leichter, eine größere Vielfalt von Aktivitäten aufzunehmen und die verschiedenen Interessen der Familienmitglieder zu berücksichtigen. Die allgemeine Jahresplanung sollte im Januar und Juli stattfinden, und zu Beginn jedes Monats sollte über die genauen Daten für jede Unternehmung entschieden werden.

Regeln aufstellen

Ein weiterer Zweck des Familienrates besteht darin, Regeln und Verfahrensweisen abzusprechen. Diese Regeln werden bei Bedarf überprüft und erweitert oder geändert.

Halten Sie eine solche Liste einfach und positiv – schreiben Sie zum Beispiel lieber „Spielzeug in Ordnung halten“ als „Kein Spielzeug herumliegen lassen“. Betonen Sie das erwünschte Verhalten. Zu viele Regeln dämpfen die Wirksamkeit. Sie können im Brainstorming eine lange Liste von Regeln vorschlagen und dann die wichtigsten durch Abstimmung herausfiltern, so daß am Ende weniger als fünfzehn Regeln übrigbleiben. Viele Regeln bleiben unausgesprochen; sie sind einfach ein Teil Ihres Lebensstils. Diese unausgesprochenen Normen fallen manchmal sehr deutlich auf, wenn andere Kinder zum Spielen zu Ihnen kommen und zum Beispiel die Schere mit hinaus zum Sandkasten nehmen oder im Wohnzimmer mit Filzstiften malen. Wenn Ihre Kinder die Regel verstanden haben, werden sie zu ihren Freunden sagen: „Bei uns machen wir das nicht.“

Suchen Sie sich gute Ideen aus verschiedenen Quellen und wenden Sie sie an. Nutzen Sie Planungs- und Managementprinzipien, aber tun Sie es mit der Liebe und Vertraulichkeit, die dem Familienleben angemessen sind.

Grundgesetz der Familie Mayer

1. Wir alle haben das Recht auf unsere Spielzeuge, Bücher und Kleider. Andere sollten uns fragen, bevor sie sie ausleihen.
2. Jeder von uns ist für sein eigenes Zimmer und für zwei weitere Haushaltsaufgaben am Tag verantwortlich.
3. Alle helfen nach dem Essen beim Abwasch, und außer bei besonderen Anlässen darf niemand gehen, bevor die Küche in Ordnung ist.
4. Gegessen wird *nur* in der Küche und im Eßzimmer, um Möbel und Teppiche zu schonen, von denen sich Saft- und Fettflecken nicht leicht entfernen lassen.
5. Wir sind jeden Morgen *vor* dem Frühstück angezogen und haben unsere Betten gemacht.
6. Wir sind dafür verantwortlich, unsere eigenen Sachen (Jacken, Bücher, Spielzeug, Bastelarbeiten) wegzuräumen, aus Rücksicht auf die anderen Familienmitglieder.
7. Wenn wir uns verspäten, rufen wir zu Hause an, damit sich die anderen keine Sorgen machen.
8. Wir reden freundlich miteinander und übereinander.
9. Wenn wir etwas benutzt haben, räumen wir es wieder dahin, wo es hingehört, selbst wenn wir es nicht dort vorgefunden haben.

Einigung über Standards im Haushalt

Es ist hilfreich für die Eltern, wenn die Kinder an der Entscheidung mitwirken, welche Maßstäbe für die Hausarbeit gelten sollen, und wenn sie verstehen, warum ihre Hilfe dabei erwartet wird. Bedenken Sie: Menschen sind wichtiger als Sachen, doch ob die Sachen in Ordnung sind, hat auch Auswirkungen auf die Menschen.

Ein schmutziges Haus ist ungesund, ein unordentliches Haus bremst Sie bei allem, was Sie zu tun versuchen, und ein steriles Haus kostet zuviel Zeit, um es in diesen Zustand zu bringen. In einem ordentlichen Haus fällt jede Aufgabe leichter, und die Bewohner fühlen sich wohler. Dafür müssen Sie nicht Ihr ganzes Leben dem Putzen widmen.

Auch in Ihrer Nachbarschaft gibt es vermutlich eine Reihe von Vereinbarungen, was die Pflege Ihres Gartens, die Anzahl und Art Ihrer Haustiere und die Anlage der Gebäude betrifft, obwohl das Grundstück Ihnen gehört.

Einigen Sie sich als Familie auf Regeln für die Instandhaltung der allgemeinen Wohnbereiche: Küche, Wohnzimmer, Eßzimmer, Treppen und Eingänge. Wenn einer das Wohnzimmer in chaotischem Zustand hinterläßt, müssen andere darunter leiden.

Einigen Sie sich auf einen Standard für Ihren Haushalt. Zu dieser Vereinbarung sollte auch der Zweck und Gebrauch der verschiedenen Räume gehören. Sie können entscheiden, welche Zimmer zur Repräsentation, welche zum Versammeln, welche zum Lesen und Studieren und welche zum Arbeiten bestimmt sind. Wenn jedes Zimmer für die Zwecke benutzt wird, für die es bestimmt ist, dann bleibt auch das entsprechende Zubehör zum Arbeiten, Kochen und Spielen dort, wo es leicht aufgeräumt und gelagert werden kann.

„Wenn Kinder lernen, eine Aufgabe Schritt für Schritt durchzuarbeiten, können sie dieselben Grundsätze auch in ihrer eigenen Arbeit und ihrem Spiel anwenden“, sagen Harris Clemes und Reynold Bean in ihrem Buch *How To Teach Children Responsibility*. Und weiter: „Man lernt, Dinge in Ordnung zu halten, indem man erlebt, wie Dinge in Ordnung gehalten werden.

Wenn ein Kind körperlich, geistig und emotional daran beteiligt ist, sein Zuhause in Ordnung zu halten, steigert das enorm seine Fähigkeit, das gleiche in der Schule und in seinen anderen Aktivitäten zu tun." Des weiteren sagen Clemes und Bean: „Der Umgang mit ‚äußeren Aufgaben' hilft Kindern, ihre ‚inneren Vorgänge' zu organisieren. Selbst das Wachstum im logischen Denken wird dadurch gefördert, daß Kinder die Logik der alltäglichen Haushaltsabläufe wie Aufräumen des Spielzeugs und des eigenen Zimmers nachvollziehen lernen. Außerdem lernen Kinder, denen Arbeiten abverlangt werden, leichter, mit Frustrationen und Unklarheiten fertig zu werden. Kinder, die regelmäßig mitarbeiten, werden zu besseren Problemlösern."

Sprechen Sie in der Familie darüber, wie es bei Ihnen zu Hause aussehen soll, und verteilen Sie dann die Aufgaben. In den nächsten Kapiteln geht es um Wege, ihren Kindern das Arbeiten beizubringen, indem Sie ihnen genau sagen, was von ihnen erwartet wird, und ihnen mit Hilfe von Tabellen Aufgaben zuweisen, die Sie dann auch überprüfen. Denken Sie aber nicht, wir würden Ihnen jetzt verraten, wie Sie Ihre Kinder dazu bringen, immer *alle* Arbeit zu erledigen. Von den Kindern zu erwarten, daß sie die gesamte Hausarbeit erledigen, wäre genauso unfair, wie sie den Eltern allein aufzubürden.

Einzelgespräche

Während manche Probleme im Familienrat besprochen werden, gibt es andere, die besser im Einzelgespräch zu regeln sind. Es gibt Eltern, die einmal im Monat ihr Kind zur Seite nehmen, vielleicht im Wohnzimmer, um in einem formellen Gespräch über Probleme zu reden, Ziele zu setzen und Gefühle zu äußern. Andere Eltern tun dasselbe auf weniger formelle Art, indem sie etwa bei Autofahrten mit abgeschaltetem Radio Gelegenheiten zum Einzelgespräch schaffen oder mit ihrem Kind ein Eis essen gehen, ein paar Fragen stellen und dann einfach nur zuhören. Eltern von ganz kleinen Kindern fällt es leicht, sich beim Schlafengehen noch einen Augenblick mit dem Kind zu unterhalten. Fragen wie „Was war das Schönste, das dir heute passiert ist?“ oder „Was hast du heute für einen anderen getan?“ fördern eine positive Perspektive und stärkt die Beziehung zwischen Eltern und Kind.

„Wir wollen, daß es gerecht zugeht“, sagen Kinder. Es ist möglich, jedes Kind fair, aber nicht identisch zu behandeln. Sie sind nun einmal nicht identisch; jedes ist anders, selbst wenn sie Zwillinge sein sollten. Versuchen Sie, das Alter und die Interessen zu berücksichtigen. Zum Beispiel sollte das Taschengeld nach einem festen Satz pro Lebensjahr gezahlt werden. Die Schlafenszeit könnte so eingerichtet werden, daß das jüngere Kind fünfzehn Minuten vor dem älteren zu Bett geht. Manche Familien haben Regeln wie „Make-up für Mädchen gibt es erst ab der fünften Klasse“, oder „Keine Rendezvous vor dem sechzehnten Geburtstag“. Jedes Kind möchte das Gefühl haben, daß es wichtig ist und seine eigene Identität hat, und dabei können nach dem Alter gestaffelte Privilegien helfen. Auch indem Sie auf die unterschiedlichen Lernstile, Bedürfnisse, Talente und Interessen achten, machen Sie es sich leichter, auf Ihre Kinder individuell einzugehen. Jedes Kind wünscht sich das Gefühl, daß seine Stellung in der Familie einzigartig ist.

Ordnung schaffen durch Routine

Eine Nebenwirkung des Familienrates ist ein Gefühl der Beständigkeit. Die Einigung auf Grundregeln, Rechte und gemeinsame Ziele ist ein wichtiges Element der Beständigkeit und fördert die Einheit. Ein zweites Element der Beständigkeit ist Ordnung. Eine Routine muß nicht aussehen wie ein Busfahrplan, sollte aber genug Ordnung aufweisen, um der Familie einen Rhythmus vorzugeben, um den sich die anderen Aktivitäten gruppieren können. Bei manchen Leuten ist Essen das einzige, was sie beständig jeden Tag tun, und selbst das tun sie oft nur gehetzt. Ein einfacher Familienzeitplan vermittelt ein Gefühl der Geborgenheit und fördert die Beständigkeit, indem er Zeiten für alle möglichen Dinge wie Anziehen, Essen, Spielen, Abwaschen, Hausaufgaben und so weiter vorgibt. Die Familie Schäfer ist ein gutes Beispiel dafür. Obwohl es eine große, sechsköpfige Familie ist, kamen die Interessen und Talente der Kinder immer an erster Stelle. Sie nahmen Tanzstunden, wirkten in einem Theaterclub mit, spielten Fußball und Basketball und gingen zu den Pfadfindern, um nur einiges zu nennen. Herr Schäfer war selbständiger Vertreter; seine Arbeitszeiten waren unregelmäßig, und er mußte oft abends arbeiten. Seine Frau war, obwohl sie mit Hingabe an ihrer Familie hing, bis über ihre emotionalen Grenzen hinaus belastet. Der Psychologe erklärte der Familie, der erste Schritt müsse es sein, eine Zeit für das Abendessen festzulegen, innerhalb einer einstündigen Zeitspanne (zum Beispiel 17.30 Uhr bis 18.30 Uhr), in der jeden Tag das Abendessen aufgetragen werden würde. Selbst wenn Papa nicht dabeisein konnte, brauchten die Kinder und Mama diese Tageszeit als Dreh- und Angelpunkt, an dem sie ihr Leben festmachen konnten. Die Schäfers wurden aufgefordert, ihre Aktivitäten so weit einzuschränken, daß diese Stunde zum Abendessen möglich würde. Sie hatten sich so sehr auf die Entwicklung der Talente konzentriert, daß für den Herzschlag der Routine keine Zeit mehr blieb, und nun verloren sie die Orientierung.

Wir alle drücken uns vor Arbeit, wenn wir können, und ein Weg, um sich vor Arbeit zu drücken, besteht darin, unser Leben so sehr mit anderen Dingen vollzustopfen, daß wir immer eine Ausrede haben, um nicht abwaschen oder unser Zimmer aufräumen zu müssen. Früher oder später geht das jedoch nach hinten los, denn wenn Sie keinen anderen finden, der diese täglichen Routinejobs für Sie übernimmt, dann werden sie zum Hindernis und blockieren alles andere. Die Theorie ist also, den Kindern beizubringen, die grundlegenden Dinge mit Effizienz zu handhaben, damit sie ein starkes Fundament haben, auf dem sie die anderen Dinge aufbauen können. Die Schäfers stellten fest, daß schon eine einfache Routine mit festen Zeiten für das Frühstück und das Abendessen sich sehr heilsam auf Mamas Depressionen auswirkte.

Eine Familienroutine sollte bestimmte Zeiten für bestimmte Tätigkeiten reservieren. Wenn Sie zum Beispiel den frühen Morgen als die Zeit bestimmen, in der die Betten gemacht werden und alle sich anziehen, dann brauchen Sie sich für den Rest des Tages darum keine Gedanken mehr zu machen. Sie würden staunen, wie viele Leute sich nicht einmal jeden Tag die Zähne putzen. Wann sollte man ins Bett gehen? Wann wollen Sie frühstükken? Vielleicht ist Ihre Antwort, daß das Frühstück allgemein gegen sieben stattfindet, samstags jedoch nicht vor neun. Vielleicht sind Ihre Samstage für Projekte, liegengebliebene Arbeiten und Freizeit reserviert, und der Sonntag ist Ihr freier Tag. Das sind die ersten Schritte zu einer Familienroutine.

Ein Zeitplan macht es leichter, neue Gewohnheiten „einzupfropfen". Es läßt sich leicht sagen: „Deine Zeit zum Klavierüben ist von sieben bis halb acht, gleich nach dem Frühstück", wenn das Frühstück regelmäßig etwa um die gleiche Zeit aufgetragen wird. Andernfalls gibt es Unklarheit, und jeden Tag muß eine neue Zeit zum Üben „gefunden" werden.

Auch für die Wochenenden sollte es einen Zeitplan geben, wenn auch etwas lockerer, in dem Dinge wie Bettenmachen und das tägliche Aufräumen Platz finden. Interessanterweise geschehen die meisten Selbstmorde an Wochenenden und Feiertagen, wenn die Leute nichts Festes vorhaben. Halten Sie den Zeitplan flexibel, aber fest genug, um Ihrem Leben eine grundlegende Struktur zu geben. Eine einfache Routine wirkt sich aus wie Gelatine im Wasser: Sobald sie sich gesetzt hat, hält sie die Flüssigkeit in einer Form, so daß sie nicht mehr zerfließen kann.

Nachdem Sie beschlossen haben, daß Sie möchten, daß Ihre Kinder selbständig sind und dennoch zu Hause mitarbeiten, müssen Sie sich ihre Kooperation sichern. Wenn Kooperation in Ihrer Familie ein Problem ist, wird es Ihnen helfen, als Familie und im Einzelgespräch zusammenzukommen, um Ziele zu setzen und Regeln zu erörtern. Beteiligen Sie die Kinder durch Kommunikation am Aufbau der Struktur Ihrer Familienregeln und Verfahrensweisen. Der Gedanke hinter diesem Familienrat ist, die Bedürfnisse zu befriedigen, daß man Gehör findet, Anteil nehmen und reagieren kann und das Gefühl bekommt, daß die eigenen Ideen geschätzt werden. Ein Familienrat ist eine gute Erfahrung; es kann gut sein, daß er Ihre Kinder sogar darauf vorbereitet, in

Schule und Beruf bessere Leistungen zu erbringen. Er bietet eine Möglichkeit, die Fäden zusammenzuziehen. Ein nicht funktionierendes Komitee ist nutzlos. Bringen Sie Ihren Familienrat in Bewegung.

Kapitel 4

Stellen Sie Dienstpläne auf!

Tabellarische Dienstpläne machen Spaß und sind zweckmäßig. Aus unserer Umfrage unter Kindern wissen wir, daß die Mehrzahl der Eltern ihren Kindern einfach *sagt*, was sie tun sollen. Das weist den Eltern die Rolle des *Sagens* und den Kindern die Rolle des *Tuns* zu. Was die Eltern nicht *sagen*, das *tut* das Kind auch nicht. Ein Dienstplan ist ein hervorragendes Mittel, die Eltern vom *Sagen* zu entbinden, indem die Tabelle zur maßgeblichen Instanz wird. Dadurch wird die Situation auch emotional entschärft und werden sowohl Selbständigkeit als auch Verantwortungsbewußtsein gestärkt.

Der größte Vorteil solcher Diensttabellen ist, daß sie festlegen, *was erwartet wird*. Es ist wichtig, eine sorgfältige Grundlage zu legen, *bevor* man sagt: „Jetzt wird gearbeitet." Wenn Sie Ihrem Kind das Arbeiten beibringen, hängt der Erfolg zum großen Teil davon ab, daß Sie zuerst diese Grundlage legen: Ziele setzen und Familienregeln aufstellen, die richtigen Arbeitstechniken lehren und die Aufgaben mit Diensttabellen verteilen. All diese Mittel vergrößern Ihre Chancen, Ihr Kind zum Arbeiten zu bringen. Sobald eine Aufgabe zugewiesen ist, müssen die Eltern dem Kind beibringen, *wie* sie zu erledigen ist. Darauf wird im fünften Kapitel näher eingegangen.

In diesem Kapitel stellen wir Ihnen vierundzwanzig Tabellen zur Auswahl. Diese vierundzwanzig Tabellen lassen sich in drei Typen unterteilen. Der erste Typ sind die Aufgabentabellen, die für eine gleichmäßige Routine sorgen und das Kind im voraus über seine Aufgaben informieren. Der zweite Typ, die Spaß- und Herausforderungstabellen, dient dazu, der Klage entgegenzuwirken, Hausarbeit sei „schrecklich langweilig". Der dritte Typ, die Fortschrittstabellen, bietet weitere Ideen, um einen Überblick über die täglichen Leistungen zu behalten und ein erwünschtes Verhalten positiv zu verstärken. Wenden Sie diese Ideen an, um Ihre eigenen Tabellen zu entwerfen. Wenn Sie Ihren Kindern beibringen zu arbeiten, wird Sie das anfangs mehr Zeit kosten, als wenn Sie die Arbeit selbst erledigen würden; doch am Ende wird es Ihnen mehr Zeit verschaffen, um andere Dinge mit ihnen zu unternehmen. Die Mühe lohnt sich.

Diensttabellen fördern die Beständigkeit. In unzähligen Büchern heißt es immer wieder: „Seien Sie beständig, beständig, beständig." Aber wie kann ich mein Kind zur Beständigkeit anhalten, wenn *ich* nicht beständig bin? Glauben Sie, Beständigkeit sei eine regelmäßige Routine, die jeden Tag gleich abläuft – daß jeder jeden Tag sein Bett macht, jeder all seine Aufgaben erledigt, jeder all seine Sachen aufräumt und die Eltern jeden Tag die Zimmer der Kinder inspizieren, bevor sie in die Schule gehen? Die meisten von uns fühlen sich als Versager, weil wir nicht in diesem Sinne beständig sind. Andererseits kennen wir alle Eltern, deren Kinder sich als erfolgreich, selbständig und verantwortungsbewußt erwiesen haben, obwohl sie all diese Dinge nicht getan haben. Beständigkeit bedeutet, zu wissen, was erwartet wird, zu wissen, worin die Aufgabe besteht, zu wissen, daß es eine Belohnung geben wird, wenn eine versprochen wurde, und zu wissen, daß falsche Entscheidungen die entsprechenden logischen Konsequenzen nach sich ziehen. Das ist das Prinzip der Beständigkeit. Diensttabellen können Ihnen helfen, diese Regelmäßigkeit zu etablieren. Manchmal jedoch verwechseln wir Beständigkeit mit Gleichförmigkeit, was nicht dasselbe ist. Beständigkeit ist keine minuziöse Routine. Beständigkeit heißt nicht, daß man alles aufräumt, kaum daß man das Haus betritt. Das wäre Perfektion. Wenn wir jeden Tag alles auf genau die gleiche Art und Weise tun würden, wären wir so unflexibel, daß uns das nicht glücklich machen würde.

Die Grundlage der Beständigkeit wird dadurch aufgebaut, daß wir die Grundbedürfnisse nach Nahrung, Kleidung und Wärme befriedigen. Seien Sie ruhig einmal stolz darauf, daß Sie diese Dinge bieten. In allen Einzelheiten beständig zu sein ist unmöglich, doch in den grundlegenden Dingen sind Sie vermutlich beständig. Die Gefühle der Einigkeit, der Fairneß, der Kooperation, des gegenseitigen Verstehens, der Annahme und der Liebe vermitteln dem Kind Stabilität und Geborgenheit. Kinder empfangen Geborgenheit, indem Sie die Regeln der Familie und des Haushaltes und die Zielerwartungen kennen. Von diesen Dingen war in den ersten drei Kapiteln bereits die Rede.

Beständigkeit wird durch Ordnung verstärkt. Der Rest dieses Buches befaßt sich größtenteils damit, wie wir Beständigkeit durch Ordnung erreichen können, aber so, daß es Spaß macht. Die Kindheit kann eine Zeit der Ohnmacht sein. Ein Kind möchte wissen, was es zu erwarten hat. Diese Art von Beständigkeit ist kostbar. Auch wenn eine Aufgabe nicht wichtiger ist als das Kind, gibt es ein Grundbedürfnis nach Ordnung – sie sorgt für einen Rhythmus, sie bietet Raum für bestimmte Aufgaben und schützt vor Verwirrung. Manche Dinge sollten einfach nicht ausgelassen werden – grundlegende Dinge wie Zähneputzen und Essen. Weil wir essen, müssen wir kochen und abwaschen. Wenn Sie – mit Liebe und Verständnis – im Prinzip beständig sind, bedeutet das, daß Sie, was den *Prozeß* angeht, flexibel sein können. Weil Sie wissen, daß Menschen wichtiger sind als Dinge, und weil Dinge und Zeitpläne manchmal geändert werden müssen, um den Bedürfnissen der Menschen gerecht zu werden, können Sie die Methoden jederzeit ändern. Zum Beispiel ist es zu manchen Zeiten besser, das Geschirr gemeinschaftlich abzuwaschen, während es zu anderen Zeiten vielleicht besser ist, diese Arbeit in individuelle Aufgaben aufzuteilen. Es mag sogar Zeiten geben, in denen eine Person vom Abwaschen befreit ist. Das Prinzip bleibt immer gleich – der Abwasch muß erledigt werden –, aber die Art und Weise, wie das bewerkstelligt wird, kann sich ändern. Veränderliche Methoden können den Abwasch von der Langeweile befreien.

Um Abwechslung zu schaffen, können wir auch den Ablauf der Arbeit verändern. Nach Robert L. DeBruyn tut Abwechslung der Beständigkeit keinen Abbruch; sie hat im Grunde mit Ordnung gar nichts zu tun. Phantasie, Veränderung und Abwechslung sind die Zutaten, die „den Appetit aufs Lernen steigern". Wo zuviel Routine ist, macht sich leicht Langeweile breit. Sie entsteht nicht dadurch, daß man eine Arbeit tut, sondern dadurch, daß man sie immer auf dieselbe Art und Weise tut. Wenn Sie zum Beispiel das Ziel haben, daß Ihr Kind lernt, sein Zimmer in Ordnung zu halten, dann bleibt dieses Ziel immer gleich, doch die Lehrmethoden, die Methoden der Inspektion und die Anreize können sich im Lauf der Jahre stark verändern.

Beständigkeit bedeutet nicht, daß das Zimmer jeden Tag mit einer Checkliste mit fünfzig Punkten inspiziert werden muß. Auch als Erwachsene bringen wir nicht jeden Tag gleich viel Zeit mit Hausarbeit zu, denn es können sich immer höhere Prioritäten ergeben. Vermitteln Sie Ihrem Kind dasselbe Verständnis. In bezug auf das Zimmer könnte Beständigkeit bedeuten: „Es muß meistens in Ordnung sein und am Wochenende oder einmal im Monat gründlich aufgeräumt werden." Andererseits schneidet man sich ins eigene Fleisch, wenn man die Minimalanforderungen an Sauberkeit und Ordnung vernachlässigt. Das Selbstbild eines Menschen reflektiert seine Umgebung. Schon kleine, regelmäßige Aufgaben, die mit Hilfe von Aufgabentabellen zugewiesen und belohnt werden, tragen dazu bei, eine Balance zwischen Perfektion und Chaos zu finden. Der Zweck dieses Buches ist es, viele Ideen zu bieten, um dem Familienleben Impulse zu geben und eine Beständigkeit im Grundsätzlichen und in der Ordnung vorzuzeichnen, damit das Kind vorbereitet wird, sich der großen Welt zu stellen.

Wenn das Kind älter wird, werden Sie die Aufgaben anpassen, Ihre Anforderungen verändern und das Kind stärker an Ihren Entscheidungsfindungen beteiligen wollen. Die Arbeitsabläufe, die Sie Ihren Kindern vorgeben, müssen natürlich mit Ihren eigenen Abläufen zusammenpassen, ob sie nun stark durchstrukturiert oder eher entspannt sind.

Diensttabellen

Die vertikale Diensttabelle. Die Familie McCullough benutzt seit zehn Jahren eine einfache vertikale Diensttabelle, um den Kindern ihre Aufgaben zuzuweisen. Den Kindern ist das sehr recht, denn so wissen sie im voraus, was ihre Aufgabe sein wird, und besonders in der Sommerphase (fünf bis zwölf Jahre) kennen sie sich mit den Jobs schon so gut aus, daß sie sie effizient und zeitsparend verrichten können.

Die Diensttabelle hat zwei Spalten mit Taschenschlitzen; eine für den Morgen und eine für den Abend. Jeden Montagmorgen werden die Aufgaben turnusgemäß gewechselt. Vor der Aufgabenverteilung schaute sich Bonnie im Haus nach Bereichen um, die täglich gepflegt werden müssen, und suchte nach Aufgaben, die die Kinder in weniger als zehn Minuten (in ihrem Tempo) erledigen konnten, ohne davon abhängig zu sein, daß irgend jemand anderes seine Aufgabe zuvor erledigt hat. So ergab sich als Aufgabe für den Morgen die Minimalpflege (Aufräumen) der wichtigsten Wohnbereiche des Hauses. Die abendlichen Aufgaben drehten sich um die Vorbereitung des Abendessens, da beim Aufräumen und Abwasch nach dem Essen sowieso alle mithalfen.

Obwohl jedes Kind in jedem Bereich seine Gelegenheit bekommt, richten sich die Erwartungen nach dem Alter, so daß die Kinder nicht überfordert werden. Beispiel: Wenn der Fünfjährige im Bad saubermacht, scheuert er nur das Waschbecken, schüttelt

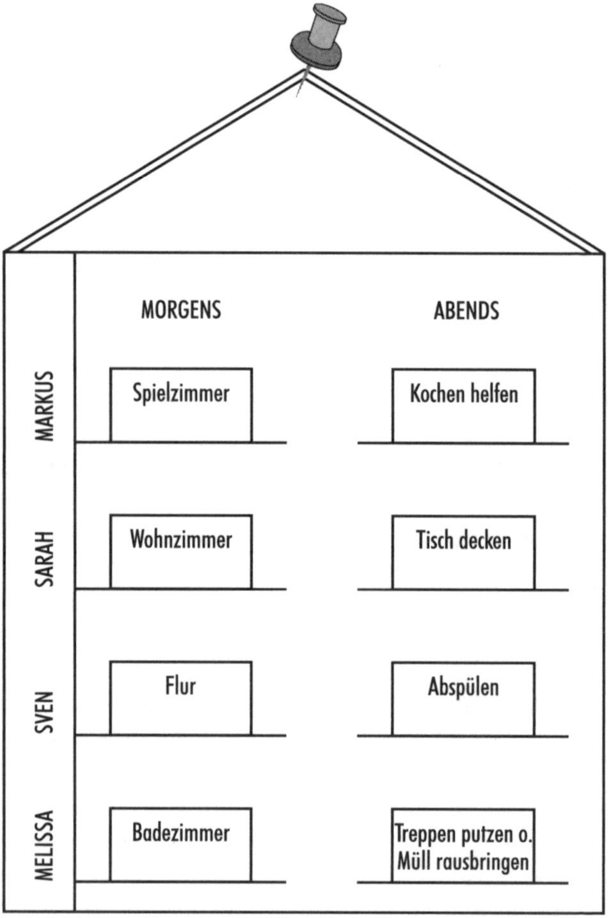

den Vorleger aus und räumt die Kämme und Zahnbürsten weg. Wenn die Fünfzehnjährige im Bad saubermacht, wird von ihr erwartet, daß sie auch die Badewanne, die Toilette und den Fußboden reinigt.

Eine regelmäßige tägliche Zeit für diese Arbeit hilft dabei, sie zu bewältigen, und wir wollen ja, daß sie mit ihren Aufgaben erfolgreich sind. An manchen Tagen ist es nur ein schnelles Aufräumen, an anderen ein gründliches Saubermachen. Als die Kinder noch alle in der Grundschule waren, wurden diese Aufgaben jeden Morgen vor der Schule erledigt. In den Sommerferien wurden sie bis zehn Uhr und jeden Abend um fünf Uhr erledigt. Jetzt jedoch, wo die älteren McCullough-Kinder in die Herbstphase (dreizehn bis achtzehn Jahre) kommen und schon um Viertel vor sechs in die Schule aufbrechen müssen, sind die Anforderungen für die Zeit vor der Schule modifiziert worden, und das tägliche Aufräumen findet vor dem Abendessen statt. Außerdem wurde am Samstagvormittag eine zweistündige Aufräum- und Putzaktion eingeführt, bei der jedes Kind sein Zimmer und einen weiteren, zugewiesenen Raum gründlich in Ordnung bringt, so daß die Wochentage für die Schulaufgaben frei bleiben. Es ist wichtig, die Aufgaben anzupassen, die Anforderungen zu verändern und die Kinder an der Entscheidungsfindung zu beteiligen, wenn sie reifer werden.

Die runde Diensttabelle. Es gibt Hunderte von Möglichkeiten, wie man die Diensttabellen den unterschiedlichen Familienumständen anpassen kann. Für eine Familie mit einem oder zwei Kindern von etwa gleichem Reifegrad wäre vielleicht eine runde Diensttabelle das Beste. Von diesen Kindern kann man natürlich nicht erwarten, daß sie sämtliche zehn Aufgaben der McCullough-Kinder übernehmen, denn sie sind ja weniger; dennoch sollten auch sie mehr beitragen können, als nur den Müll hinauszubringen und das Geschirr zu spülen. Diese Tabelle läßt die Aufgaben rotieren und verschafft Abwechslung. Um die Tabelle an die Anzahl der Aufgaben und der Arbeiter anzupassen, unterteilen Sie sie einfach in die entsprechende Zahl von Tortenstükken. Zwei runde Scheiben, eine davon kleiner als die andere, werden aus stabilem Karton ausgeschnitten. Mit einer Musterklammer in der Mitte können Sie die beiden Scheiben so miteinander verbinden, daß sie sich unabhängig voneinander drehen lassen. Hängen Sie die Tabelle dort auf, wo sie leicht zu sehen ist, etwa in der Küche.

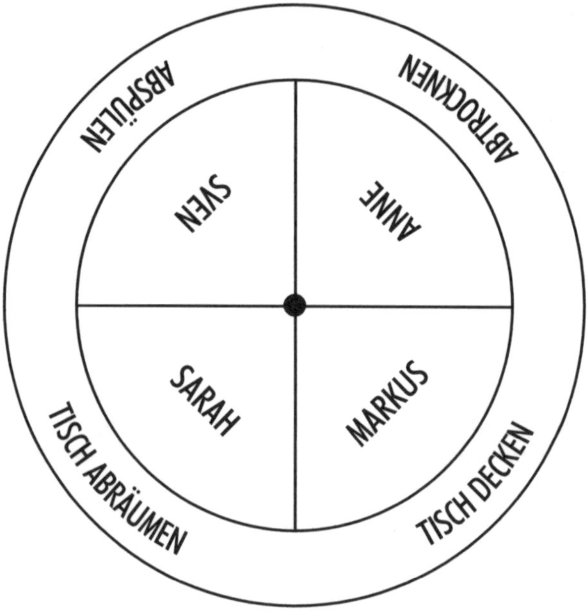
ABSPÜLEN
ABTROCKNEN
TISCH DECKEN
TISCH ABRÄUMEN
SVEN
ANNE
MARKUS
SARAH

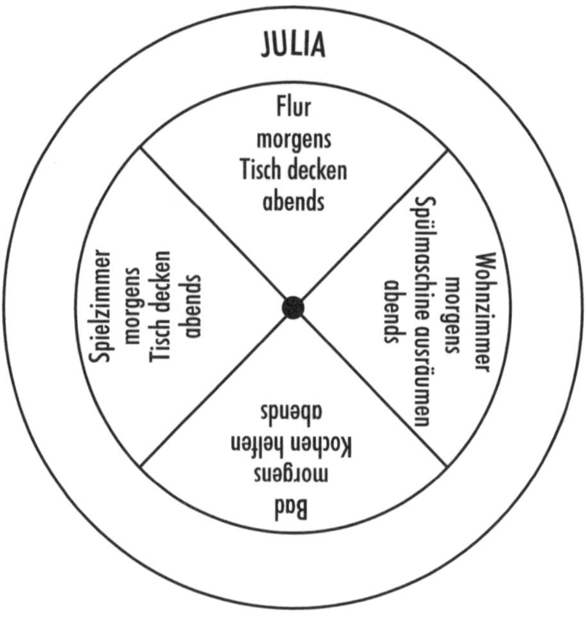
JULIA
Flur
morgens
Tisch decken
abends
Wohnzimmer
morgens
Spülmaschine ausräumen
abends
Bad
morgens
Kochen helfen
abends
Spielzimmer
morgens
Tisch decken
abends

Fähnchen in der Tasse. Da manche Jobs nicht jeden Tag erledigt werden müssen, ist es Ihnen vielleicht lieber, die Aufgaben je nach dem aktuellen Bedarf zu verteilen. Sie könnten die Jobs auf Karteikarten schreiben und diese jeden Morgen in die Job-Schachtel des betreffenden Kindes stecken, oder Sie könnten kleine Fähnchen an Schaschlikstäbchen in Tassen aufstellen, um die Aufgaben für den Tag anzuzeigen. Einer der Nachteile dieses Systems ist, daß die Kinder nicht mit der Arbeit beginnen können, bevor die Eltern die Karten oder Fähnchen verteilt haben. Manchmal ist es schwierig, jeden Morgen alles so gut organisiert zu haben.

Der Grundriß. Eine weitere Möglichkeit, die Aufgaben zu verteilen, besteht darin, einen Grundriß Ihres Hauses zu zeichnen, entweder auf Stoff (dann könnten Sie ihn einrahmen) oder auf Papier, so daß er am Kühlschrank befestigt werden kann. Dann befestigen Sie ein Bild jeder Person in dem Raum, für dessen Reinigung sie verantwortlich ist. Dies eignet sich nicht für einzelne Jobs wie den Müll hinauszubringen oder das Geschirr abzutrocknen, aber es läßt sich anwenden, wenn die Arbeit in räumliche Bereiche aufgeteilt wird. (Die Eltern könnten dabei mit eingeschlossen sein.)

Die tägliche Aufgabentabelle. Ein alleinerziehender Vater von drei Kindern kopierte sich im Copy-Shop einen ganzen Stapel der folgenden täglichen Aufgabentabelle. Jeden Abend füllte er zusammen mit seinen Kindern den Bogen für den nächsten Tag aus und befestigte ihn am Kühlschrank. Er wechselte die Aufgaben täglich, weil er die Arbeiten mit den Hausaufgaben und sonstigen Aktivitäten der Kinder koordinieren wollte. Diese Tabelle bot Raum für freiwillige Leistungen und schloß auch den Vater ein. Solche Tabellen können auch beim Familienrat gleich für die ganze Woche ausgefüllt werden.

← TAGE →

NAMEN ↕

	Mo	Di	Mi	Do	Fr
Lukas	Kochen	Bad	Saugen	Kochen	Bad
Kristin	Saugen	Kochen	Bad	Saugen	Kochen
Simon	Bad	Saugen	Kochen	Bad	Saugen

← ARBEITEN →

1

← TAGE →

ARBEITEN ↕

	Mo	Di	Mi	Do	Fr
Essen vorbereiten	Lukas	Kristin	Simon	Lukas	Kristin
Saugen	Kristin	Simon	Lukas	Kristin	Simon
Badezimmer	Simon	Lukas	Kristin	Simon	Lukas

← NAMEN →

2

← ARBEITEN →

NAMEN ↕

	Essen vorbereiten	Staubsaugen	Badezimmer
Lukas	Mi - Di	Mi - Sa	Di - Fr
Kristin	Di - Fr	Mi - Do	Mi - Sa
Simon	Mi - Sa	Di - Fr	Mi - Do

← TAGE →

3

Der Monatskalender. Auf die Frage, ob seine Familie eine Aufgabentabelle benutze, schrieb uns ein Junge: „Beim Abwasch gehen wir nach dem Kalender. Meine Brüder und ich waschen jeweils alle drei Tage ab.“ Ein Mädchen schrieb: „Meine Schwester und ich streiten immer darum, wer damit an der Reihe ist, den Hund zu füttern. Deshalb benutzen wir den Kalender und schreiben unsere Initialen in jedes zweite Feld, so daß wir immer wissen, wer dran ist.“ Bei dieser Methode schreiben Sie den Anfangsbuchstaben des Kindes in das Kalenderfeld und füllen so den ganzen Monat aus. Sobald ein Kind seine Aufgabe erledigt hat, streicht es seinen Buchstaben aus. Wenn einmal getauscht wird, kann man Mißverständnissen am nächsten Tag vorbeugen, indem auch das auf dem Aufgabenkalender festgehalten wird. Wenn auf dem Kalender auch die Aktivitäten und Termine eingetragen werden, kann man die leichteren Aufgaben demjenigen geben, der am meisten zu tun hat.

Wöchentliche Aufgabentabellen. Sie können auch die Aufgaben der Familie für eine ganze Woche auf einer Tabelle anzeigen. Solche wöchentlichen Aufgabentabellen haben drei Kategorien: Tag, Kind und Aufgabe. Man kann sie auf unterschiedliche Weise anlegen, doch das Grundraster bleibt das gleiche: Eine der drei Kategorien bildet die oberste Reihe, die zweite die linke Spalte und die dritte die Felder dazwischen. Solch eine Tabelle kann man auch auf Karton zeichnen, mit transparenter Folie bekleben und dann die Eintragungen mit abwaschbarem Markierstift vornehmen.

Eine erwerbstätige Mutter klebt auch Menüs in das Tagesfeld der Aufgabentabelle, denn sie erwartet von ihren älteren Kindern, daß sie das Abendessen schon weitgehend vorbereitet haben, wenn sie von der Arbeit nach Hause kommt. Eine frühzeitige Entscheidung, was es zu essen geben soll, bringt besonders für erwerbstätige Eltern eine spürbare Entlastung nach der Arbeit. Wenn das Essen vorausgeplant ist, können andere Familienmitglieder leichter dabei helfen.

Eine andere Mutter schreibt, obwohl sie nur ein Kind hat, die Aufgaben ihrer fünfzehnjährigen Tochter folgendermaßen auf:

	Mo	Di	Mi	Do	Fr
MARIA	Staub-saugen	Bad putzen	Küche putzen	Zimmer putzen	Staub-wischen, Fuß-boden putzen

Die helfende Hand. Basteln Sie eine „helfende Hand“, indem Sie eine Handform aus Holz oder Pappe ausschneiden, einen alten Handschuh ausstopfen oder aus einem Streifen Baumwolle einen Ärmel nähen. Hand und Finger lassen sich aus alten Nylonstrümpfen formen. Unten schrauben Sie Haken ein, an denen die Jobmarken aufgehängt werden. Wenn eine Aufgabe erledigt ist, kann man die Marke vom Haken nehmen und an die Finger oder einen speziellen Ring hängen.

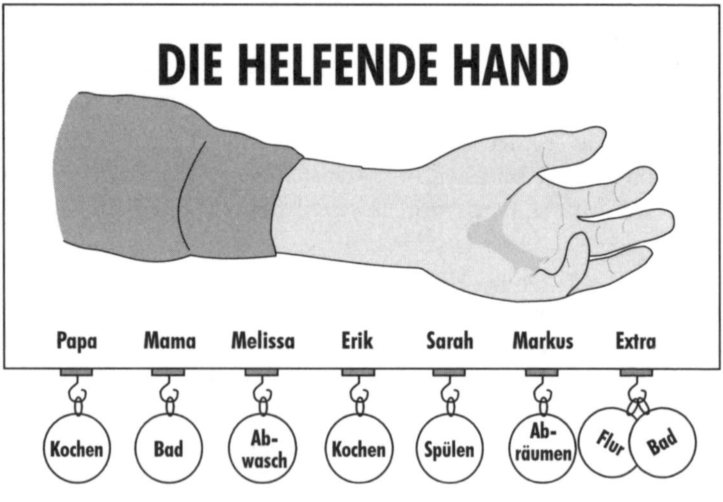

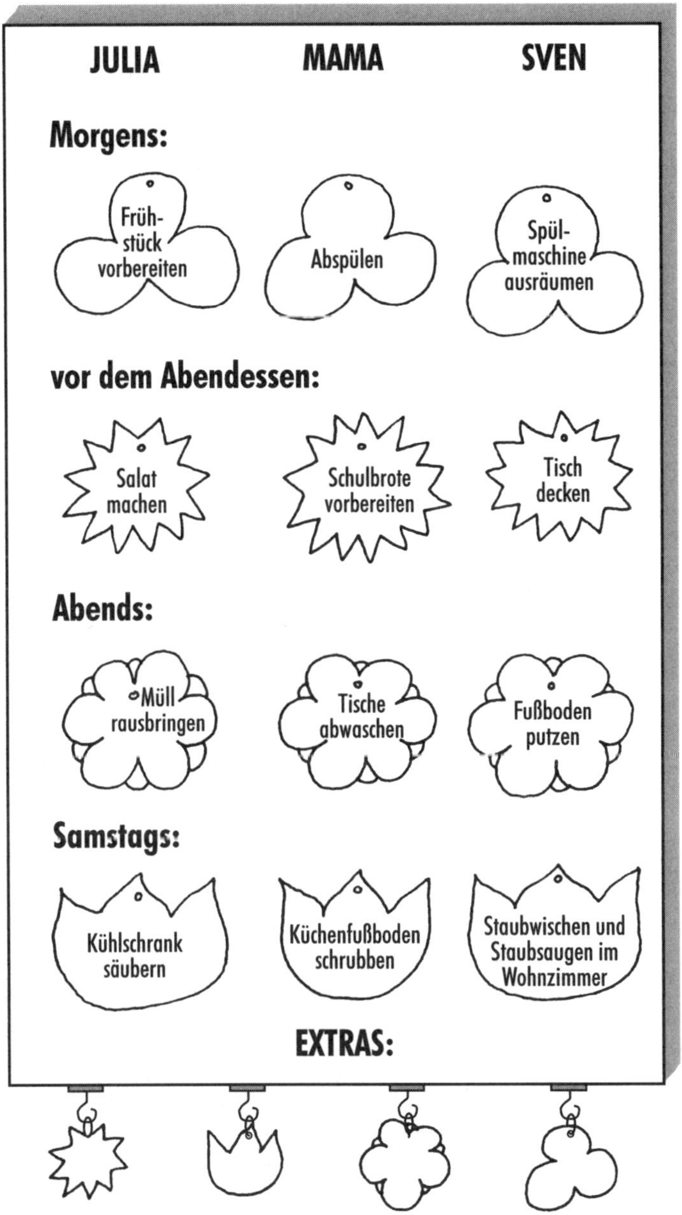
JULIA
MAMA
SVEN
Morgens:
Früh-stück vorbereiten
Abspülen
Spül-maschine ausräumen
vor dem Abendessen:
Salat machen
Schulbrote vorbereiten
Tisch decken
Abends:
Müll rausbringen
Tische abwaschen
Fußboden putzen
Samstags:
Kühlschrank säubern
Küchenfußboden schrubben
Staubwischen und Staubsaugen im Wohnzimmer
EXTRAS:

Aufgabenverteilung per Zufall. Samstags schreibt die Familie Müller die zu erledigenden Aufgaben auf kleine Zettel und steckt sie in einen Krug, und dann ziehen alle Familienmitglieder (einschließlich der Eltern) ihre Aufgaben heraus. Den Samstagvormittag über arbeiten sie hart, um den Nachmittag für Freizeit oder persönliche Vorhaben freizuhalten.

Diese Idee läßt sich an verschiedene Umstände anpassen, indem die Jobs für einen Tag oder für eine ganze Woche gelten. Als Gefäß für die Zettel kann man alles mögliche benutzen: einen Hut, einen Plastikkürbis oder einen Osterkorb. Sie können die Aufgaben auch durchnumerieren und auswürfeln, wer welchen Job übernimmt, oder sie einfach aus der Hand ziehen wie Karten. Manchmal kann ein bißchen Abwechslung eine positivere Einstellung zur Arbeit bewirken.

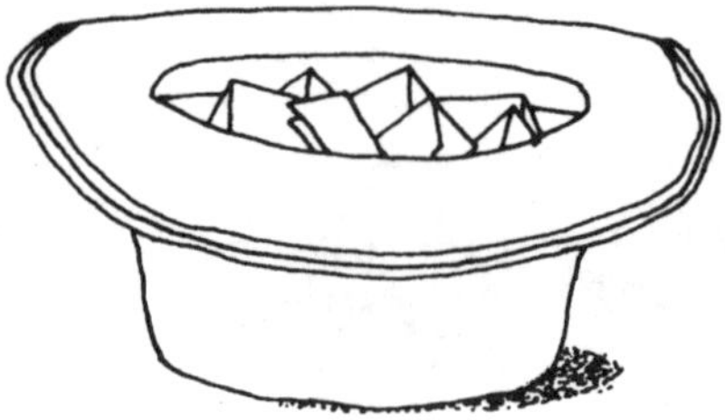

Listen. Kinder lieben es, eine Liste mit ihren Aufgaben für den Tag zu haben, besonders an schulfreien Tagen, wenn sie nicht unter dem Druck stehen, pünktlich in der Schule sein zu müssen. Es verschafft ihnen Zufriedenheit, jeden Punkt abhaken zu können, doch der schönste Lohn besteht darin, zu wissen, wenn der letzte Punkt abgehakt ist, sind sie *fertig*, und der Rest des Tages gehört ihnen. Ein kleines Kind hat wirklich das Gefühl, Fortschritte zu machen, selbst wenn es die grundlegenden Dinge wie Zähneputzen und Haarekämmen abhakt. Sind die grundlegende Körperpflege und das Anziehen erst einmal zur Gewohnheit geworden, brauchen diese Einzelheiten nicht mehr auf der Liste aufgeführt zu werden.

Michaels Aufgabenliste

Hände 

Gesicht 

Zähne putzen 

Haare kämmen 

Anziehen

 Bett machen

Spielsachen aufräumen 

 Waschbecken saubermachen

20 Teile Müll im Garten aufheben
und in die
Mülltonne werfen 

Vertrag. Ein schriftlicher Vertrag ist eine beiderseitige Vereinbarung, nicht nur eine einseitige *Anweisung*. Es ist in Ordnung, wenn es die Idee der Eltern ist, aber noch besser, wenn das Kind einverstanden ist. Die Belohnung für die pünktliche Erledigung und die Konsequenzen für die Nichteinhaltung des Termins sollten in dem Vertrag ausdrücklich genannt werden. Einen solchen Vertrag kann man für einen einmaligen Job wie das Aufräumen der Garage aufsetzen oder auch für eine regelmäßige Tätigkeit, wie etwa eine Woche lang pünktlich den Tisch zu decken. Die Belohnung könnte in Geld, einer besonderen Unternehmung mit einem der Elternteile oder in einer praktischen Gegenleistung bestehen. Lassen Sie sich etwas einfallen.

Fortschrittstabellen

Manchmal kann eine tägliche Tabelle eingesetzt werden, um Leistungen anzuzeigen und sofortige Verstärkung zu bieten; zum Beispiel, wenn es darum geht, bei ganz kleinen Kindern grundlegende Dinge wie Bettenmachen und Zähneputzen einzuüben. Auch bei älteren Kindern können solche Tabellen als Anreiz hilfreich sein, wenn sie in ihren täglichen Verantwortungen nachlässig werden. Manchmal kann eine solche Tabelle der Motivation auf die Sprünge helfen, wenn es darum geht, eine Gewohnheit zu ändern. Die folgenden Tabellen können so gestaltet, werden, daß das Kind sich selbst sofort belohnen kann, ohne daß immer ein Elternteil direkt beteiligt ist. (Im Kapitel 7, S. 101, finden sich noch weitere Anreize.)

Sternchentabelle. Die einfache tägliche Sternchentabelle ist ein hervorragender Motivator, besonders für ein kleines Kind, das Grundfähigkeiten wie die persönliche Körperpflege und das Ordnunghalten im Kinderzimmer erlernt. Sie funktioniert auch bei älteren Kindern, die ein wenig Ansporn für ihre Beständigkeit brauchen. Eine Fortschrittstabelle ist besonders zu Beginn der Sommerferien hilfreich, wenn die Kinder dazu neigen, sich völlig gehen zu lassen, weil ihnen die Struktur der Schulroutine fehlt.

Nina

Morgen-Routine vor 10 Uhr	Mo	Di	Mi	Do	Fr	Sa	So
Zähne	☆	☆					
Haare	☆	☆	☆	☆			
Bett	☆	☆	☆		☆		
Anziehen	☆	☆	☆	☆	☆	☆	
Spielsachen	☆						

Eine Belohnung am Ende der Tabelle ist nicht immer nötig; die sofortige Anerkennung und Verstärkung nach der Erledigung der Aufgabe kann schon ausreichen. Eine Tabelle, die Aufgaben zuweist, ist sehr hilfreich, doch eine Tabelle, die darüber hinaus Platz für ein Sternchen oder einen Smiley bietet, bringt gleich ihre Belohnung mit sich: „Ich habe etwas erledigt" oder „Ich bin fertig". Die Selbstachtung des Kindes steigt, weil es ein Gefühl der Kontrolle über die kleinen Aufgaben seines Lebens hat.

Eisbechertabelle. Wenn Sie wollen, daß Ihr Kind auf ein Ziel hinarbeitet, wie etwa eine Woche lang den Abwasch besser zu erledigen als bisher, versuchen Sie es mit einer Eisbechertabelle. Die Kinder setzen Schritt für Schritt ihren Eisbecher zusammen und verdienen sich mit jeder Leistung eine weitere Eiskugel oder Zutat dazu. Obwohl sie über mehrere Tage hinweg auf ein Ziel hinarbeiten, ergibt sich eine sofortige Verstärkung, wenn ein Elternteil die Küche inspiziert und dann die Kinder auf dem Blatt einzeichnen läßt, was sie sich verdient haben. An den ersten drei Tagen entscheiden sie sich vielleicht für eine Eiskugel, dann kommen Erdbeeren, Nüsse oder Schlagsahne hinzu.

Manche Leute werden einwenden, solche Taktiken seien Unsinn – sie liefen auf Bestechung hinaus. Aber wenn Sie eine typische Familie sind, bekommen die Kinder irgendwann während der Woche sowieso etwas spendiert, sei es in der Eisdiele oder zu Hause. Wenn Sie Ihre Kinder dazu bringen könnten, den Topf, der noch auf dem Herd steht, den klebrigen Belag auf der Arbeitsplatte und die Krümel auf dem Fußboden zu bemerken, und sie für sechs Tage in die Küchenreinigung einbeziehen könnten, dann sind die Chancen, daß nächste Woche auch ohne den Anreiz eines Eisbechers besser aufgeräumt wird, viel größer als zuvor.

Rennwagentabelle. Ganz kleine oder unreife Kinder wollen eine sofortige Belohnung, doch wenn sie älter werden, können wir ihnen helfen, auf längerfristige Ziele hinzuarbeiten, indem wir zum Beispiel eine Fortschrittstabelle wie die Rennwagentabelle anwenden. Setzen Sie ein Ziel, zum Beispiel, zwei Wochen lang täglich den Müll hinauszubringen oder auch ein Instrument zu üben. Dann zeichnen Sie eine Art Parcours und suchen sich eine Markierung dafür aus, in diesem Falle einen Rennwagen. Nun rücken Sie jeden Tag, wenn das Tagesziel erreicht ist, den Rennwagen ein Feld näher auf das Ziel zu. Er könnte mit einer Nadel, einem Klebeband oder einem Magneten befestigt werden. Sparen Sie nicht mit Lob, während der Wagen seine Bahn zieht. Wenn Sie feststellen, daß das Kind keine Fortschritte macht, ist vielleicht eine Modifizierung oder Neubewertung notwendig. So eine Tabelle läßt sich leicht am Kühlschrank mit farbigem Klebeband und Magneten als Markierungen herstellen.

Leiter oder Bohnenranke emporklettern. Marias Sohn ließ immer wieder nach der Schule seine Jacke im Wohnzimmer auf dem Fußboden und seine Bücher auf dem Küchentisch liegen. Sie zeichnete eine Bohnenranke, um ihm das abzugewöhnen. Maria vergewisserte sich, daß es einen Platz gab, wo er seine Sachen unterbringen konnte, und daß er verstand, wo sie hingehörten. Dann zeichnete sie die Bohnenranke (es könnte auch eine Leiter sein) auf einen großen Pappbogen. Verwendbar wäre auch ein Poster zum Messen der Körpergröße von Kindern. Eine Papierfigur diente dazu, den Aufstieg zur Spitze anzuzeigen, sobald ein Meilenstein erreicht war. Suchen Sie sich eine Gewohnheit aus, an der gearbeitet werden muß, und messen Sie die Fortschritte

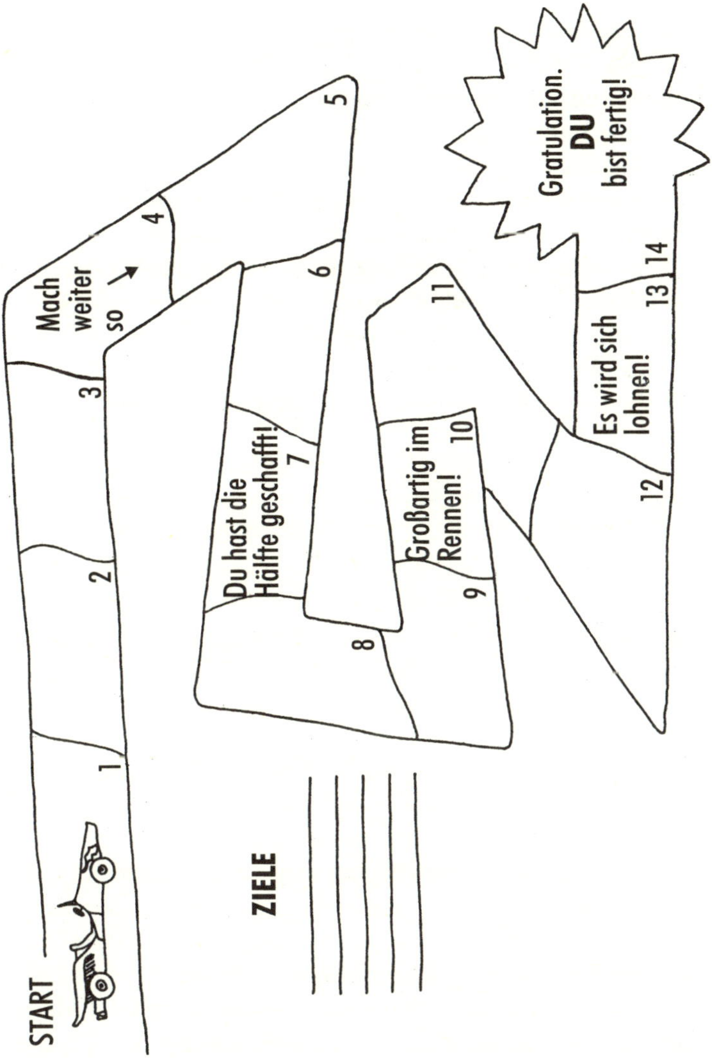
START
1
2
3
Mach weiter so
4
5
6
Du hast die Hälfte geschafft!
7
8
9
Großartig im Rennen!
10
11
12
Es wird sich lohnen!
13
14
Gratulation. **DU** bist fertig!
ZIELE

durch den Aufstieg der Figur, wobei Sie immer wieder positives Verhalten verstärken.

Spielsteine. Sie können auch Spielsteine als Belohnungssystem verwenden. „Wenn du zwanzig Spielsteine verdient hast, spiele ich Dame mit dir." Es muß natürlich ein Spiel sein, das das Kind gerne spielt und zu dem eine bestimmte Anzahl von Spielsteinen notwendig ist. Das Kind muß ganz klar verstehen, welche Aufgaben es zu erfüllen hat, um genügend Steine für das Spiel zu sammeln. (Ein gesäubertes Waschbecken bringt zwei Spielsteine etc.) Sammeln Sie die verdienten Spielsteine oder Figuren in einer Plastikschüssel, wo sie leicht zu sehen und zu zählen sind. Dame, Schach, Stratego, Scrabble oder Domino sind nur einige der Spiele, die dafür geeignet sind. Der Lohn besteht in Zeit mit einem Erwachsenen – ein Gut, das die meisten Kinder sehr zu schätzen wissen.

Kapitel 5

Kinder brauchen Anleitung

Wenn Sie möchten, daß Ihre Kinder zu Hause mitarbeiten, werden Sie es ihnen beibringen müssen. Schön wär's, wenn sie es einfach durch Ihr Beispiel lernen würden, aber leider ist das nicht so. Sie werden ihnen zeigen und sagen müssen, wie es gemacht wird, ihre Arbeit inspizieren und loben, und das läßt sich nicht an einem Tag bewerkstelligen. Aber es kann ungemein Spaß machen, die Fortschritte eines Kindes zu beobachten, weil sie so deutlich meßbar sind. Kinder sind meist zu viel mehr fähig, als ihnen abverlangt wird. Wir neigen dazu, unseren eigenen Kinder viel weniger zuzutrauen, als andere Erwachsene ihnen zutrauen, so als wären sie zwei Jahre jünger, als sie wirklich sind. Es gibt natürlich auch Rückschläge in diesem Bemühen, und oft sind sie darauf zurückzuführen, daß wir irgendeinen Schritt eines Arbeitsablaufs zu lehren versäumt haben. In diesem Kapitel können Sie immer wieder nachschlagen, wenn Sie auf Schwierigkeiten stoßen. Wie gut Kinder lernen, hängt von fünf Dingen ab. Um die ersten vier geht es in diesem Kapitel.

DAS LERNEN HÄNGT AB VON

1. dem Lernstil des Kindes,
2. den Arbeitstechniken,
3. den Lehrmethoden,
4. der Beaufsichtigung,
5. Anreize und Konsequenzen.

Lernstile

Arbeitet Ihr Kind am besten allein oder zusammen mit anderen? Ist es ein Leser oder ein Zuhörer? Läßt es sich stärker durch Gleichaltrige oder durch die Eltern beeinflussen? Jedes Kind lernt anders und nimmt die Botschaften der Umwelt auf seine ganz einzigartige Weise auf. Untersuchungen haben den Pädagogen geholfen, zahlreiche verschiedene Lernvorlieben bei Menschen zu unterscheiden. Sie wissen, daß manche Schüler am besten in traditionellen Klassenzimmern lernen, während andere in offenen, wohnlichen Bereichen mit mehr Freiheit besser zurechtkommen. Auch zu Hause können Sie herausfinden, wie Ihr Kind am liebsten Informationen aufnimmt, indem Sie die folgenden Fragen stellen. Die Antworten darauf werden zeigen, ob es eher ihrem Stil entspricht, Dinge allein, mit anderen oder mit Familienmitgliedern zu tun; ob sie Anweisungen besser verstehen, wenn sie sie hören oder wenn sie sie schwarz auf weiß vor sich sehen; und ob sie detaillierte Schritt-für-Schritt-Anweisungen oder lieber eine freiere Atmosphäre mögen, in der sie selbst mit begrenzter Anleitung entdecken, wie etwas am besten gemacht wird.

„Möchtest du lieber allein, mit einem Freund zusammen oder mit Mama oder Papa arbeiten?“

Stil: Individuell, Gruppe oder Familie

„Sollen wir eine Tabelle benutzen, um deine Aufgaben anzuzeigen, oder soll ich dir einfach sagen, was du tun sollst?"

Stil: Leser oder Zuhörer

„Möchtest du, daß ich dir genau erkläre, wie du das Auto waschen sollst, oder willst du lieber selbst die Anleitung auf der Dose nachlesen?"

Stil: Genaue Anleitung oder entdecken

Die meisten Kinder haben mehrere Lieblingsstile; eine starke Identifikation mit nur einer Methode ist selten. Denken Sie daran, daß jüngere Kinder meist stärker familienorientiert sind als ältere. Manche Kinder arbeiten einfach lieber zusammen mit anderen als allein, ob es nun Familienmitglieder oder Gleichaltrige sind. Nehmen Sie zum Beispiel Erika, eine Achtjährige, die ihre Nase in jeder freien Minute in ein Buch steckt. Was ihre Mutter sagt, scheint ihr zum einen Ohr hinein, und zum anderen wieder hinauszugehen. Erikas Stil ist das geschriebene Wort. Ein Zettel, auf dem ihre Aufgaben aufgelistet sind, wird bei ihr wirksamer sein, als wenn jemand ihr ständig sagt, was zu tun ist. Jochen, der zur selben Familie gehört, redet gern und hört aufmerksam zu, wenn sein Vater ihm vorliest. John kann man sagen, was zu tun ist, und er tut es – er ist ein Zuhörer! Manche Kinder arbeiten gern in einer Gruppe. Sie motiviert eine „Familien-Aufräum-Stunde" stärker zum Mithelfen, als wenn sie allein arbeiten sollen. Andere Kinder haben gern ihre Ruhe und leisten vorzügliche Arbeit, wenn sie selbständig arbeiten können.

Die Anreize und Lehrtechniken, die Sie bei Ihren Kindern anwenden, lassen sich je nach ihren individuellen Lernstilen strukturieren. Wenn Tom sich leichter durch Freunde als durch die Familie beeinflussen läßt, gebrauchen Sie, um ihn zu mehr Mitarbeit anzuhalten, Anreize, die ihn mit Erlaubnissen belohnen, zum Beispiel einen Freund zum Übernachten einzuladen oder mit mehreren Freunden ins Kino zu gehen. Ein kleineres Kind läßt sich eher durch die Aussicht auf ein Spiel mit Mama oder Papa nach getaner Arbeit motivieren.

Beobachten Sie Ihre Kinder, um herauszufinden, wie ihre Lernvorlieben sind, und stellen Sie Ihre Methode auf diesen Stil ein – das kann entscheidend dafür sein, wie leicht sie lernen und wie bereitwillig sie mitarbeiten.

Schritt für Schritt vormachen und anleiten

Nehmen wir an, wir wollen einem fünfjährigen Jungen beibringen, das Bad in Ordnung zu bringen. Dabei müssen wir folgende Schritte bedenken:

1. Den Job in erlernbare Teilaufgaben aufteilen
2. Die richtige Vorgehensweise erklären
3. Aufbewahrung der Ausrüstung und der Hilfsmittel

Wir werden ihm nicht gleich die Verantwortung für den ganzen Raum aufladen. Versuchen wir es mit drei Aufgaben: Waschbekken scheuern, Chromteile polieren, Vorleger ausschütteln. In bezug auf die Hilfsmittel: Steht das Scheuerpulver an einem Ort, wo er es gut erreichen kann? Was soll er benutzen: ein Tuch oder einen Schwamm? (Hoffentlich nicht den Gesichtswaschlappen.) Kann er Tuch oder Schwamm leicht erreichen? Kommt er schon ans Waschbecken? Vielleicht braucht er ein Höckerchen. Wenn es darum geht, die richtige Methode zu erklären, werden Sie ihm Anweisungen geben, wieviel Scheuerpulver er nehmen soll, und auch erwähnen, daß er auch die Ablagerungen am Abfluß entfernen und kein Scheuermittel auf die Chromteile auftragen soll. Wenn er den Vorleger ausschüttelt, erklären Sie ihm, daß er ihn aufrollen und vorsichtig nach draußen tragen soll, so daß unterwegs nichts von dem Schmutz herunterfällt. Begleiten Sie den Jungen jeden Tag, wenn er das Bad saubermacht, wobei Sie nach und nach immer weniger selbst mit anfassen, jedoch ihm immer wieder ermutigend zur Seite stehen, bis er die Aufgabe *mindestens dreimal* allein gelöst hat. In diesem Stadium sind häufige Ermutigungen und positive Bemerkungen vonnöten. „Es sieht noch besser aus, wenn dieses braune Zeug rund um den Abfluß weg ist.“ „Die Klinke ist so schön blank, daß man sich darin sehen kann.“ So beteiligen Sie nicht nur die Sinne des Kindes, sondern auch seine Emotionen an der Aufgabe. In diesem Fall prägt ein gutes Gefühl die Einstellung zur Arbeit, wenn das Kind denkt: „Es sieht so schön aus, ich kann das machen, und es gefällt mir besser so." Wenn dieser Junge älter wird, brauchen Sie nicht mehr soviel Zeit und Aufsicht zu investieren und können sich mehr auf verbale Anweisungen stützen. Doch vergessen Sie nicht, selbst für einen Erwachsenen ist es leichter, seine ersten Crêpes zu backen, nachdem er es schon einmal bei einem anderen gesehen hat. (Die Psychologen nennen das *Modeling.*)

Teilen Sie den Job in überschaubare Einheiten auf. Sie können einem Kind nicht einfach sagen, es solle die Wäsche erledigen, ohne ihm zu sagen, wie. Es muß wissen, wie die Kleidungsstücke sortiert werden, wie die Waschmaschine bedient wird, wie man die richtige Trockenmethode auswählt, wie man die Wäsche zusammenlegt und so weiter. Jede dieser Kategorien läßt sich wiederum in kleinere Einheiten zerlegen. Kinder erinnern sich an Konzepte leichter als an auswendig gelernte Details. Wenn Sie zum Beispiel Ihrem Kind beibringen wollen, wie die Schmutzwäsche sortiert wird, könnten Sie davon sprechen, daß nach Farbe, Verschmutzung und Gewebeart sortiert wird, aber auch assoziative Konzepte anführen wie: „Dieser Rock ist aus dem gleichen Stoff wie deine Jeans, also gehört er zu den Baumwollsachen; aber sollen wir ihn zusammen mit den Jeans deines Bruders oder mit Papas ölverschmiertem Overall waschen?" Bringen Sie den Kindern bei, selbst zu analysieren. Vielleicht hilft es, in der Waschküche eine Checkliste aufzuhängen, auf der die Kinder das richtige Vorgehen schnell nachschauen können. Geben Sie klare Anweisungen, und hüten Sie sich vor Doppeldeutigkeiten.

Kinder sind nicht die einzigen, die bisweilen mehr Unrat verursachen, als sie in Ordnung bringen können. Sah Ihre Küche schon jemals so chaotisch aus, daß Sie nicht wußten, wo Sie anfangen sollten? Haben Sie sich da nicht gewünscht, daß jemand da wäre, der Ihnen hilft? Manchmal wissen wir einfach nicht, wo wir anfangen sollen, weil es für alles irgend etwas anderes als Voraussetzung zu geben scheint – Sie können nicht anfangen, das Geschirr zu spülen, solange Sie keinen freien Platz für das saubere

Geschirr haben. Ein solcher Berg von Arbeit muß in kleine Teile aufgeteilt werden, damit man ihn bewältigen kann.

Uns allen widerstrebt es, in einen Tunnel einzutreten, dessen Ende wir nicht sehen können, aus Angst, wir kämen nie wieder hinaus. Unkrautjäten im Garten kann sich wie ein langer Tunnel anhören, doch wenn man ihn mit Schnüren in quadratmetergroße Parzellen aufteilt oder jeden Tag nur eine Pflanzreihe verlangt, ist es schon nicht mehr so überwältigend. Statt zu sagen: „Jetzt wird im Haus aufgeräumt", lassen Sie jeden zwanzig Gegenstände aufräumen oder rufen Sie eine Fünf-Minuten-Aufräumaktion aus und stellen so ein Ende des Tunnels in Aussicht. Bedenken Sie aber: Wenn Sie den Kindern nach getaner Arbeit gleich eine neue Aufgabe geben, ersticken Sie damit den Anreiz, mit der ersten fertig zu werden. „Wozu die Eile? Wenn ich diese Reihe Bohnen fertig gejätet habe, läßt mich Papa nur die nächste auch noch machen." Wenn Sie den Kindern sagen, wo das Ende ist, dann hilft ihnen das, über die gegenwärtige Arbeit hinauszublicken, wo die Freiheit winkt.

Kündigen Sie bevorstehende Arbeitszeiten vorher an, und halten Sie sie kurz und effektiv. In den meisten Grundschulen gibt es fünf Minuten vor dem eigentlichen Läuten zum Unterrichtsbeginn ein Warnläuten. Eine Vorwarnung vor der bevorstehenden Arbeit erhöht die Kooperationsbereitschaft. Eine tägliche Routine wie bestimmte morgendliche Aufgaben vor der Schule oder abendliche Aufgaben um fünf Uhr sorgt automatisch für diese Vorwarnung. Das schützt die Kinder vor aus ihrer Sicht unfairen Überraschungen. Vor außerordentlichen Arbeiten sollte eigens rechtzeitig vorgewarnt werden: „Am Samstag arbeiten wir bis mittags im Garten." Eine Vorwarnung fünf oder zehn Minuten vor dem Abendessen oder dem Ende der Spielzeit fördert die allgemeine Atmosphäre der Fairneß in einer Familie.

Wie können wir Kinder motivieren, die Arbeiten gern vor sich herschieben? Versuchen Sie es mit einer einleitenden Aktivität, um ein Projekt zu beginnen oder in Stimmung zu kommen. Fragen Sie: „Was bist du bereit, in diesem Zimmer zu tun?" Manchmal reicht es aus, fünfzehn Minuten daran zu arbeiten, um das Kind über die Schwelle zu bringen. Indem wir eine Lieblingsaktivität in Aussicht stellen, helfen wir dem Kind, sich an eine Arbeit zu machen, vor der es zurückschreckt. Erst die Arbeit, dann das Vergnügen. In die Bücherei zu gehen und Schwimmen zu gehen hat nicht für alle Kinder denselben Reiz. Machen Sie sich eine Liste der Dinge, die Ihr Kind gerne tut, um sich die natürlichen Interessen, Lernstile und möglichen Anreize bewußt zu machen. Bei kleineren Kindern ist die Gutenachtgeschichte eine typische bevorzugte Aktivität. Die Eltern können dem Kind sagen, wenn es den Schlafanzug angezogen und sich die Zähne geputzt hat, gibt es eine Geschichte. Um diesen Anreiz noch wirksamer zu nutzen, könnte der Elternteil einen Wecker stellen und sagen: „Wenn du in zehn Minuten fertig fürs Bett bist, lese ich dir noch etwas vor."

Es gibt jedoch einen Punkt, an dem der Anreiz durch eine überwältigende Aufgabe überschattet wird. Vielleicht erwarten Sie zuviel, wenn Sie sagen: „Wenn *alles* in deinem Zimmer aufgeräumt ist, lese ich dir etwas vor." Manchmal funktioniert auch die Methode einer negativen Verstärkung oder einer etwas unangenehmen Strafe. „Kein Fernsehen, bis deine Kleider aufgeräumt sind", ist eine negative Verstärkung. Stellen Sie das Kind vor eine Wahl, und bieten Sie dann einen Ausweg aus der Strafe, wenn das Kind die Aufgabe erledigt.

Bedenken Sie die Plazierung der Geräte und Hilfsmittel – machen Sie den Kindern die Aufgabe leicht. Gäste im Hause McCullough haben oft Schwierigkeiten, Tassen zu finden, denn sie werden unter der Arbeitsplatte gelagert, wo die Kinder sie einräumen können, wenn sie die Spülmaschine ausleeren, oder herausholen können, wenn sie den Tisch decken, und zwar alles ohne Hilfe der Eltern. Machen Sie es Ihrem Kind so einfach wie möglich, allein zurechtzukommen. Gibt es einen Haken, an den es diese Jacke hängen kann? Ist das Bett so gestaltet, daß das Kind es selbst machen kann? (Etagenbetten und Doppelbetten sind für Kinder schwer zu bewältigen.) Prüfen Sie auch, ob sich in einem Bereich zu viele Gegenstände befinden, als daß das Kind damit zurechtkommen könnte. Und vielleicht wäre ein kleinerer Besen besser zum Kehren.

Stellen Sie einen Putzkorb zusammen, der die wichtigsten Putzutensilien enthält: Glasreiniger, Allzweckreiniger, Desinfektionsmittel, Lappen und Papiertücher. Wenn Sie das Kind den Korb mitnehmen lassen, wenn es saubermachen soll, wird es seine Aufgabe gründlicher erledigen. *Warnung: Bewahren Sie gefährliche Reinigungsmittel anderswo auf!* Achten Sie darauf, für solche Mittel einen sicheren Aufbewahrungsort zu haben, wo sie kleinere Kinder nicht erreichen können. Scheuen Sie sich nicht davor, Regale zu beschriften, um anzuzeigen, wo was hingehört. Zeichnen Sie die Umrisse der Schere oder des Hammers mit einem Filzstift auf, damit sichtbar ist, wo diese Dinge hingehören. Wo es hilfreich ist, halten Sie Anweisungen schriftlich fest. Bringen Sie hier und da Zettel an: „Bitte nach dem Zähneputzen Waschbecken ausspülen." Suchen Sie nach Möglichkeiten, die äußeren Gegebenheiten so anzuordnen, daß das Kind erfolgreich sein kann.

Es ist interessant, wie stark Einstellung, Handeln und Leistung durch Kleidung beeinflußt werden. Um die richtige Arbeitsatmosphäre zu haben, gehört es einfach dazu, vollständig angezogen zu sein. In der Art, wie Leute arbeiten, spiegeln sich ihre Gefühle über sich selbst.

Barbara fand heraus, daß Farbkodierungen ihren Kindern manches leichter machen. In einem Zeitungsartikel las sie von einer Mutter von Fünflingen, die jedes ihrer Babys jeden Tag in der gleichen Farbe anzog, um sie besser unterscheiden zu können. Zuerst fand Barbara das unfair; irgendwann, so dachte sie, mußten diese Mädchen ja anfangen, ihre Farben zu hassen. Doch es war eine Möglichkeit, die Mädchen Individuen sein zu lassen, nicht nur eine Gruppe. Barbara übernahm diese Idee für die Besitztümer ihrer Kinder, wenn auch nicht unbedingt für die Farbe ihrer Kleidung. Sie wies jedem ihrer drei Kinder eine Farbe zu: Rot, Gelb und Blau, da diese als die Primärfarben leicht einzuprägen sind. (Die Mutter hat Grün, der Vater Lila.) Dann markierte sie ihre Kleidungsstücke hinten mit einem kleinen Viereck aus Polyester. Auf diese Weise kann jedes Mitglied der Familie leicht die Wäsche zusammenlegen und sortieren. Socken wurden mit ein wenig Stickgarn an den Zehen markiert. Auf diese Weise können Mamas schöne weiße Socken nicht in dem Sockenhaufen ihres heranwachsenden Sohnes verschwinden. Dann kaufte Barbara Plastikbecher in diesen Farben für das Becherregal im Badezimmer, so daß sich jeder leicht einen Schluck Wasser beschaffen kann, ohne die Spülmaschine Tag für Tag mit fünfzig Gläsern zu füllen. Beim Kauf von Dingen wie Notizbüchern und Zahnbürsten achtete sie auf die gleichen Farben. Zur Markierung anderer Dinge wurden wasserfeste Filzstifte verwendet. (Man könnte auch dieselben Farben auf dem Aktivitätskalender der Familie benutzen.) All dies half den Kindern, individuell zu sein und ihre Sachen zusammenzuhalten, und erleichterte so das Leben. Darüber hinaus bestellte sich Barbara in ihrem Stoffgeschäft zweihundert Etiketten mit der Aufschrift „Familie Schmidt" (für ungefähr fünf Pfennig pro Stück), die sie in die Kleidungsstücke einnähte. Die Regel lautet, daß jedes neue Paar Handschuhe und jeder neue Pullover vor dem ersten Tragen mit einem Etikett ausgestattet sein muß, so daß die Sachen besser zusammengehalten werden können.

Lehren Sie richtige Arbeitsmethoden, so daß Fortschritte sichtbar werden. Zeigen Sie dem Kind, wie man von außen nach innen arbeitet und sich zuerst um das Zeug kümmert, das im Zimmer verstreut liegt, bevor man sich an die Schränke macht. Wenn man mit dem Schrank beginnt, verschlimmert man nur das Durcheinander. Zuerst sind die größten Sachen aufzuräumen, dann die kleineren. Normalerweise ist das Bett das größte Möbelstück in einem Kinderzimmer. Wenn es ordentlich gemacht ist, sieht das Zimmer schon fünfundsiebzig Prozent besser aus. Erik bemerkte einmal: „Mein Zimmer sieht schon viel ordentlicher aus, dabei habe ich nur mein Bett gemacht." (Ein ungemachtes Bett ist wie ein Signal: „Heute ist es mir egal, ob alles herumliegt.") Man sollte sich im Uhrzeigersinn durch das Zimmer arbeiten oder vom hinteren Ende zur Tür, damit man nicht bereits aufgeräumte Bereiche noch einmal durchgeht. Kinder müssen lernen, aufzuräumen, bevor das Chaos monströse Ausmaße annimmt. Sorgen Sie dafür, daß nach jeder Spielperiode und kurz vor dem Essen oder Schlafengehen Zeit ist, um aufzuräumen. Wenn Sie das nicht tun, können Sie auch nicht erwarten, daß Ihren Kindern das Aufräumen zur Gewohnheit wird. Anfangs wird das einige Mühe kosten, aber mit der Zeit geht es in Fleisch und Blut über.

Bestehen Sie auf Ordnung. Unbewußt beurteilen wir unser Zuhause nach dem Eindruck, den wir bekommen, wenn wir durch die Tür eintreten. Ein Hausmeister sagte: „Wenn die Toiletten und der Eingangsbereich eines Gebäudes sauber sind, nimmt man an, daß das ganze Gebäude sauber ist.“ Uns geht es nicht so sehr darum, was Besucher denken, sondern wie sich die Familie in ihrer Haut und in ihrem Zuhause fühlt. Schmutz ist schlicht und einfach ungesund. Unordnung stiftet Verwirrung und führt zu Zeitvergeudung. Ein steriles Haus hingegen ist ebenso unbehaglich. Das Ziel könnte sein, die meiste Zeit über Ordnung im Haus zu haben. Ein Mann beklagte sich einmal, sein Haus sei immer unordentlich – was gar nicht stimmte. Das Problem war nur, daß er das Haus immer durch die Garage und die Waschküche betrat, wo sich die Wäsche stapelte, die zu reparieren und zusammenzulegen war, und dieser erste Eindruck übertrug sich auf das ganze Haus.

Es ist wichtig, darauf zu bestehen, daß nicht jeder überall seine Sachen herumliegen läßt. In manchen Häusern kann man, kaum, daß man sie betritt, alles „lesen“, was darin geschehen ist: Der Hund hat einen Preis für den lockigsten Schwanz gewonnen (die Urkunde liegt auf der Stereoanlage), ein neues Kochbuch ist mit der Post gekommen (es liegt auf dem Couchtisch), Schulmitteilungen und Rechnungen haben sich auf dem Küchentisch gesammelt, und so weiter. Bewahren Sie Post und alle Mitteilungen der Schule an einem festen Ort auf, bis Sie sie bearbeiten können. Vielleicht ist eine Eingangs- und Ausgangsablage für die Post die beste Lösung. Die McCulloughs haben in der Küche, wo sie nicht leicht zu sehen ist, eine „Stapelecke“, wo solche Dinge „vorübergehend geparkt“ werden können, aber sie lassen nicht zu, daß sich auf jeder waagerechten Fläche im Haus Papiere häufen. Eine Mutter, die eine Kampagne gegen die Gewohnheit startete, alles fallen zu lassen, wo man geht und steht, stellte zur Erinnerung ein Schild auf den Tisch, das die Aufschrift trug: „Parken verboten. Zuwiderhandelnde werden mit einer Abschleppgebühr von 10 Pf. belegt."

Viele Eltern beklagen sich darüber, daß ihre Kinder eine Spur von Jacken und Büchern hinter sich herziehen, wenn sie durchs Haus gehen. Schaffen Sie einen Platz, wo solche Dinge untergebracht werden können. Bringen Sie Haken und Regalböden in einem Schrank in der Diele an. Dann bestehen Sie darauf, daß die Kinder sie auch benutzen. Schon eine Kiste für die Schulbücher hinter einem Stuhl ist besser als überall verstreute Schulbücher. Wo Sachen in den allgemeinen Wohnbereichen herumliegen, entsteht ein Eindruck der Unordnung, der die ganze Stimmung in der Familie beeinträchtigen kann. Ein weiser Mann sagte vor langer Zeit: „Durch kleine und schlichte Dinge werden große Dinge bewerkstelligt." Vielleicht ist es die Handhabung und Ordnung der kleinen Dinge, die zu einem reibungslosen Ablauf im Haus führt.

Bestimmen Sie eine Zeit für die Arbeit. Soll Ihr Kind morgens, nach dem Abendessen, am Samstagvormittag oder am Freitagnachmittag arbeiten? Eine feste tägliche oder wöchentliche Zeit hilft dem Kind, die Aufgabe zu akzeptieren und seine anderen Aktivitäten um die Aufgaben im Haushalt herum zu planen. Um die Kooperation zu verbessern, treffen Sie diese Entscheidung gemeinsam im Familienrat. Auch wenn Ihre Kinder protestieren – die Arbeit läuft effizienter, wenn während dieser Zeit keine Freunde zu Besuch kommen. Die Kinder brauchen Zeit ohne Spielkameraden, um zu arbeiten, und Sie müssen diese Arbeit regulieren. Eine Mutter stellte die Regel auf, daß ihre Kinder erst ab Mittag mit ihren Freunden aus der Nachbarschaft spielen durften, damit sie genug Zeit für ihre Aufgaben, Musikübungen und für das stille Spiel hatten. Eine andere Mutter zog Spielzeiten von neun bis zwölf und drei bis fünf vor. Eine dritte Mutter geht die Sache flexibler an, sagt jedoch: „Spielen oder Fernsehen dürft ihr erst, wenn eure Arbeiten gemacht und eure Zimmer in Ordnung sind." Ihre Entscheidung sollte vom Alter und den Interessen Ihrer Kinder, vom Wetter und von Ihrem Zeitplan abhängen. Vielleicht könnten Sie auch ein Signal für die Spielzeit vereinbaren, wie die Familie mit dem Swimmingpool, die eine rote Flagge hißte, wenn es „Baden frei“ hieß.

Vorbilder im Haus

Geben Sie Ihrem Kind die Perspektive, daß der Job zu schaffen ist, indem Sie ihm zwei Arten von Vorbildern vor Augen stellen: ein persönliches Vorbild und einen Maßstab für gute Arbeit. Bei dem menschlichen Vorbild sollten Sie vorsichtig sein, wenn Sie Geschwister oder Freunde anführen; das könnte zu Verärgerung führen. Besser ist es, das Kind selbst als Vorbild anzuführen, indem Sie an Erfolge in der Vergangenheit erinnern. „Du hast dies gemacht ... dann kannst du wahrscheinlich dies auch schaffen ...“ Das Aufbauen auf bisherigen Erfolgen verschafft dem Kind ein Vorbild und das Zutrauen, daß die Aufgabe zu bewältigen ist. Betonen Sie das, was das Kind bereits gut macht, und übergehen Sie den Teil, der noch nicht so gut läuft. Stellen Sie sich vor, es wäre nicht Ihr eigenes Kind, sondern das Ihrer Nachbarn, und behandeln Sie es mit der gleichen Geduld und Freundlichkeit. Es ist verblüffend, wieviel netter wir zu „Fremden“ sind als in der vertrauten Atmosphäre zu Hause. Eine positive Einstellung bewegt sich auf etwas zu, während eine negative Einstellung sich von etwas weg bewegt. Ein Kind, das seine Aufgaben ständig vernachlässigt, vergißt oder vor sich herschiebt, bewegt sich von seinen Zielen weg und braucht mehr positive Erfolgserlebnisse, um sich selbst ein Vorbild zu sein.

Achten Sie darauf, daß Sie darüber sprechen, wie sich die Methode verbessern ließe, anstatt die Person anzugreifen. Vermeiden Sie es, alle Fehler der Vergangenheit mit ins Spiel zu bringen, indem Sie Wörter wie „immer“, „nie“, oder „jedesmal“ verwenden. Sie können auch sich selbst als Vorbild anführen. Statt dem Kind zu sagen, es solle mehr Spülmittel ins Wasser tun, könnten Sie sagen: „Manchmal muß ich mehr heißes Wasser und Spülmittel dazutun, um das ganze Fett vom Geschirr abzukriegen.“ Damit überlassen Sie die Wahl immer noch dem Kind. „Ich finde es am besten, alle Papierkörbe in die Küche zu bringen und in den großen Müllsack zu leeren. Falls der Sack reißen sollte, läßt es sich dort leichter saubermachen.“ (Dieser Elternteil führt sich selbst als Vorbild an und bietet einen Ratschlag an.) Entscheidet sich das Kind dann doch für eine andere Methode, schön. Damit widersetzt es sich nicht einer elterlichen Anweisung, aber wenn dann der Müllsack auf dem Teppich reißt, raten Sie mal, wer die Bescherung beseitigen muß ...

Ein Kind kann Vorbildern am besten folgen, wenn es schon über ein wenig Erfahrung verfügt, denn dadurch ist es in der Lage, zu beobachten und zu bewerten. Wenn es bei Freunden zu Besuch ist und ihnen beim Abwasch hilft, kann es die Vor- und Nachteile von deren Arbeitstechniken mit denen zu Hause vergleichen. Bald fängt das Kind an, Informationen aus anderen Haushalten als Babysitter oder Freund, von Großeltern, Geschäften oder aus der Schule aufzuschnappen. Ein Vorrat an Erfahrungen sammelt sich an, der zu dem befriedigenden Gefühl führt: „Ich habe gesehen, wie es gemacht wird; ich glaube, das kann ich auch.“

Job-Standards als Vorbild

Die zweite Art von Vorbild ist der Standard für einen akzeptabel erledigten Job. Wie oft versuchen Kinder, ihren Eltern zu sagen: „Aber du hast mir gar nicht gesagt, daß das zu dem Job gehört“, und schieben so die Schuld für einen unvollständig erledigten Job den Eltern zu. Wenn dann der Erwachsene sehr beschäftigt ist oder noch andere Kinder im Haus sind, kann es sein, daß der Elternteil nicht sicher ist, ob das Kind damit recht hat oder nicht. Versuchen Sie, für jedes Zimmer oder jeden Job in Ihrem Haus eine schriftliche Aufgabenbeschreibung anzufertigen. Als Bonnie das tat, brauchte sie dafür nur eine halbe Stunde, doch es half ihr, in allen Einzelheiten festzuhalten, was wie oft getan werden mußte. Die Aufgabenbeschreibung schützt vor Mißverständnissen mit den Kindern und hilft ihnen, ihre eigene Arbeit zu bewerten.

Sie ist ein Maßstab, den die Eltern anwenden können, so daß sie aus der „schuldigen Ecke“ herauskommen und dem Kind die Verantwortung für seinen eigenen Aufgabenbereich geben.

Das Folgende sind die genauen Reinigungsanweisungen für das Haus der McCulloughs. Sie wurden auf Karteikarten getippt und in den jeweiligen Zimmern im Schrank oder hinter den Vorhängen angebracht. Formulieren Sie diesen schriftlichen Standard so konkret, daß auch ein Fremder, der zum ersten Mal Ihr Haus betritt, genau verstehen könnte, was zu tun ist.

REINIGUNGSANWEISUNGEN
(im Schrank anzubringen)

Vorderzimmer

Täglich:
Bücher und Spielzeug wegräumen
Klavier schließen; Bank unterschieben
Kissen glätten
Zeitungen ordentlich unter dem Ecktisch stapeln
Vielbegangene Bereiche saugen

Wöchentlich: (Samstag)
Teppich saugen
Staub wischen
Zeitungen in Garage bringen
Rund um die Tür feucht abwischen
Vorleger ausschütteln
Türschwelle kehren

Badezimmer

Täglich:
Alle Haarutensilien wegräumen und Ablage ordnen

Spielzeug und Kleidung wegräumen
Handtücher glatt aufhängen
Waschbecken scheuern und Chromteile polieren
Toilettendeckel abwischen
Vorleger ausschütteln

Wöchentlich:
Toilettenschüssel scheuern
Handtücher waschen
Bürsten und Kämme putzen
Spiegel polieren
Fußboden kehren und wischen

Schlaf-/Kinderzimmer

Täglich:
Bett machen
Kleider wegräumen
Schlafanzug zusammenlegen und wegräumen
Bett und Bettkasten in Ordnung halten

Wöchentlich:
Staub wischen
Staub saugen
Schubladen ordnen
Bettwäsche wechseln
Rund um die Tür feucht abwischen

Wohnzimmer

Täglich:
Spielzeug und Bücher wegräumen
Decken und Kissen glattstreichen

Wöchentlich:
Teppich saugen
Fernseher und um die Türen abwischen
Staub wischen

Küche

Täglich:
Geschirr abspülen oder in Spülmaschine packen
Kaltes Trinkwasser nachfüllen
Reste abdecken und in Kühlschrank tun
Töpfe und Schüsseln abwaschen
Töpfe und Schüsseln abtrocknen
Vorleger ausschütteln
Fußboden kehren
Becken scheuern und polieren
Tresen und Tisch abwischen
Stühle wegstellen

Durch Fragen zu Entdeckungen führen

Leiten Sie das Kind an, selbst zu entdecken, was noch zu tun ist, indem Sie ihm Fragen stellen. „Wenn du hier in der Tür stehst, wie sieht es aus?" „Gibt es etwas, das du mit den Schubladen machen könntest, damit sie besser aussehen?" (Schubladen schließen.) Wenn Sie Hilfe anbieten, überlassen Sie dem Kind die Verantwortung, indem Sie fragen: „Möchtest du, daß ich dir helfe?" Geben Sie ihm aber auch die Gelegenheit, zu entdecken, was zu tun ist: „Was kann ich für dich tun?" Kinder müssen erst lernen, Unordnung und Verschmutzungen so wahrzunehmen, wie Erwachsene es tun. „Hast du bemerkt ...?" Stellen Sie jedoch keine Fragen, die Schuldgefühle aufbauen oder Geständnisse verlangen: „Warum sieht es in deinem Zimmer so chaotisch aus?"

Wie oft sind schon Eltern in ein unordentliches Kinderzimmer gekommen und haben auf die Aufforderung, alles aufzuräumen, die Antwort erhalten: „Es ist schon aufgeräumt, alles ist da, wo ich es immer aufbewahre."

Ein Vater spielt mit seinen Kindern ein Spiel nach dem Muster des Beobachtungsspiels, bei dem der Beobachter eine Minute Zeit bekommt, um sich zwanzig Gegenstände auf einem Tablett anzuschauen. Dann wird das Tablett weggenommen, und er muß versuchen, alle Gegenstände aufzuzählen. Dieser Vater fordert seine kleinen Kinder auf, zwanzig Gegenstände wegzuräumen, und dann versucht Papa, sich an so viele davon zu erinnern, wie er kann. Das ist ein gutes Training für die Kinder, um zu bemerken, was nicht da ist, wo es hingehört. Nach einer Weile kommt das Kind sicher auf die Idee, winzige Gegenstände wegzuräumen, um Papa aufs Glatteis zu führen, aber das macht nichts, denn das Bewußtsein für diese Dinge wird entwickelt. Auf diese Weise bekommt das Kind eine sofortige, positive und spielerische Reaktion auf das, was weggeräumt wurde, anstatt negativer Erinnerungen an die Dinge, die es übersehen hat. Papas Aufmerksamkeit steht bei den Kindern hoch im Kurs.

Wenn wir als Erwachsene eine bestimmte Tätigkeit gut beherrschen, können wir uns kaum noch vorstellen, daß es auch noch andere Möglichkeiten gibt, sie zu erledigen. Eine optimistische junge Erwachsene, Janine, ging nach Israel, um in einer Kibbuz-Gemeinschaft zu leben. Obwohl dort alle Tätigkeiten mit Respekt gesehen wurden, erzählte sie, war alle Individualität dahin. Wenn jemandem die Aufgabe zugewiesen wurde, den Fußboden im Speisesaal zu putzen, wurde er dabei von Experten beaufsichtigt, die diesen Arbeitsablauf seit vierzig Jahren optimiert hatten. Um die Sache effizienter zu machen, war in der Mitte des Speisesaals ein Abfluß angebracht worden. So konnte der Fußboden einfach abgespritzt und mit einem Gummischrubber gewischt werden, wie man ihn zum Scheibenreinigen benutzt. Die Experten wußten genau, an welcher Seite des Saals man anfangen und in welche Richtung man schrubben mußte. Alles war so effizient, daß kein Raum mehr für individuelle Arbeitsstile oder persönliches Entdecken blieb. Eine Frau hat heute noch negative Erinnerungen an ihre Mutter, die wegen jeder Kleinigkeit an ihr herumnörgelte, ja sie sogar anschrie, nur weil sie den Schmutz mit dem Besen von sich weg statt auf sich zu kehrte. Die Tochter machte es lieber umgekehrt, weil so ihre Schuhe nicht schmutzig wurden. In Ihrem Haus haben Sie das Recht, einen Minimalstandard zu verlangen, aber nicht, jeden Handgriff zu diktieren. Eigenständiges Entdecken kann sehr motivierend sein. „Sag, was meinst du, wie man das am besten machen sollte?“ Man könnte sogar das Kind bitten, aufzuschreiben, was es für die beste Methode hält, das Badezimmer sauberzumachen und seine Ideen der Familie vorzutragen. Eltern gewöhnen sich leicht an, Befehle zu geben, besonders, wenn sie sehr beschäftigt sind, und vergessen, das Kind seine eigenen Entdeckungen machen zu lassen. Doch eine Antwort oder Methode selbst zu entdecken, ist besser, als Anweisungen zu bekommen. Die selbstentdeckte Antwort bleibt länger im Gedächtnis, weil sie durch einen analytischen Denkprozeß erreicht und nicht nur mit den Ohren aufgenommen wurde. Die meisten Fragen wecken automatisch Neugier. Machen Sie reichlich Gebrauch davon.

Fingerspiele für die Aufgaben. Bringen Sie kleinen Kindern bei, ihre eigenen Verantwortungen mit ihren Fingern als Gedächtnisstütze wahrzunehmen. Statt zu fragen: „Hast du dein Bett schon gemacht?“, kann der Elternteil fragen: „Was mußt du heute morgen noch machen?“, und das Kind kann antworten: „Ich muß noch mein Bett machen und mir die Zähne putzen.“ Damit haben Sie die Verantwortung dort plaziert, wo sie hingehört. Wie funktioniert das? Die Eltern bringen dem Kind eine Reihe von Schlüsselwörtern oder Begriffen bei, eines für jeden Finger. Dann geht das Kind jeden Tag diese Liste nach seinen Fingern durch und erledigt jede Aufgabe. Wenn es fertig ist, kann es in die Schule oder zum Spielen gehen.

Um das in Ihrer Familie einzuführen, listen Sie zunächst die Aufgaben auf, die jeden Tag zu erledigen sind. Dann wählen Sie ein Wort als Kürzel für jede dieser Aufgaben. Bringen Sie sie in die richtige Reihenfolge. Zähneputzen und Waschen kommt vor dem Anziehen, damit die sauberen Kleider nicht bespritzt werden. In der Familie McCullough wird folgende Reihenfolge angewendet: (1) Hände und Gesicht, (2) Zähne und Haare, (3) Anziehen (einschließlich Schuhe und Socken), (4) Bett (einschließlich Zimmer aufräumen), (5) Morgenaufgabe, oder nur Spielzeug aufräumen für die kleinsten Kinder. Das Frühstück steht nicht mit auf der Liste, weil es in diesem Bereich keine Probleme gibt. Benutzen Sie für alle Kinder der Familie die gleiche Reihe von Wörtern. Wenn ein Kind größer wird, kann man dem Symbolwort zusätzliche Aufgaben zuordnen, aber versuchen Sie nicht, die Schlüsselwörter zu ändern. Zum Beispiel würde man von einem Vierjährigen nicht erwarten, unter der vierten Kategorie, Bett, in seinem Zimmer Staub zu saugen, doch wenn er sieben ist, gehört das Staubsaugen vielleicht zu seinen Aufgaben.

Beaufsichtigung

Wenn Sie das Ziel, Ihr Kind dazu zu bringen, im Haushalt mitzuarbeiten, erreichen wollen, müssen Sie zur Stelle sein, um Aufsicht zu führen – nicht als Antreiber mit der Peitsche, sondern als Coach, um Anleitung, Hilfe, Ermutigung und Motivation zu spenden. Es wird nicht klappen, wenn der Elternteil unten im Keller beim Bügeln ist oder sonst einen komplizierten Job erledigt, während die Kinder (vier bis zehn Jahre alt) arbeiten sollen. Zum Beaufsichtigen gehört auch, daß man gelegentlich mit Hand anlegt. Ein wenig freundliche Hilfe von einem Elternteil stärkt die fürsorgliche Atmosphäre in der Familie. Indem Sie erreichbar sind, signalisieren Sie dem Kind, daß es jederzeit Hilfe bekommen kann, wenn es sie braucht.

Wenn der Elternteil nahe am Geschehen ist, kommen auch mehr ermutigende Äußerungen und Lob von ihm, was dem menschlichen Grundbedürfnis nach Selbstachtung entgegenkommt. Wenn diese verbalen Belohnungen nicht ausbleiben, ist das Kind viel eher bereit, in Zukunft wieder für Sie zu arbeiten. Außerdem möchte es wissen: „Habe ich das richtig gemacht?“ Eine Nachbarin erzählte, daß sie selbst als Jugendliche noch nie gearbeitet habe, wenn ihre Mutter nicht zu Hause war, selbst wenn die

Stunden sich dahinschleppten und sie nichts anderes zu tun hatte. Sie brauchte die Rückmeldung eines Erwachsenen. Unbewußt empfinden manche Kinder, daß selbst negative Züchtigung besser ist als gar keine Aufmerksamkeit. Kinder bekommen gern kleine Signale der Bestätigung, daß sie ihren Eltern etwas bedeuten. Wenn sie älter werden, arbeiten sie auch längere Zeiten allein. Es gibt sogar einige Jugendliche, die ihre Arbeiten gern erledigt haben, bevor die Eltern nach Hause kommen. Ein Grund dafür ist ein Gefühl des Erwachsenseins. Die Logik dahinter ist sehr interessant. Jugendliche sagen, daß sie ihre Aufgaben erledigen, bevor die Eltern nach Hause kommen:

- Weil es leichter ist und ich es auf meine Art machen kann.
- Weil wir dann nicht so gründlich arbeiten müssen.
- Weil meine Mutter nichts tut, was ich will, wenn ich meine Arbeit nicht mache.
- Weil ich meine Eltern wirklich liebe und nichts davon halte, bei der Arbeit zu schummeln.
- Um sie zu überraschen, wenn sie nach Hause kommen.
- Weil ich mich nicht wohl fühle, wenn es schmutzig ist.

Sorgen Sie dafür, daß Ihr Kind genug Übung darin hat, einen Job erfolgreich abzuschließen. Je öfter wir etwas tun, desto leichter fällt es uns. Wenn Sie zum ersten Mal ein neues Rezept zubereiten, dauert es fast doppelt so lange wie beim zweiten Mal. Manche Kinder ziehen es vor, eine oder zwei Wochen lang denselben Job zu machen, weil sie so besonders effizient darin werden können.

Sollte man ein Kind zurückrufen und eine Arbeit noch einmal tun lassen? Ja, wenn es einen klaren Verstoß gegen die Regeln gegeben hat oder das Kind versucht hat, sich mit halb getaner Arbeit durchzumogeln. Vergessen Sie aber nicht: Wenn Sie Ihr Kind ständig vom Spielen wegholen oder in seinen Aktivitäten unterbrechen, wundern Sie sich vielleicht eines Tages, warum es nie länger als ein paar Minuten bei einer Sache bleibt. Eine Mutter stellte fest, daß es besonders im Sommer am besten lief, wenn sie eine Liste der Dinge führte, die verbessert werden mußten, und sie bei der nächsten Arbeitszeit zur Sprache brachte, so daß die Kinder zwischen den Arbeitseinsätzen etwas Freizeit hatten.

Für manche Jobs brauchen wir nicht nur das nötige Geschick, sondern müssen auch die Selbstmotivation aufbringen, um sie jeden Tag zu erledigen – zum Beispiel Bettenmachen. Dazu ist nicht nur Hilfe nötig, um zu lernen, wie es gemacht wird, sondern es ist auch die Hilfe und insbesondere die Aufsicht der Eltern nötig, um die reife Arbeitsgewohnheit der Beständigkeit zu erlernen – ein Prinzip, das oft übersehen wird. Wir nehmen an, wenn ein Kind weiß, wie etwas gemacht wird, dann *kann es das tun*. Doch der Grund, warum es das oft nicht kann, ist, daß es noch nicht die *Gewohnheit* entwickelt hat. Eine Gewohnheit zu etablieren, dauert viel länger, als einen Arbeitsablauf zu lehren. Eltern können dabei helfen, feste Gewohnheiten zu etablieren, indem sie die Arbeit beaufsichtigen, Gelegenheiten zum Üben geben, Geduld zeigen und, ja, indem sie mit Zuckerbrot locken und Anreize geben.

Während Sie zusammen arbeiten, nehmen Sie sich Zeit zum Reden, aber halten Sie keine Vorträge. Reden Sie über Pläne für die Zukunft, über das, was in der Schule los war, über ein spannendes Buch, was auch immer. Nutzen Sie die Zeit zur Kommunikation. Noch vor dreißig Jahren verbrachten die Kinder einen Großteil ihrer Zeit mit enger Zusammenarbeit Schulter an Schulter mit ihren Eltern und Verwandten. Diese Gemeinsamkeit half dem Kind, Vorbildern zu folgen, ähnliche Werte aufzuschnappen und arbeiten zu lernen. In unserer heutigen Gesellschaft verbringt ein Kind weniger als vierzehn Minuten in der Woche im Gespräch mit den Eltern, was für das Fernsehen, die Schule und die Gleichaltrigen wohl kaum eine Konkurrenz ist. Nehmen Sie sich Zeit, *mit* Ihrem Kind zu reden, nicht nur auf es einzureden. Wenn Ihnen nichts mehr einfällt, worüber Sie reden könnten, versuchen Sie es mit Witze erzählen oder gemeinsamem Singen.

Kapitel 6

Mit positivem Feedback erreichen Sie mehr!

Warum legen wir soviel Gewicht auf das Positive? Muß man es den Kindern nicht sagen, wenn sie etwas falsch gemacht haben oder ihre Arbeit den Mindestanforderungen nicht entspricht? Studien haben erwiesen, daß der Hinweis auf das, was falsch ist, weitaus weniger Veränderung und Fortschritt auf das erwünschte Ziel hin bewirkt, als es positive Bemerkungen über die akzeptablen oder richtigen Aspekte einer Leistung tun. Eine negative Bemerkung verstärkt die Fehlleistung. Eine positive Bemerkung baut Zuversicht und den Wunsch auf, es besser zu machen, um noch mehr Anerkennung zu ernten. Wir wollen, daß unsere Kinder Erfolg haben, und wir geben uns alle Mühe, ihnen zu helfen – aber oft tun wir es auf die falsche Art. Robbins Geschichte ist ein klassisches Beispiel. Er war neun Jahre alt und wiederholte die dritte Klasse. In Kunst war er sehr gut, in Mathe durchschnittlich, im Lesen war er noch nicht über das Niveau der ersten Klasse hinaus. Sein Selbstbild war sehr negativ, und in sozialen Situationen zog er sich zurück und wurde zum Einzelgänger. Seine Eltern waren sehr gebildet und boten ihm viele Möglichkeiten. Robbin hatte ein ganzes Arsenal von Tests über sich ergehen lassen, doch keiner davon ergab eine offensichtliche Lernschwäche. Was war schief gegangen? Der Schlüssel kam, als seine Eltern zum ersten Mal am Tag der offenen Tür in sein Klassenzimmer kamen. Die Schüler hatten Bilder ihrer Elternhäuser gemalt und rund um einen Stadtplan an die Wand geheftet. Die Lehrerin stand neben Robbins Mutter und hörte ihre erste Reaktion, als sie die Bilder sah. „Schauen Sie, wie krumm diese Linie hier an Robbins Haus ist!“ beklagte sich seine Mutter. „Das mit der Perspektive sollte er eigentlich schon besser können.“ Als die Lehrerin darauf hinwies, daß Robbins Haus viel mehr Details und Perspektive aufwies als die anderen, war seine Mutter verblüfft. Davon hatte sie nichts bemerkt! Selbst Robbins größte Stärke, seine künstlerische Begabung, wurde von den Eltern mit kritischer Strenge beäugt. Robbin hatte engagierte, liebevolle Eltern, aber die Art und Weise, wie sie ihn zu höheren Leistungen motivieren wollten, war völlig verkehrt.

Nach einer Statistik von Dr. Stephen Glenn bekommt ein Kind in einer durchschnittlichen Familie nur eine positive Reaktion auf je einundzwanzig negative Reaktionen. (Da ergeht es selbst dem Hund besser.) In der Schule ist das Verhältnis dreizehn negative zu einer positiven Äußerung. Was tun wir unseren Kindern da an? Die Betrachtung der folgenden Prinzipien kann uns helfen, positiver mit unseren Kindern umzugehen.

Die Bewertung sollte positiv und angenehm sein. Dieses wichtige Prinzip hatten Robbins Eltern vergessen. Eine der wichtigsten Funktionen der Eltern ist es, ein positives Selbstbild ihrer Kinder zu fördern. Gutes Feedback von den Eltern nährt dieses Selbstbild. Die Eltern sind zwei der wichtigsten Menschen im Leben des Kindes. Die negative oder positive, bedingte oder bedingungslose Anerkennung der Eltern kann darüber entscheiden, wie erfolgreich das Kind eine bestimmte Aufgabe meistern kann.

Die Bewertung sollte sofort erfolgen. Wissen Sie noch, wie es war, stundenlang für eine Klassenarbeit gelernt zu haben und sich dann ängstlich zu fragen, wie sie wohl ausgefallen ist, bis man endlich Wochen später seine Note bekam? Oder an das Warten auf den versprochenen Anruf nach dem Vorstellungsgespräch? Ein Kind strebt nach Anerkennung, und je eher es sie bekommt, desto besser. Die Zeit, die Eltern damit verbringen, Feedback zu geben, zeigt dem Kind, daß seine Bemühungen anerkannt werden.

Was würde Ihr Kind tun, wenn man es auffordern würde: „Schreib etwas auf, das deine Eltern dir gesagt haben und das dich richtig stolz gemacht hat"? Würde es sich hinsetzen und ratlos auf das leere Blatt starren, oder würde es ohne zu zögern etwas aufschreiben? Ein Mensch liebt sich selbst, wenn er so behandelt wird, als wäre er liebenswert. Bevor Sie etwas sagen, denken Sie nach, und stellen Sie sich die folgenden Fragen: „Wie wird das, was ich sage, auf dieses Kind wirken – positiv oder negativ? Wird es sich dadurch mehr Mühe geben, oder wird es aufgeben?" Das ist nicht immer einfach, denn zuerst einmal müssen wir uns selbst mögen, bevor wir so freundlich reagieren können.

Zeigen Sie Anerkennung schon für die kleinsten Erfolge, wenn Ihre Kinder neue Fähigkeiten erlernen oder bereits bekannte einüben. Wir meinen nicht, daß Sie das Kind den ganzen Tag über verfolgen und zu jedem seiner Handgriffe einen Kommentar abgeben sollen. Doch es gibt immer wieder Gelegenheiten, etwas Wertschätzung und Anerkennung zu zeigen, wenn Sie daran denken. Das Positive hat eine gewaltige Motivationskraft. Es gibt Situationen, in denen es Eltern schwerfällt, positives Feedback zu geben, wenn zum Beispiel das Ergebnis der Arbeit nicht von null zu unterscheiden ist, aber es gibt garantiert irgend etwas Gutes, das man sagen kann. Lob und Ermutigung sollten ehrlich und konkret sein, sonst werden sie von dem Kind als geheuchelt und wertlos durchschaut. Wenn Sie dem kleinen Johannes sagen, sein Kuchen sei „der beste aller Zeiten" gewesen, wenn in Wirklichkeit der Teig zusammengefallen ist, dann wird Johannes nur seine Niederlage um so schmerzlicher spüren und fortan Ihren

Worten mißtrauen. Aber Sie könnten sagen: „Es war sehr lieb von dir, daß du dir die Zeit genommen hast, diesen Kuchen für uns zu backen.“ So lenken Sie die Aufmerksamkeit auf die Mühe, die er sich gegeben hat, statt auf das Endergebnis.

An dieser Stelle empfiehlt es sich vielleicht, eine Unterscheidung zwischen den Begriffen „Lob“ und „Ermutigung“ zu treffen. Lob wird meist dann ausgesprochen, nachdem ein Job erledigt ist. Lobesworte wie „gute Arbeit“ bringen am Ende einer Aufgabe Anerkennung zum Ausdruck. Versuchen Sie, diese verbalen Belohnungen möglichst konkret zu formulieren. Ermutigung dagegen wird als Ansporn zum Weitermachen gespendet. Ermutigende Sätze wie „Kopf hoch, du hast es fast geschafft“, geben Kindern Hoffnung und das Gefühl, daß die Kraft hinter ihnen größer ist als das Problem vor ihnen.

Wenden Sie das Prinzip der Annäherung an, der Verstärkung eines Verhaltens, das dem gewünschten Verhalten *nahekommt*. Wenn Sie wollen, daß Ihr Kind jeden Tag sein Bett macht, doch es tut das nur an vier Tagen in der Woche, dann entmutigen Sie es nicht, indem Sie ihm Vorwürfe machen wegen der drei Tage, an denen das Bett nicht gemacht war. Statt dessen geben Sie positive Verstärkung für das, was es bereits erreicht hat. Nehmen wir an, ein kleiner Junge hebt fünf Bücher auf, läßt aber drei liegen. Dann ist es besser, etwas über die fünf aufgehobenen Bücher zu sagen, als über die anderen drei zu nörgeln. Annäherung ist der Prozeß, auf das Endziel hinzuarbeiten, daß alle acht Bücher aufgehoben werden.

Lassen Sie das Kind seine eigene Arbeit beurteilen. Sue Monson hatte in einem Jahr einen sehr stark selbstmotivierten Schüler in der vierten Klasse, einen Jungen, der Spaß am Lernen um des Wissens willen hatte, nicht nur um der Noten willen. Beim Elternabend fragte sie den Vater, der Psychologe war, wie dieses System der inneren Belohnung entwickelt worden sei. Der Vater erwiderte: „Wenn Philipp aus dem Kindergarten ein Bild mitbrachte, das völlig mit Farbe und Fingerspuren verkleistert war, fragten wir ihn, wie ihm das gefalle, was er da gemalt habe. Dann schaute er sich das Blatt genau an und sagte entweder, es gefalle ihm, oder es sei daneben gegangen. So lernte er, seine Leistungen selbst zu beurteilen, anstatt uns ständig die urteilende Instanz sein zu lassen." Eine einfache, aber wirkungsvolle Methode.

Konzentrieren Sie die Aufmerksamkeit auf die Lernerfahrung, nicht nur auf das fertige Produkt. Versuch und Irrtum sind immer noch sehr gute Lehrer. Fragen wie „Wie würdest du das beim nächsten Mal machen?" oder „Was hast du aus dieser Erfahrung heute gelernt?" helfen dem Kind, seine Arbeit zu bewerten, für das nächste Mal zu planen und Pluspunkte statt Minuspunkte auf sein Selbstachtungskonto zu buchen. Indem Sie ein Beispiel aus Ihrem eigenen Lernen durch Versuch und Irrtum erzählen, helfen Sie, die Atmosphäre zu entspannen, ein Lachen mit einzubringen und die Kommunikationskanäle zu öffnen. Erzählen Sie, wie Papa einmal beim Keksebacken Milchpulver statt Mehl genommen hat. Im allgemeinen möchte Ihr Kind Ihnen gerne gefallen. Nutzen Sie die Trainingssituation voll aus, indem Sie das stattgefundene Wachstum erkennen und kommentieren und manchmal das Endprodukt ignorieren.

Achten Sie auf die Etiketten, die Sie Ihrem Kind anhängen. Was hören Ihre Kinder, wenn Sie am Telefon über sie reden? Bonnies Mann wies sie behutsam darauf hin, daß es ein negatives Etikett sei, wenn sie ihren Zweijährigen als „Engel der Zerstörung" bezeichnete. Was für einen Titel trägt Ihr Kind auf seinem T-Shirt? Kinder neigen dazu, das zu werden, als was andere sie bezeichnen.

Halten Sie inne und konzentrieren Sie sich – zählen Sie nötigenfalls bis zehn –, um sicherzugehen, daß Sie positive Streicheleinheiten geben. Bedenken Sie, daß Worte der Anerkennung und Ermutigung wichtiger sind als jeder Anreiz oder jede Strafandrohung – und dabei so billig. Eine ältere Frau, deren Kinder inzwischen alle erwachsen waren, meinte: „Ich halte nichts von diesem ganzen Zeug mit der positiven Belohnung. Kinder sollten arbeiten, weil sich das so gehört, und wenn sie es nicht tun, dann setzt es was!" Ja, Strafe mag ein unerwünschtes Verhalten stoppen, aber sie kann keine neue, bessere Gewohnheit erzeugen, wie es positive Verstärkung tut. Denken Sie doch einmal nach: Würde es Ihnen Spaß machen, für einen Chef zu arbeiten, der Ihnen nie sagt, daß er Ihre Anstrengungen zu schätzen weiß oder daß Sie gute Arbeit leisten? Nein. Wenn irgend möglich, würden Sie sich eine andere Stelle suchen. Genauso ist es bei Kindern, die unter einem Erwachsenen oder „Elternchef" zu arbeiten lernen. Sie brauchen Ermutigung. Stellen Sie sich vor, wie anders ein Kind reagieren wird, wenn sie ihm eine Kette aus ausgeschnittenen Papierfiguren geben, auf der mehrere positive Komplimente aufgeschrieben sind, als eines, das gerade vier Dinge zu hören bekommen hat, die es beim Zimmeraufräumen falsch gemacht hat.

In unserer Gesellschaft ist es so leicht, negative „Belohnungen" zu verteilen, daß eine ständige bewußte Anstrengung notwendig ist, um es anders zu machen.

Ändern Sie Ihre Reaktionen. Obwohl es das Ziel ist, das Kind zu verändern, wird das in vielen Fällen am besten erreicht, indem die Eltern ihr Verhalten ändern; in diesem Falle, indem sie mehr positives und weniger negatives Feedback geben. Eine Mutter setzte sich zum Ziel, das Verhältnis zwischen positiven und negativen Reaktionen zu ändern. Als Anreiz bot sie sich selbst einen bestimmten Geldbetrag pro Tag als Ansparung für die neue Lampe, die sie sich wünschte. Um ihre Fortschritte zu messen, kaufte sie sich einen Golf-Schlagzähler, den sie am Handgelenk trug. Schon am ersten Tag erzielte sie phantastische Ergebnisse. Die Verhaltensänderung bei den Kindern war so wunderbar, daß die Lampe kaum noch eine Rolle spielte. Sie verwendete den Zähler noch einige Wochen lang, um sicherzugehen, daß ihr die positiven Reaktionen zur Gewohnheit wurden. Diese Lösung hört sich so einfach an, daß viele Leute sich einfach weigern, sie auch nur zu versuchen.

Bedenken Sie: Eltern, die neue Ideen aufnehmen und ausprobieren, bekommen „Eltern-Wachstumsschmerzen". Sie bemerken Dinge, die falsch laufen, die ihnen vorher nicht bewußt waren. Vielleicht empfinden sie Schuldgefühle wegen ihres bisherigen Verhaltens oder wünschen sich, dieses oder jenes schon früher gewußt zu haben. Doch was immer in der Vergangenheit war, ist jetzt vorbei. Sie haben mit den Mitteln und Kenntnissen, die Sie hatten, Ihr Bestes getan. In ein paar Jahren werden vielleicht diese Ideen von neuen und noch besseren Methoden überholt sein. Schuldgefühle sollten nicht durch Fehler entstehen, sondern nur dadurch, daß man sich keine Mühe gibt und nicht nach besseren Wegen Ausschau hält. Fangen Sie da an, wo Sie jetzt stehen, und tun Sie positive Schritte nach vorn.

Die folgende Liste von positiven Aussagen können Sie verwenden, um kreative Reaktionen zu initiieren. Ihre Kinder werden es genießen, einmal etwas anderes zu hören als das übliche „schön", „gut gemacht" oder „prima". Schon kleine Kinder hören gerne Wörter wie „phänomenal", wenn Sie ihnen erklären, daß das „großartig" und „wunderbar" bedeutet. Das Selbstbild des Kindes bekommt dadurch mächtig Aufschwung, und vielleicht wird es seine Bemühungen um die anstehende Aufgabe verdreifachen. Lassen Sie sich noch andere lustige Bemerkungen einfallen, wenn diese hier nicht Ihrem Wesen entsprechen. Zapfen Sie Ihre Phantasie an, und benutzen Sie witzige Namen aus dem Fernsehen wie „Supergirl" oder „Superman", picken Sie sich etwas aus Kinderreimen oder Sportstars heraus, benutzen Sie Worte, die Ihrem Kind ein gutes Gefühl geben. Versuchen Sie es mit positivem Feedback. Es funktioniert!

Positive Aussagen zur Ermutigung

Was für ein Arbeiter!
Elegante Arbeit!
Clever, wie du das machst!
Phantastisch, welche Mühe du dir gibst!
Kopf hoch!
Mir gefällt das, wie du arbeitest!
Das sieht aus, als ob es großartig wird!
Über solche Arbeit freuen wir uns sehr!

Ich weiß deine Hilfsbereitschaft zu schätzen!
Jetzt hast du den Kniff heraus!
Das ist schon viel besser!
Mach es weiter so gut!
Du lernst so viel!
Was für ein tüchtiger Arbeiter!

Es macht Spaß, mit dir zu arbeiten, wenn du so fröhlich an die Sache herangehst!
Du arbeitest wie ein Holzfäller!
Wow, du bist aber wirklich voll bei der Sache!
Hervorragend, wie du dir Mühe gibst!
Du begreifst wirklich schnell!
Du wirst immer selbständiger!
Du hast ganz von dir aus angefangen. Großartig!
Du machst das schon viel besser!
Du hast es fast geschafft!
Ein Riesenfortschritt!
Du wirst von Tag zu Tag besser!
Du bist auf der richtigen Spur!
Du hast wohl geübt?
Weiter so!

Positive Aussagen als Lob

Umwerfend!
Da ist der Saubermann begeistert!
Tadellose Arbeit!
Wunderbar!
Großartig!
Du verdienst eine Goldmedaille!
He, verbeug dich vor dem Publikum!
Applaus!
Unschlagbar!
Was für eine meisterhafte Arbeit!
Sehr schön gemacht!

Prima, einfach prima!
Dufte!
Spitze!
Elegante Arbeit!
Du hast es gepackt!
Erste Sahne!
Das ist der Weltrekord!
Du bist der Champion!
So gut wie nie zuvor!
In diesem Zimmer könnte ein König wohnen!
In diesem Zimmer könnte eine Königin wohnen!
Du hast dich hervorragend geschlagen!
Darauf kannst du stolz sein!
Das nützt uns allen!
Großartige Leistung!
Nicht schlecht, gar nicht schlecht!
Vorzügliche Arbeit!
Eine erstaunliche Leistung!
Super!
Das ist eine erstklassige Leistung!
Du kriegst den Lorbeerkranz!
Unübertroffen!
Das ist erste Wahl!
Sehr schön!
Fein gemacht!
Bravo!
Das ist umwerfend!
Eins plus!
Du bist unschlagbar!
Ich bin dir sehr dankbar!
Viel besser!
Das macht dir so leicht keiner nach!
He, gar nicht so übel!
So gut kann das keiner!
Was für eine Meisterleistung!
Hier sieht es so gut aus, das haut mich um!
Deine Hilfsbereitschaft ist wirklich toll!

Volltreffer!
Deine Mitarbeit macht es für uns alle schöner!
Hübsch!
Prima!
Exzellent!
Phantastisch!
Wow!
Umwerfend!
Super-Job!
Unglaublich!
Einmalig!
Dafür kriegst du eine Eins!
Weiter so!
Himmlisch!
So gut, wie es nur sein kann!
Bist du nicht stolz auf deine Arbeit heute?
Du mußt sehr zufrieden mit deiner Leistung sein!
So gute Arbeit macht mich froh!
Ist es nicht schön, die Arbeit erledigt zu haben!
Das hast du sehr gut gemacht!
Prima Job!
Mit dir kann man ja richtig angeben!
Ich bin stolz darauf, wie du das gemacht hast!
Hier sieht es tadellos aus!
Super in Form!
Das ist ein Knaller!
Das ist hochklassige Arbeit!
Du verdienst einen Stern!
Wow, ein richtiger Meister!
Sehr lobenswert!
Du hast heute eine Spitzenleistung gebracht!
So gute Arbeit findet man selten!
Absolute Oberklasse!
Das gibt den ersten Preis!
Besser geht es nicht!
Dieses Zimmer könnte man in „Schöner Wohnen“ abbilden.
Diese Arbeit ist eine Klasse für sich!

Eins A!
Hurra, eins rauf mit Stöckelschuhen!
Du hast dich selbst übertroffen!
Wunderschön!
Du hast alle Erwartungen übertroffen!
Wow, du hast die Zeit wirklich gut genutzt!
Du mußt dich sehr fähig fühlen!
Super! Du warst voll bei der Sache!

Deine Arbeitsgewohnheiten sind viel besser geworden. Bestimmt bist du stolz!
Du hast deine Fähigkeiten großartig eingesetzt!
Was für ein hervorragender, selbständiger Arbeiter!
Deine schöne Arbeit ist uns nicht entgangen!
Du hast diesem Zimmer den letzten Schliff gegeben!
Du brauchst ja kaum noch Anleitung!
Du kannst stolz darauf sein, wie beständig du diese Woche deine Arbeit getan hast!
Diesem Zimmer sieht man an, daß du hart daran gearbeitet hast!
Deine Mithilfe ist phantastisch!
Es macht richtig Spaß, in dein ordentliches Zimmer zu kommen!
Wow, das hast du wirklich sehr gewissenhaft gemacht!

Kapitel 7

Bieten Sie Anreize und Belohnungen!

Warum sind Anreize, Belohnungen und logische Konsequenzen nützlich? Weil sie

- Dem Kind beweisen, daß es etwas schaffen kann
- Eine äußere Motivation bieten, bis die innere Motivation entwickelt ist
- Das Interesse an der Aufgabe wachhalten
- Dem Kind über die anfängliche Angst hinweghelfen
- Ihm helfen, fertig zu werden und ein Erfolgserlebnis zu haben

Wenn ein Kind dabei ist, sich selbst oder jemanden anderes zu verletzen oder etwas kaputtzumachen, muß es davon abgehalten werden, welches Mittel Ihnen dazu auch immer gerade einfällt. Wenn das Problem jedoch nicht so unmittelbar ist, haben Sie Zeit, um andere Möglichkeiten zu versuchen, eine schlechte Gewohnheit zu verändern oder eine gute Gewohnheit zu initiieren.

Hier sind Anreize, Belohnungen und Konsequenzen von Nutzen. Man braucht etwas Zeit, um zu lernen, wie man mit diesen Mitteln umgeht, genauso, wie man auch etwas Zeit braucht, um mit einem neuen Gerät wie etwa einem Mikrowellenofen richtig umgehen zu können. Manche Eltern finden es anregend, wenigstens ein Erziehungsbuch im Jahr zu lesen, um neue Ideen zu gewinnen, wie sich dieses und andere Prinzipien umsetzen lassen.

Anreize und Belohnungen sind äußere Motivatoren für das Kind und können alles sein, was das Kind gerne mag: Bücher, Rechte, Streicheleinheiten, Essen oder Geld. Ein guter Anreiz kann am Anfang eines Trainings oder zum Anregen des Interesses nötig sein, dann aber allmählich überflüssig werden. Wenn allerdings die Belohnung immer größer werden muß, um das erwünschte Verhalten zu initiieren, schlägt die Sache in Bestechung um. Darum müssen wir unterstreichen, daß Anreize nicht ständig für alles verwendet werden sollen. Auf der anderen Seite der Motivationsskala werden Konsequenzen dann eingesetzt, wenn das Kind eine falsche Entscheidung trifft. Natürliche Konsequenzen ergeben sich einfach aus der Natur der Welt – wenn Sie bei Eiseskälte keine Handschuhe tragen, kriegen Sie kalte Hände. Eine logische Konsequenz wird vom Erwachsenen so strukturiert, daß sie sich als logisches Ergebnis aus einem Fehlurteil des Kindes ergibt. Meist handelt es sich um den Entzug eines Rechtes oder um den Ersatz des Beschädigten, soweit es möglich ist. Konsequenzen sollten nicht mit Strafandrohungen verwechselt werden. Nicht jedes Handeln hat eine Konsequenz. Zum Beispiel werden wir in der wirklichen Welt meistens nicht erwischt, wenn wir zu schnell fahren.

Anreize oder Verstärker können als Belohnung eingesetzt werden, wenn es darum geht, ein Verhalten zu ändern, wenn etwas Neues versucht werden soll oder wenn die Situation leicht bedrohlich ist. Wenn Sie eine Belohnung in Aussicht stellen, müssen Sie sie auch geben, um das Vertrauen zu wahren, aber Sie müssen nicht für alles eine Belohnung versprechen. In ihrem bereits erwähnten Buch *How to Teach Children Responsibility* schreiben Harris Clemes und Reynold Bean: „Für Belohnungen zu arbeiten, ist ein Weg, wie Kinder eine Zielorientierung entwickeln können. Konkrete Belohnungen helfen Kindern, sich konkrete Ziele zu setzen. Im Leben des Kindes gibt es Zeiten, in denen materielle Belohnungen das Wichtigste zu sein scheinen. Wenn Kinder lernen, daß sie durch ihre Leistung materielle Belohnungen erringen können, steigt ihr Selbstvertrauen, und ihr Verantwortungsgefühl wächst. Dies gibt ihnen die Möglichkeit, alternative Belohnungssysteme zu entwickeln."

Nach der Psychologin Marcia McBeath gibt es drei Typen von Anreizen: den inneren, den sozialen und den äußeren Anreiz. Der innere Anreiz ist das gute Gefühl, das das Kind bekommt, wenn es etwas gut gemacht hat. Wenn jemand im Garten arbeitet, näht, kocht oder liest, weil er das gern tut oder weiß, daß er sich gut fühlen wird, wenn er fertig ist, dann reagiert er auf einen inneren Anreiz. Der äußere Verstärker – die Schulnote, ein Kinobesuch, eine Süßigkeit oder ein Recht – motiviert die Person von außen. Solche Motivatoren können das Kind locken, etwas zu tun, bis es ein inneres Verlangen danach entwickelt. Die soziale Belohnung ist meist ein verbaler Ausdruck der Wertschätzung, der Ermutigung oder der Anerkennung für gut gemachte Arbeit. Wenn der äußere Anreiz mit einer sozialen Belohnung verbunden wird, kann der Anreiz später entzogen werden, und der soziale Verstärker wird ausreichen.

Belohnungen und Konsequenzen sind Stimulatoren von außen, während das Kind die reife, innere Motivation und Selbstdisziplin entwickelt. In diesem Kapitel geht es uns vor allem um die positiven Motivatoren.

Anreize und Belohnungen machen Spaß, weil sie sowohl mit aller Vorfreude geplant als auch spontan als Überraschung gegeben werden können, während Konsequenzen logisch, fair und beständig sein müssen. Das Folgende ist eine Sammlung von Belohnungen und Anreizen, die wir ausprobiert haben oder die uns aufgefallen sind. Sie müssen daran arbeiten, die richtige Mischung von Belohnungen und Anreizen zu finden, um Ihr Kind beständig zu motivieren. Es ist, als hätte jedes Kind seine eigene geheime Kombination, und wir müßten die richtige Zahlenreihe herausfinden, um es zu entriegeln. Probieren Sie die Ideen aus, die Ihrer Stimmung und den Umständen entsprechen.

Verbale Streicheleinheiten

Wie gesagt, soziale Belohnungen sind am wirksamsten, wenn es darum geht, eine Veränderung im Verhalten des Kindes zu bewirken. Ein solcher verbaler Ausdruck der Ermutigung und Wertschätzung kostet noch nicht einmal Geld. Kinder ändern ihr Verhalten, um diese Belohnungen oder „Streicheleinheiten" zu erlangen. Belohnungen können positiv oder negativ sein, und mit spätestens sieben oder acht Jahren ziehen Kinder das eine dem anderen vor, je nachdem, was ihrem Bedürfnis nach Aufmerksamkeit eher entspricht. Negative Reaktionen können kein positives Verhalten bewirken; sie verstärken nur das Unerwünschte. Wenn Sie ein Verhalten fördern wollen, dann machen Sie positive Bemerkungen über das, was wirklich gut ist.

Streicheleinheiten können allgemeiner Natur sein: „Du bist ein braves Mädchen." Sie können auch konkreter sein: „Du hast das Auto sehr gut gewaschen." (Wenn Sie ein Kompliment wegen einer Arbeit machen wollen, dann ist es besser, etwas über die gut gemachte Arbeit zu sagen als über die Persönlichkeit.) Streicheleinheiten gibt es auch in unterschiedlichen Stufen der Begeisterung: „Ich bin stolz auf dich!" oder *„Ich bin wirklich stolz auf dich!"* Je größer der Nachdruck, desto größer die Belohnung. Positive Streicheleinheiten sind die besten Belohnungen. Wir alle streben danach, wir behalten sie im Gedächtnis, und sie sind Bausteine unseres Selbstvertrauens. Seien Sie großzügig damit.

Allgemeine Streicheleinheiten sind oft schwer zu akzeptieren. „Du bist ein guter Junge!" ist zu allgemein, denn niemand ist vollkommen gut. Wenn das Kind das Kompliment nicht ehrlich akzeptieren kann, fühlt es sich vielleicht gezwungen, etwas zu tun, um zu beweisen, daß Sie unrecht haben. Zum Beispiel hatten die Gundersons kürzlich einen kleinen Jungen bekommen. Bei einem Besuch einer alten Zimmerkameradin lobte Anne Gunderson ihren dreijährigen Sohn mit den Worten: „Er ist ein ganz toller großer Bruder!" Nachdem Anne ihre Freundin verabschiedet hatte, erwischte sie den Jungen im Zimmer seines kleinen Bruders dabei, wie er eifrig das Baby „puderte". Die Luft war voller Puderstaub, und das Baby rang verzweifelt nach Luft. Er hatte soeben bewiesen, daß er kein „toller großer Bruder" war. In Wirklichkeit ärgerte er sich über die Zeit und Aufmerksamkeit, die das Baby auf sich zog. Anne hätte sagen können: „Er bringt mir immer die Windeln, um mir zu helfen!" Eine solche konkrete Bemerkung hätte den Drang, sich zu widersetzen und zu beweisen, daß er doch nicht so „toll" sei, gemildert.

Indem Sie Ihre positiven Streicheleinheiten auf konkrete Details beziehen, lassen Sie das Kind wissen, was es richtig gemacht hat. „Wie schön glatt die Decken sind! Das zeigt mir, daß du dir mit deinem Bett heute morgen besonders viel Mühe gegeben hast!" oder „Ich habe mich sehr gefreut, als ich gesehen habe, daß du unaufgefordert deinen Teller in die Spülmaschine getan hast." Wenn Sie Komplimente machen, vergessen Sie nicht, daß eine Streicheleinheit, die sich auf die äußere Erscheinung oder sonst etwas bezieht, wofür das Kind eigentlich nichts kann, etwa „Betty, du hast so wunderschöne rote Haare!", bei weitem nicht so viel bedeutet wie ein Kompliment, das sich auf ihre Fähigkeit oder Persönlichkeit richtet: „Betty, du hast deine Haare so wunderschön gepflegt!" (Fähigkeit) oder „Es macht Spaß, mit dir zusammenzusein!" (Persönlichkeit).

Positive Verstärkung, Ermutigung, Komplimente, Streicheleinheiten und Anerkennung werden Ihrem Kind sehr dabei helfen, zu lernen, im Haushalt mitzuarbeiten oder sich um die eigene Körperpflege zu kümmern. Wenn es nicht Ihrem Wesen entspricht, das auf verbale Weise auszudrücken, müssen Sie sich vielleicht irgendein Belohnungssystem oder einen Anreiz einfallen lassen, um Ihnen zu helfen, *sich selbst* zu verändern. Wenn Sie sich die Zeit nehmen, sich so umzustellen, daß Sie immer positiv reagieren, werden Sie *großen* Gewinn daraus ziehen.

Es gibt Zeiten, besonders bei kleinen Kindern, in denen die Eltern ein wenig Nachdruck anwenden müssen, um das richtige Verhalten zu initiieren. Zum Beispiel versuchte Sylvia, ihre dreijährige Tochter dazu zu bringen, die Bücher aufzuheben, die überall auf dem Boden verstreut lagen. Sie nahm das Mädchen an der Hand, führte sie zu den Büchern, legte ihr den linken Arm um die Taille und bückte sich gemeinsam mit ihr, um ein Buch aufzuheben und es wegzustellen. Obwohl diese Aktion vollkommen gesteuert ablief, konnte die Mutter ihr hinterher eine verbale Ermutigung geben. „Sieht schon viel besser aus. Komm, heben wir noch eins auf." Bald konnte sich Sylvia körperlich etwas zurückziehen, wobei sie jedoch immer noch an der Seite des Mädchens blieb und ihm half. Sylvia mußte den ersten Erfolg beharrlich durchsetzen, um etwas zu haben, worauf sie ihre positiven Äußerungen aufbauen konnte. Als das Kind allmählich mehr allein tun konnte, hatte sie weitere Erfolge, an die sie anknüpfen konnte. Erfolg zieht Erfolg nach sich.

Liebeszettel

Es macht Spaß, sich Möglichkeiten zu überlegen, seine Wertschätzung durch Liebeszettel schriftlich zum Ausdruck zu bringen (soziale Verstärker). Als Bonnie eines Morgens in Versuchung war, ihren fünfjährigen Sohn wegen seiner Trödelei auszuschimpfen, beschloß sie, statt dessen sein Bett für ihn zu machen und einen Zettel mit einem Smiley darauf zu legen, auf dem stand: „Eine Fee war heimlich hier und hat dein Bett gemacht. Überraschung!" Er war begeistert und bat seine Mutter, ihm den Zettel vorzulesen. Dann ging er mit dem runden gelben Zettel von einem zum anderen und fragte jeden, ob er sein Bett gemacht hätte. Er hängte den Smiley auf seine Wäscheleine (eine Schnur, die an einer Wand hing und an der er mit Wäscheklammern Zettel und Bilder aufhängte) und erzählte noch tagelang von der Fee, die sein Bett gemacht hatte. Manchmal löst ein solches liebevolles Handeln weitere Freundlichkeiten aus. Auf jeden Fall machte es mehr Spaß als das übliche Schimpfen. Jetzt finden Bonnie und ihr Mann Bob hin und wieder beim Schlafengehen einen Liebeszettel auf ihrem Kopfkissen: „Ich habe euch lieb, Mama und Papa."

Bändchen, Urkunden und Gutscheine

Pamela setzte die Anreiz-Methode ein, um die Motivation zu einer Gewohnheitsveränderung zu liefern: die Kleider so auszuziehen, daß die richtige Seite außen bleibt (spart am Waschtag eine Menge Zeit). Statt zu nörgeln, packte sie Papas große Pyjamahosen, Socken und ein Sweatshirt in einen Koffer. Beim Familienrat ging es in einem Spiel darum, Papas Sachen anzuziehen und so wieder auszuziehen, daß die *richtige Seite außen* war. Das hieß, daß die Hosenbeine unten und die Socken an der Spitze angefaßt werden mußten, statt die Sachen von oben abzuschälen. Jedes Kind, dem das gelang (und sie sorgte dafür, daß es allen gelang), bekam einen Gutschein, den es gegen eine Belohnung eintauschen konnte. Dann erklärte Pamela, einen weiteren Gutschein werde es für jeden geben, dessen Sachen am Waschtag alle richtig herum gewendet sein würden. Schon nach drei Wochen, in denen sie Gutscheine verteilt hatte, hatte Pam eine Gewohnheit beim Ausziehen verändert, die für sie viele zusätzliche Arbeitsstunden mit sich gebracht hatte.

Ein Jahr später gab sie als Erinnerungsstütze (die Kinder hatten ein wenig nachgelassen) ein blaues Bändchen mit einem goldenen Siegel aus, auf dem stand: „Herzlichen Glückwunsch – Kleider richtig herum." Dieses Bändchen wurde Jill während des Familienrates verliehen, wo alle es mitbekamen – so ging sie über die Nachlässigkeit der anderen Familienmitglieder einfach hinweg. Dadurch, daß der Erfolg des einen belohnt wird, werden oft die anderen angestachelt, es ihm nachzutun. Achten Sie jedoch auch hier darauf, keinen falschen Wettstreit unter den Geschwistern zu fördern. Die beste Belohnung ist die, bei der jeder eine Chance hat zu gewinnen: „Jeder, der nächste Woche alle seine Kleider richtig herum abliefert, bekommt ein blaues Band."

Jeder bekommt gerne Urkunden. Fertigen Sie selbst welche an, indem Sie Ideen aus den Malbüchern der Kinder oder aus Zeitungsanzeigen übernehmen. Diese Urkunden können beim Familienrat oder beim Abendessen verliehen oder auf dem Kopfkissen hinterlegt werden.

Rechte

Der Grundsatz „Erst die Arbeit, dann das Vergnügen" ist ein guter Anreiz, um Dinge hinter sich zu bringen. Allgemein gilt, daß grundlegende Routineaufgaben erledigt sein sollten, bevor es in die Schule, zum Fernsehen oder zum Spielen geht. Allein schon der schlichte Kniff, zu verlangen, daß das Kind sich vor dem Frühstück anzieht, hilft ihm, das in der Hälfte der Zeit zu tun, die es nach dem Frühstück dazu brauchen würde. Ein unmittelbarer Anreiz: „Um ein Uhr dürfen alle, die ihr Zimmer aufgeräumt und gesaugt haben, mit uns zum Schwimmen gehen." Wenn die Zeit da ist, bekommen nur diejenigen die Belohnung, die die Aufgabe erledigt haben, selbst wenn das bedeutet, daß Sie einen Babysitter anheuern müssen. Seien Sie unnachgiebig.

Für kleine Kinder sind unmittelbare Anreize am besten, wie zum Beispiel die tägliche Sternchentabelle auf Seite 65. Bei den Fingerspielen für die Morgenroutine (Seite 86) besteht die unmittelbare Belohnung darin, fertig zu werden. Das gewonnene Recht ist die Freiheit, nachdem die Aufgabe erledigt ist. Der Vorteil einer guten Aufsicht ist, daß auch verbale Belohnungen sofort ausgesprochen werden können. Plazieren Sie etwas weniger Angenehmes immer vor etwas Angenehmeres. („Wenn du deinen Schlafanzug anhast, lese ich dir noch etwas vor." „Wenn du dein Zimmer aufgeräumt hast, gehen wir in die Bücherei.") Das bedeutet, daß Sie wissen müssen, womit Sie Ihr Kind motivieren können – nicht jeder ist erpicht auf eine Geschichte oder einen Besuch in der Bücherei.

Alles, was das Kind gerne tun möchte, kann ein Anreiz sein, aber bedenken Sie auch, daß nicht jedes Recht von einem Berg von Arbeit abhängig gemacht werden sollte, denn das kann auch jede Motivation ersticken. Es gibt Eltern, die jedes bevorstehende Ereignis ausnutzen, um Druck auszuüben. Halten Sie den Anreiz einfach und nachvollziehbar. Das Ziel am Anfang ist es, dem Kind zum Erfolg zu verhelfen – später ist dann der Erfolg selbst der stärkste Motivator.

Essen

Auch Essen kann als unmittelbare Belohnung eingesetzt werden, besonders, um Verhaltensweisen zu ändern. Seit Jahren hören wir davon, wie Essen als Anreiz Erfolge bei langsamen und in der Entwicklung zurückgebliebenen Kindern bewirkt. Spezielle Förderklassen bieten Belohnungspunkte, mit denen man sich für gute Arbeit eine leckere Belohnung verdienen kann. Unmittelbare Belohnungen in Form von Essen können auch bei normalen Kindern als Werkzeug dienen, um Verhaltensweisen zu verbessern und gute Gewohnheiten auszubilden. Wichtige Prinzipien bei der Anwendung dieses Anreizes sind: (1) Nehmen Sie nur eine Verhaltensänderung auf einmal in Angriff. (2) Halten Sie die Aufgabenstellung einfach. (3) Setzen Sie nur kleine Belohnungen ein. (4) Bleiben Sie konsequent dabei, die Belohnung nur zu geben, wenn die erwünschte Leistung vollständig erbracht ist.

Ist Ihnen klar, was fünf kleine Bonbons bewirken können? Sie können ein Kind motivieren, in seinem eigenen Bett zu schlafen, die Angst davor zu überwinden, allein in seine Kindergruppe während des Gottesdienstes zu gehen oder auch die Toilettenspülung zu betätigen und sich die Hände zu waschen. Sie dienen als Anreize und unmittelbare Belohnungen. Das Herausfinden der richtigen Anreize ist eine Herausforderung, aber es führt zu positiven Veränderungen, wenn es mit positiven Streicheleinheiten verbunden wird.

Beim Einsatz von Essen als Belohnung ist Vorsicht geboten, um keine schlechten Eßgewohnheiten zu fördern; deshalb sollten Sie es damit nicht übertreiben. Aber wir müssen zugeben, daß Essen ein sehr starker Motivator ein kann. „Jeder, der zwanzig Sachen aufhebt und wegräumt, bekommt ein Eis." Sie können aber nicht jedesmal, wenn Sie etwas erledigt haben möchten, Eis verteilen, aber wenn sowieso gerade eine Naschzeit ansteht, warum sollten Sie dann nicht vorher noch eine kurze Aufräumzeit einschieben? Schließlich ist regelmäßiges Aufräumen eine gute Gewohnheit, die man fördern sollte. Die Eisbechertabelle auf Seite 65 ist ein langfristiger Anreiz, der Spaß macht. Auch Popcorn ist ein guter Anreiz. Halten Sie ein vernünftiges Maß ein; die Hebelwirkung geht verloren, wenn Sie händeweise Süßigkeiten verteilen, wann immer Ihr Kind etwas tut.

Vielleicht haben Sie es so noch gar nicht betrachtet, aber das Kochen ist automatisch mit Essen als Belohnung verbunden. Geschirrspülen ist bei weitem nicht so reizvoll wie Kuchen backen. Versuchen Sie deshalb, das Reinigen so weit wie möglich schon während der Vorbereitung zu erledigen, wenn der Anreiz noch wirksam ist. Außerdem lassen sich die meiste Schüsseln und Töpfe ohnehin leichter reinigen, wenn man es sofort tut, es sei denn, sie müssen eingeweicht werden. Es ist leichter, das Salz, den Zucker, das Mehl und den Zimt immer gleich wegzustellen, nachdem man etwas davon benutzt hat, als bis zum Ende zu warten, wenn alle Behälter mit Mehl bestäubt sind und alles abgewischt werden muß. Ein Anreiz hierbei könnte sein, daß Sie sagen, es wird nicht gegessen, bis die Küche wieder in Ordnung ist.

Eine Grundschullehrerin in einer Kleinstadt gründete einen Eiskremeclub für gute Rechtschreiber und Verfasser von fehlerlosen Mathe-Aufgaben. Wer eine bestimmte Anzahl fehlerloser Tests ablieferte, wurde zu einem Eis eingeladen: eine, zwei oder drei Kugeln, Spaghetti-Eis oder Banana Split. Wenn ein Kind sich die Belohnung verdient hatte, fuhr die Lehrerin mit ihm allein in die Eisdiele, um es dazu einzuladen. Für Eltern wäre es eine Leichtigkeit, sich einen solchen Anreizplan einfallen zu lassen, um ein erwünschtes Verhalten oder eine Gewohnheit zu fördern. Die Belohnung ist doppelt: Essen und Aufmerksamkeit eines Erwachsenen.

Lose

Die Schmidts, eine Familie mit fünf Kindern, erprobte eine Anreizmethode auf der Grundlage der „Aktion positives Image“, die in einer kalifornischen Schule angewandt wird. Frau Schmidt übernahm diese Idee für ihre Familie und verteilte für gutes Verhalten und Hilfsbereitschaft Lose in Form von bunten, rechteckigen Papierstückchen; ein Los für fünfzehn Minuten Arbeit, drei Lose fürs Klavierüben und so weiter. Das Kind schreibt seinen

Namen auf das Los und steckt es in eine bunte Schachtel auf dem Küchentresen. Am Ende des Tages wurde eine Ziehung veranstaltet, und der Gewinner durfte sich eine Belohnung aus der „Schnuckschachtel" aussuchen (Sahne-Joghurt, Mars, Gummibärchen, Erdnüsse etc.). Das hört sich vielleicht an, als ob es eine Menge Zeit erfordert hätte, aber Frau Schmidt sagt, daß es ihr sogar Zeit erspart habe – der positive Anreiz machte vieles an Überwachung überflüssig. Nach der Ziehung wurden die Lose aus der Schachtel genommen und aufbewahrt. Wenn ein Kind hundert Lose angesammelt hatte, war das eine Kinokarte wert. Frau Schmidt sagt, dies sei das beste Motivationssystem, das sie je ausprobiert habe, da es unmittelbare Belohnungen für das positive Verhalten bietet. Die Eltern verbrachten weniger Zeit damit, die Kinder zu ihren Arbeiten, zum Üben oder zum Erledigen einer Aufgabe aufzurufen.

Herausforderungen

„Wer hat die meisten Kerne in seiner Mandarine?" fragte Bonnie eines Tages in dem verzweifelten Bestreben, ihre Familie dazu zu bringen, die Mandarinen zu essen. Sie mochten die kernlosen Navelorangen lieber, aber Bonnie konnte schließlich nicht dreißig Pfund Mandarinen wegwerfen, nur weil sie Kerne hatten! Heute, fünf Jahre später, zählen ihre Kinder immer noch Mandarinenkerne – wenn es auch offensichtlich nicht mehr dieselben dreißig Pfund sind. Lassen Sie sich Herausforderungen einfallen!

Die Herausforderung: „Kann ich mich anziehen, bevor der Wecker klingelt?" „Wie viele Windeln kann ich in zehn Minuten zusammenlegen?" „Schaffe ich es, während dieser Werbepause die Spülmaschine auszuräumen?" Sie werden es vielleicht nicht glauben, aber die McCullough-Kinder schaffen es bisweilen, ihre gesamten Arbeiten im Haus am Samstagvormittag während der Werbepausen in den Zeichentrickfilmen zu erledigen. Kinder lieben den Wettlauf mit der Zeit. Die Herausforderung sollte nicht einer gegen den anderen gehen, denn das kann zu Mißstimmung führen. Zwischen Geschwistern gibt es ohnehin genügend Rivalität, auch ohne daß man sie noch fördert. Wenn wir zum Beispiel Matthias (5) und Betty (8) sagen: „Schauen wir mal, wer als erster angezogen ist", dann fängt der Verlierer unweigerlich an zu weinen. Besser ist es, zu sagen: „Schauen wir mal, wer sich anziehen kann, bevor in zehn Minuten der Wecker klingelt", so daß beide die Chance haben zu gewinnen. Ein anderer Weg, sich die Kooperation zu sichern, wäre, zu sagen: „Sobald ihr beide angezogen seid und zusammen kommt …", so daß die beiden die Möglichkeit haben, sich gegenseitig zu helfen und zu ermutigen.

Geld

Auch Geld kann als Anreiz dienen, wenn Sie dabei dieselbe Vorsicht walten lassen wie in den anderen Bereichen; mit Maß und Ziel und ohne Eskalation.

Wenn ein Kind Geld für eine besondere Anschaffung braucht, kann das genug Motivation sein, um etwas Neues auszuprobieren. Als Tim zum Beispiel fünf Mark haben wollte, um zum Bowling zu gehen, bot ihm seine Mutter das Geld dafür, daß er den Küchenfußboden schrubbte, was er noch nie versucht hatte. Er tat es und bekam seinen Lohn. Als es bei der nächsten Gelegenheit darum ging, sich einen Job auszusuchen, entschied er sich ohne Bezahlung (es war eine Krisensituation, in der sich überraschender Besuch angekündigt hatte) dafür, den Küchenfußboden zu schrubben, da er wußte, wie das ging. Das zehnte Kapitel befaßt sich ausführlich mit dem Thema Kinder und Geld.

Eine Mutter benutzte Geld als Belohnung und Konsequenz, um ihren Kindern beizubringen, hinter sich aufzuräumen. Sie gab jedem Kind 100 Zehnpfennigstücke in einem Einmachglas. „Das ist dein Taschengeld für das nächste Wochenende. Jedesmal, wenn ich etwas von dir aufheben muß, bekomme ich eine von deinen Münzen, und das, was am Samstag noch übrig ist, darfst du behalten." Die Gläser stellte sie auf die Küchenfensterbank. In der ersten Woche verdiente Mama genug, um am Samstag im Café zu frühstücken. In der nächsten Woche reichte ihr Verdienst nur noch für einen Schokoriegel. Die Kinder bestanden darauf, daß es gerecht zugehen müsse: Mama und Papa müßten auch ein Glas mit Münzen bekommen, und wenn sie etwas fanden, das einer der Eltern hatte herumliegen lassen, durften sich die Kinder etwas von den Eltern holen. Eine andere Familie hatte eine ähnliche Idee und bewahrte das Ausgeh-Budget der Familie in den Einmachgläsern auf. Was man in seinem Glas übrig hatte, durfte man am Freitagabend für ein Essen im Restaurant verwenden. (Sie gingen sowieso als Familie essen. Hier ging es nur darum, die Aufmerksamkeit auf eine neue Gewohnheit zu lenken.)

Die unerwartete Reaktion

Eine unerwartete Reaktion eines Elternteils kann bei dem Kind zu einem Schockeffekt führen – und dem Elternteil die Kontrolle in die Hand geben. Wenn zum Beispiel Julias vier Kinder anfangen zu streiten, stellt sich Julia mit einem Kochlöffel in der Hand auf den Tisch und fängt an, „Love at Home" zu singen. (Wer kann sich dabei noch streiten?) Eine ältere Lehrerin mit ungefähr hundert Kilo Lebendgewicht drückt jedem sich danebenbenehmenden Fünftkläßler einen schallenden Kuß auf – das funktioniert besser als Schimpfen, Drohungen oder Klapse. Wenn Sie nachts nicht schlafen können, lassen Sie sich einfach ein paar unerwartete, positive Reaktionen einfallen.

Als einer von Sues Schülern in der dritten Klasse während eines Diktats auf einmal anfing, seltsame, störende Geräusche von sich zu geben, sagte Sue rasch: „Machen wir eine Pause und hören uns das an. Hier, Tom, stell dich aufs Pult, damit wir dich besser sehen und hören können. Und jetzt mach noch einmal diese Geräusche für uns." Diese untypische Reaktion brachte Tom zum Schweigen und Sue zurück ans Ruder. Auch zu Hause können unerwartete positive Reaktionen hilfreich sein. Wenn Benny zum Beispiel zu meckern anfängt, weil er abwaschen soll, sagen Sie: „He, Benny, langsam. Ich will mir deine ganzen Ausreden auf diesem Zettel aufschreiben. Wir numerieren sie durch, und nächstes Mal brauchst du dann nur noch die Nummer zu sagen." Und dann fangen Sie an, seine Proteste und Ausreden aufzuschreiben.

Halten Sie Ausschau nach dem richtigen Anreiz

Wenn Sie die Augen offenhalten, ergeben sich oft Gelegenheiten, Ihre Kinder wirksam zu motivieren. Eine Mutter, deren heranwachsender Sohn äußerste Schwierigkeiten hatte, sein Zimmer in Ordnung zu halten, fand den Schlüssel, als ihr Sohn um ein gutes Federkissen bat. „Ja, mein Sohn, du kannst dieses Kissen haben, vorausgesetzt, du machst jeden Tag dein Bett." Bei anderen Gelegenheiten hatten die Eltern ihm alles mögliche angeboten, ohne daß sich die Lage in seinem Zimmer besserte. Obwohl das Zimmer wirklich ein Problem war, wollten sie ihren Sohn nicht aus dem Haus ekeln, indem sie es zum ständigen Gesprächsthema machten. Er brauchte immer noch ihre reife Elternschaft und die Atmosphäre einer liebevollen Familie. Zu dem Spiel mit den Anreizen gehört es, den richtigen Schlüssel zu finden. Eines Tages vergaß der Junge, sein Bett zu machen, und das Kissen wurde kommentarlos weggenommen. An diesem Tag machte der Junge sein Bett, als er aus der Schule kam, bekam sein Kissen wieder zurück, und es kam nie wieder vor. Inzwischen hatte der Junge gelernt, daß das Bettmachen nur ein paar Handgriffe kostete, und sein Zimmer gefiel ihm besser so. Der Anreiz hatte ihm geholfen, die Schwelle zu überwinden. Wenn er sah, daß sein Bett ordentlich gemacht war, fühlte er sich wohl; er wußte, daß es seinen Eltern gefiel, und seine Selbstachtung schoß in die Höhe.

Kinder möchten gern erfolgreich sein, aber manchmal müssen sie einfach spüren, daß ihre Eltern mit Erinnerungsstützen, Ermutigung und Liebe hinter ihnen stehen. Eltern sein ist kein leichtes Spiel, und man kann nie sicher sein, daß man gewonnen hat.

Achten Sie auch auf regionale oder jahreszeitliche Ideen, die als Anreiz oder zum Wecken des Interesses dienen können. Die kleine Sarah (2) dachte sich die Sache mit dem Socken als

„Staub-Muppet“ aus, und ein Lappen wurde zu einem Dino-Fresser, der verschüttete Milch auffraß (wegwischte). Eines Abends, nach einem vorgelesenen Kapitel aus *Pippi Langstrumpf*, sagte der fünfjährige Mattie: „Ich möchte auch ein *Sachenfinder* sein.“ Nachdem dieses Interesse erst einmal erwacht war, konnte man ihm einen Eimer oder eine Schürze geben, ihm ein Sachenfinder-Abzeichen anstecken und ihn daran arbeiten lassen, unter den Sofakissen sauberzumachen. Belohnungen und Anreize bringen mehr Spaß in Ihr Familienleben.

Kapitel 8

Zeigen Sie Konsequenzen auf – aber logische!

Wie aufregend, einfach, lustig, fair und wohlorganisiert Sie den Kindern das Arbeiten auch machen, Sie müssen dennoch damit rechnen, daß Ihre Regeln auf die Probe gestellt werden. Und darauf sollten Sie vorbereitet sein, indem Sie schon jetzt entscheiden, wie Sie Ihre Forderungen durchsetzen werden. Die Außenwelt ist voller Konsequenzen. Wenn Sie Ihre Telefonrechnung nicht bezahlen, wird man Ihnen das Telefon abstellen. Wenn Sie sich auf dünnes Eis begeben, werden Sie einbrechen. Ob Sie ein Erwachsener sind oder ein Kind, wenn Sie einen Nagel in eine Steckdose stecken, werden Sie einen Schock bekommen. Das sind natürliche Konsequenzen. Es ist äußerst wirksam, wo immer es möglich ist, natürliche Gesetze zur Disziplinierung heranzuziehen. Wo diese Möglichkeit nicht besteht oder das zu gefährlich wäre, können die Eltern logische Konsequenzen vorgeben. Beispiele:

„Wenn du mit dem Auto falsch umgehst, mußt du deine Schlüssel abgeben.“ „Wenn du etwas verschüttest, ob mit Absicht oder aus Versehen, mußt du es aufwischen.“ Es kostet ein wenig Mühe, zu lernen, wie man Konsequenzen anwendet, also denken Sie etwas voraus. Allgemein gibt es zwei Arten von logischen Konsequenzen:

1. Wenn ein Vorrecht mißbraucht wird, wird es für kurze Zeit entzogen. (z. B. Auto, Radio, Telefon etc.).

2. Wenn ein Schaden angerichtet wurde, sollte die Konsequenz darin bestehen, den Schaden so weit wie möglich wieder zu beheben.

Logische Konsequenzen anzuwenden, kann äußerst effektiv sein und viel Frust und Reibungen ersparen. Eine Struktur zuverlässiger Konsequenzen steigert den Respekt vor den Regeln. Diese Art von Disziplin weist Ihnen eher die Rolle eines Lehrers als eines Scharfrichters zu. Um sich die Zeit zu nehmen, über die Konsequenz zu entscheiden, müssen Sie sich möglicherweise vom Schauplatz zurückziehen, um die Sache logisch zu durchdenken. Geben Sie sich nicht zufrieden, solange Sie nicht zuversichtlich sind, das Richtige gefunden zu haben. Sie sind es sich schuldig, das Gefühl zu haben, daß Sie das Richtige für Ihre Familie tun. Nichts funktioniert bei allen gleichermaßen. All diese Ideen können auch schädlich für das Kind werden, wenn sie im Zorn oder mit Rachegefühlen umgesetzt werden.

Bevor Sie handeln, stellen Sie sich bezüglich der Konsequenz folgende Fragen:

- Ist sie vernünftig?
- Ist sie durchsetzbar?
- Ist sie vereinbar mit fürsorglicher Liebe?
- Ist sie zu stark?
- Sind Zorn, Ärger oder Rachegefühle daran beteiligt, daß ich diese Konsequenz anwende?
- Ist sie erkennbar aus dem Vergehen abgeleitet?

Ist die Konsequenz vernünftig? Sie wollen ja, daß die Konsequenz eine logische, rationale Folge der Fehleinschätzung des Kindes ist. In einer Umfrage befragten wir Kinder, was passiert, wenn sie ihre Arbeit nicht tun. Sie gaben uns folgende Antworten:

„Dann muß ich sie eben später machen."
„Dann kriege ich kein Geld."
„Sie schreit mich an."
„Dann wird rumgemeckert."
„Kein Fernsehen."
„Stubenarrest."

Glauben Sie, daß diese Kinder daraufhin ihre Leistung steigerten? Denken Sie gründlich über den Zusammenhang zwischen dem Verhalten und der Konsequenz nach. Eine Streichung der Fernsehrechte hat nichts damit zu tun, daß man die Schubladen eines Schreibtisches offen gelassen hat, könnte aber im Zusammenhang mit der Unordnung vor dem Fernseher stehen. Der achtjährige Leon ließ immer wieder seine Schrankschubladen offen. Das Zimmer sah dadurch unordentlich aus, und es war gefährlich für seinen kleinen Bruder, der direkt neben dem Schrank schlief. Statt die Fernsehrechte zu streichen oder ihn übers Knie zu legen, was nichts mit seiner Nachlässigkeit zu tun gehabt hätte, sagte seine Mutter ganz ruhig: „Leon, es scheint dir so schwerzufallen, diese Schubladen geschlossen zu halten, daß ich schätze, du brauchst eine kleine Trainingsstunde. Ich möchte, daß du es zehnmal übst, diese Schubladen auf- und zuzumachen. Ich mache es dir erst einmal vor." Die Sache war so lächerlich, daß beide aus vollem Halse lachten, bevor er fertig war. Er verstand, worum es ging, und so funktionierte es viel besser, als wenn sie ärgerlich den Inhalt der Schubladen auf den Boden geworfen hätte.

Ein anderes Mal, als Leon und sein kleiner Bruder Tim am Samstag vormittag vor dem Fernseher saßen, holten sie sich drei Puzzles und fünf Spiele. Sie schauten sich ein Fußballspiel an und verstreuten die Zeitung überall auf dem Boden, und ihre älteren Schwestern schauten sich einen Film an und ließen ihre Socken und Schuhe herumliegen. Keiner schien das Chaos vor dem Fernseher zu bemerken oder machte Anstalten, etwas davon zu beseitigen. Vor dem Abendessen verkündete die Mutter: „Da euch das Wohnzimmer so egal ist, daß ihr nicht einmal ein bißchen darin aufräumen könnt, habt ihr von jetzt an nicht mehr das Recht, es zu benutzen und dort fernzusehen.“ Da es eine Familientradition war, am Samstag die Muppets-Show zu sehen, machten sie sich alle für fünf Minuten lang im Wohnzimmer an die Arbeit. Die Konsequenz hing direkt mit dem Vergehen zusammen.

Eine Mutter sagte: „Na schön, Kinder, wenn ihr eure Handtücher nicht aufhängt, dann kriegt ihr eben keine mehr“, und nahm alle Handtücher aus dem Badezimmer. Sie blieb eisern bei der Konsequenz – die Kinder mußten sich mit Toilettenpapier abtrocknen und nackt auf Zehenspitzen in ihre Zimmer schleichen. War das eine vernünftige Konsequenz? Lernten die Kinder daraus, was sie lernen sollten? Vielleicht. Als einmalige Lektion mag es wirkungsvoll gewesen sein; vielleicht hätte man auch eine andere Konsequenz anwenden können – aber es ist schwer, auf eine bessere zu kommen. Das ist es, was die Sache mit den Konsequenzen so schwierig macht. Vielleicht ein großer Zettel. Vielleicht ein vierwöchiger Anreiz. Die meisten Eltern jedoch würden einfach nur meckern, schreien oder wahllos irgendwelche Privilegien streichen. Versuchen Sie es mal mit fünf Bonbons – da sind Fünfzehnjährige besonders begeistert.

Ein Elternpaar, das zutiefst beschämt und wütend war, weil ihr Achtjähriger in der Schule einen Feueralarm ausgelöst hatte, sagte ihm: „Du bist ein böser Junge. Du hast es nicht verdient, irgend etwas zu besitzen.“ Sie stellten all seine Spielsachen hinaus auf den Bürgersteig, wo die Nachbarskinder sie sich abholen konnten. Diese Eltern waren inkonsequent: An einem Tag zu nachgiebig, am nächsten zu streng. Das Handeln dieses Jungen war ein Flehen um Hilfe – doch er bekam sie nicht.

Zurück zu unserer Frage: Ist die Konsequenz vernünftig? Wenn Sie zornig oder wütend sind, sind Sie zu sehr in Gefahr, es dem Kind heimzuzahlen, anstatt es zu korrigieren. Schicken Sie das Kind in sein Zimmer oder in die Ecke und nehmen Sie sich Zeit, um in Ruhe nachzudenken und auch dem Kind Gelegenheit zu geben, seiner Gefühle wieder Herr zu werden. Dann fragen Sie es, warum es seiner Meinung nach in die Ecke mußte, und vergewissern Sie sich, daß es den Grund wirklich verstanden hat. Vielleicht bekommen Sie sogar ein paar gute Ideen, indem Sie das Kind fragen, welche Strafe seiner Meinung nach angemessen wäre, wenn eine nötig ist. Und vergessen Sie nicht, es zu fragen, wie es sich das nächste Mal in dieser Situation besser verhalten könnte. Wenn es aus dem Fehler gelernt hat, gibt ihm das eine positive Verstärkung für zukünftige Veränderungen. Manchmal besteht die vernünftige Konsequenz darin, zurückzugehen und den Schaden so weit wie möglich zu beheben. Ein Vater wendet das auch in verbaler Weise an, damit das Kind üben kann, richtig zu reagieren. So sagt er zum Beispiel: „Diese Worte in diesem Tonfall sind nicht akzeptabel. Bitte sag das noch einmal auf nettere Art." Daraufhin gibt das Kind eine passende Antwort, die auf Papas Zustimmung stößt: „Das ist schon viel besser."

Wenn Ihr Kind ein Schulbuch oder seine Hausaufgaben vergißt, tragen Sie ihm das in die Schule nach? Manchmal ist es das Beste, die natürliche Konsequenz in der Schule eintreten zu lassen, so daß das Kind lernt, sich selbst, bevor es das Haus verläßt, zu vergewissern, daß es alles dabeihat. Damit lernt es, bewußt zu handeln, sich Zeit zum Nachdenken zu nehmen und Verantwortung für sich selbst zu übernehmen. Andererseits sagte eine Mutter: „Meine Kinder helfen mir tüchtig, wenn es eng wird, darum macht es mir nichts aus, ihnen auch auszuhelfen, wenn sie gelegentlich einen Fehler machen. Wir wollen nicht, daß das Kind so abhängig von uns wird, daß es keine Verantwortung für sich selbst übernehmen kann, aber wir wollen unsere Reaktionen mit Verständnis und Einsicht mäßigen."

Ist diese Konsequenz durchsetzbar? Stellen Sie sich auf jeden Fall diese Frage, bevor Sie die Worte über Ihre Lippen gehen lassen – sonst bestrafen Sie womöglich sich selbst oder müssen einen peinlichen Rückzieher machen. Drohen Sie nicht damit, das Kind zu Hause zu lassen, falls Sie das nicht wirklich vorhaben (und es nicht ungefährlich ist). Verhängen Sie keinen Stubenarrest über einen Sechsjährigen, wenn Sie aus dem Haus müssen und das Durchsetzen der Einschränkung dann an seiner älteren Schwester hängenbleibt. Eine Woche Fernsehverbot kann für Sie selbst eine härtere Strafe sein als für Ihre Kinder, falls Sie nicht genug Zeit haben, ihnen zu helfen, sich anders zu beschäftigen.

Eine Frau berichtete, wie ihr siebzehnjähriger Sohn ihre gute Stoffschere benutzte, um Draht zu schneiden. Die logische Konsequenz war, daß er sie auf seine Kosten schleifen lassen mußte. Er hatte das Geld und einen fahrbaren Untersatz und konnte das tun. Bei einem Neunjährigen hingegen hätte die Konsequenz anders aussehen müssen.

Tom versuchte, seinen Kindern beizubringen, das Licht auszuschalten, wenn sie ihr Zimmer verließen. Jedesmal, wenn er in einem Zimmer Licht brennen sah, in dem sich niemand aufhielt, schraubte er eine Birne heraus, bis es kein Licht mehr gab. Beim ersten Mal, wenn eine Tischlampe oder ein Radio angelassen wurde, zog er den Stecker heraus. Die Mühe, ihn wieder hineinzustecken, diente als Erinnerungsstütze für das Kind. Beim zweiten Verstoß wurde das betreffende Gerät für einen Tag beschlagnahmt, beim dritten Mal für zwei Tage. Nach dem dritten Mal forderte er den Betreffenden auf, sich an der Stromrechnung zu beteiligen. Ein anderer Vater berechnete seinen Kindern jedesmal fünfzig Pfennig, wenn sie das Licht anließen. Und dann war da noch der Elternteil, der seinen Kindern ein Bonbon dafür gab, daß sie das Licht ausschalteten – das war noch wirkungsvoller als die Sache mit der Geldstrafe.

Logische Konsequenzen: Wer Dreck auf den Teppich bringt, muß den Teppich shampoonieren. Wer auf Socken herumläuft und dadurch Löcher in die Socken macht, muß sie stopfen oder das nächste Paar selbst kaufen. Wessen Kleider nach links gedreht in der Wäsche landen, der bekommt sie auch genauso wieder – oder sie werden nicht gewaschen, bis sie gewendet wurden. Der Leiter eines Chors wendete eine durchsetzbare Konsequenz an, um die Verspätungen auf der Konzerttournee zurückzuschrauben – fünfzig Pfennig Strafe für jeden, der zu spät zum Bus kam. Das gesammelte Geld wurde am letzten Abend unterwegs für ein Abendessen investiert.

Ist diese Konsequenz durchsetzbar? „Du mußt vor dem Ende des Tages (Mitternacht) den Müll hinausbringen." Also weckte Papa um fünf vor zwölf in aller Gemütsruhe seine Tochter, damit sie den Müll hinausbrachte – diese Lektion war nur einmal nötig. Eine weitere interessante Zeitgrenze ist: „Das muß erledigt sein, bevor du das nächste Mal etwas ißt."

Die Belastung der Eltern läßt sich stark reduzieren, wenn sie für jede unnötige Dienstleistung eine Bezahlung verlangen. Wenn ein Kind eine Aufgabe nicht vollständig erledigt und nicht gewartet werden kann, bis es nach Hause kommt, muß es dafür eine andere Aufgabe wahrnehmen, etwa die Eingangstreppe fegen. Wenn saubere Kleidungsstücke in die Wäsche geworfen statt aufgehängt werden, lassen Sie das Kind diese Kleidungsstücke mit der Hand waschen. Um sicherzugehen, daß das Kind weiß, was zu dieser Konsequenz geführt hat, nehmen Sie sich Zeit, mit ihm zu reden. Einer der wirksamsten Tricks ist es, das Kind aufzufordern, die übertretene Regel wiederzugeben. Das beseitigt Mißverständnisse und unterstützt das Gedächtnis fürs nächste Mal. Das muß auf freundliche, sachliche Weise geschehen, nicht als „Geschimpfe".

DER ACHT-UHR-APPELL

Carola hat eine natürliche Konsequenz entdeckt, die wahre Wunder bewirkte. Was Carola und ihren Mann Frank dazu bewog, dieses Programm auszuprobieren, war das Chaos, das sie eines Abends vorfanden, als sie nach Hause kamen. Überall lagen Bücher, Spielsachen, Kleidungsstücke, Handtücher und Geschirrteile verstreut. Statt voller Zorn alle zu wecken, legten sie sich einen Plan zurecht. Am nächsten Morgen erklärten sie den Kindern: „Ab sofort gehen wir zweimal in der Woche um acht Uhr durchs Haus. Alles, was im allgemeinen Wohnbereich herumliegt, wird in die Extra-Service-Kiste getan und muß bis zum Samstagmittag durch eine Extraarbeit im Haushalt ausgelöst werden. Betrachtet euch als gewarnt." An diesem Abend sammelten Carola und Frank zwölf Gegenstände ein. Als die Kinder am nächsten Morgen die Extra-Service-Kiste unübersehbar auf dem Kühlschrank stehen sahen, waren alle neugierig, wessen Dinge in der Schachtel lagen. „Mama, was muß ich für dich machen, um meine Schuhe zurückzubekommen?" „Wisch den Fernsehschirm ab", lautete die Antwort.

Einmal hatte es Carola bereits erfolglos mit einer ähnlichen Methode versucht, bei der sie jederzeit Gegenstände einkassierte. Dies jedoch verlangte den Kindern Vollkommenheit ab, und die Eltern mußten ständig mit Argusaugen über sie wachen. Es war nicht durchsetzbar. Ihr eigentliches Ziel war es nicht, ihre Kinder zur Vollkommenheit zu erziehen, sondern sie dazu zu bringen, ihre eigenen Sachen zu bemerken und wegzuräumen. Was sie störte, war nicht so sehr, daß hin und wieder Dinge vorübergehend an Stellen lagen, wo sie nicht hingehörten, sondern es machte sie zornig, wenn sie ständig dort liegenblieben und das Kind den Gegenstand nie bemerkte, bis es ihn einige Tage später vielleicht wieder einmal brauchte. Zum Beispiel hatte einer ihrer Söhne drei Jacken. Wenn er eine Jacke brauchte, ging er zum Schrank, und erst wenn er dort keine mehr fand, machte er sich Gedanken darüber, wo er seine Jacken gelassen haben könnte.

Als Carola diesmal diese Methode anwendete, war es leichter, beharrlich bei der Konsequenz zu bleiben, weil es nur zweimal am Tag vorkam. Sie achtete auch auf Gelegenheiten, das erwünschte Verhalten zu verstärken, wenn ein Kind etwas wegräumte. Eine wichtige Voraussetzung, um eine Gewohnheit zu verändern, ist die positive Anerkennung für das erwünschte Handeln.

Am Abend des zweiten Tages wurde die Fünfzehnjährige dabei gesichtet, wie sie auf dem Weg in ihr Zimmer eine ganze Armladung Sachen aufsammelte. Sieg! Es funktionierte. Diese junge Dame war in der Schule sehr engagiert, zu Hause aber ausgesprochen nachlässig. Ausgerechnet sie war es, die die Schuhe ihres Vaters in die Kiste packte, weil sie nach acht Uhr herumstanden, und erklärte, er müsse einen Extra-Dienst für sie tun. Der vierte Morgen war der Samstag. Als der elfjährige Junge zum Frühstück erschien, bemerkte er die Service-Kiste und schaute nach, ob er etwas auszulösen hatte. „Was muß ich machen, um meine Jacke zurückzubekommen, Mama?" Carola ließ ihn die alten Zeitungen hinaus in die Garage bringen. Dem Jungen machte das solchen Spaß, daß er nicht nur seine eigenen Sachen, sondern auch gleich die der anderen auslöste. Dann brachte er stolz jeden Gegenstand seinem Besitzer zurück und gab mit seiner Großzügigkeit an. Carolas achtjährige Tochter hatte einen Energieausbruch, während ihre Mutter außer Haus war, räumte das getrocknete Geschirr weg und spülte ein Becken voller Geschirr. „Ist das nicht schön, wie ich dir geholfen habe? Habe ich jetzt etwas im voraus ausgelöst?" Wieder ein Sieg! Sie bemerkte Dinge, die zu tun waren, ohne daß man es ihr sagen mußte.

Einige Wochen lang führte Carola diesen Acht-Uhr-Appell allabendlich durch; dann ließ sie ihn einschlafen, weil die Kinder viel besser darin geworden waren, hinter sich aufzuräumen. Drei Monate später führte sie ihn wieder für ein paar Tage ein, um das Prinzip zu verstärken. Warum funktionierte der Acht-Uhr-Appell so gut?

1. Die Kinder waren reif genug, um das Prinzip zu verstehen.
2. Die Acht-Uhr-Inspektion war leichter durchzusetzen als die ständige Kontrolle.
3. Die Extra-Service-Kiste wurde so aufgestellt, daß jeder sie sehen konnte.
4. Die Aufgaben zur Auslösung von Gegenständen waren ganz einfach gehalten – sie dauerten weniger als fünf Minuten im Tempo des Kindes, und es waren Aufgaben, die die Kinder normalerweise nicht zu erledigen hatten.
5. Die Eltern gaben sich besondere Mühe, den Kindern jede Menge positiver Aufmerksamkeit zu geben, wenn sie Dinge auch zu anderen Zeiten aufhoben und wegräumten.
6. Oft wurde zur Erinnerung eine kleine Vorwarnung gegeben, bevor die Eltern ihre Runde machten.
7. Die Sachen, die die Kinder in ihren eigenen Zimmern herumliegen ließen, zählten nicht; sie fielen unter das tägliche Aufräumen, das jedes Kind ohnehin in seinem Zimmer zu erledigen hatte, und unter das gründliche Aufräumen am Samstag.

Ist die Konsequenz vereinbar mit fürsorglicher Liebe? Eine typische Aussage ist, daß die Konsequenz dafür, daß man zu spät zum Essen erscheint oder nicht kommt, wenn man gerufen wird, darin besteht, daß man eben kein Essen bekommt. Doch das Vorenthalten von Nahrung ist keine gute Bestrafung, besonders für kleine Kinder, denn es löst eine psychische Kettenreaktion aus. Der Verstand des Kindes produziert Phantasien, in denen die Eltern Monster sind, die sogar ihr eigenes Kind hungern lassen, und die ganze Episode löst eine solche Empörung aus, daß die Lektion wirkungslos bleibt. Was aber sollen wir mit einem Kind tun, das zu spät zum Abendessen kommt? Lassen wir es im Stehen oder allein essen. Es kann essen, was übriggeblieben ist, und sein Geschirr selbst abwaschen. Wenn das Kind noch zu klein ist, um abzuwaschen, ist es erst recht noch zu klein, um zu verstehen, warum es nichts zu essen bekommt. Versuchen Sie, die Lektion mit einer anderen Methode zu erteilen. Überlegen Sie sich, wie das Kind gerufen wurde. Gab es eine Warnzeit? Und was ist mit Kindern, die beim Essen unendlich lange brauchen und herumtrödeln? Machen Sie es genauso. Essen Sie einfach. Wenn alle anderen fertig sind, wird abgeräumt. Lassen Sie das Kind entweder alleine zu Ende essen und hinterher abräumen, oder erklären Sie, daß die Essenszeit vorüber ist, und räumen Sie das Essen ab. Der Trick ist, keine Naschereien zwischen den Mahlzeiten zuzulassen. Ständiges Drängeln während der Mahlzeit ist nicht nötig. Das Kind wird schon lernen, dann zu essen, wenn es etwas zu essen gibt, und sich den Appetit nicht für spätere Naschereien aufsparen.

Die Psychologin Selma Fraiberg schreibt dazu: „Ob eine Disziplinierungsmethode funktioniert oder nicht, hängt von der fundamentalen Beziehung zwischen einem Kind und seinen Eltern ab." Wenn nichts funktioniert, „liegt die Antwort nicht in einer noch raffinierteren Disziplinierungsmethode, sondern in einer Überprüfung der Eltern-Kind-Beziehung". Kinder können so einfallsreich in ihren Methoden sein, sich Aufmerksamkeit zu verschaffen und Erwachsene zu manipulieren, daß es unfair erscheint, daß Erwachsene nicht über einen ebenso guten natürlichen Instinkt für ihren Umgang mit Kindern verfügen. Wir müssen uns zusammenschließen und all unsere Ideen zusammentragen, um ihrem Fehlverhalten erfolgreich zu begegnen. Vielleicht können Ihre eigenen Eltern oder Großeltern Ihnen wertvolle Ratschläge geben. Reden Sie mit anderen, lesen Sie, soviel Sie können, und beteiligen Sie sich aktiv an Eltern-Lehrer-Gruppen und Interessengruppen in der Kirchengemeinde, um sich Unterstützung für ihre Erziehungsbemühungen zu holen.

„Ist die Strafe exzessiv, d. h. übersteigt sie die Toleranz des Kindes, so hat sie keinerlei nützliche Auswirkungen und wird nur das Gefühl des Kindes nähren, ungerecht behandelt zu werden, und Anlaß zu feindseligen und rachlüsternen Gefühlen geben", fährt Fraiberg fort. Ein Vater sagte zu seinen Kindern: „Wenn ihr nicht den Abwasch erledigen könnt, ohne euch zu streiten, schätze ich, ihr braucht mehr Übung", und damit räumte er sämtliches Geschirr aus den Schränken und ließ sie alles abwaschen. Lernten sie daraus, sich nicht mehr zu streiten, oder waren sie sauer aufeinander und zornig auf den Vater? Ein anderer Vater sagte: „Wenn ihr euch immer streiten müßt, wenn ihr abwascht, dann müßt ihr euch eben künftig darin abwechseln, alleine abzuwaschen. Es ist ein Vorrecht, das zusammen tun zu können."

Ein Lehrer schickte jeden Schüler, der eine Frage beantwortete, ohne sich zu melden, für fünfundvierzig Minuten hinaus. Brachte das dem Kind bei, seine Hand zu heben, bevor es mit der Antwort herausplatzte? Nein, das Kind gewöhnte sich das Antworten ganz ab. Dasselbe passierte in einer Familie, wo die Mutter ihre beiden Töchter für eine Stunde in ihre Zimmer schickte, wann immer sie anfingen, sich zu streiten. Nach drei Tagen hatte das Streiten aufgehört, aber sie spielten auch nicht mehr zusammen. Der Lehrer und die Mutter machten zwei Dinge falsch: 1) Sie versäumten es, zusammen mit der Konsequenz für das falsche Verhalten auch das erwünschte Verhalten positiv zu verstärken. 2) Die Strafzeiten waren zu lang. Fünf oder zehn Minuten auf dem Flur oder im Zimmer sind meistens genug für ein Kind, um sich wieder in die Gewalt zu bekommen. Eine Frau erzählte einmal von einer phantastischen Konsequenz, die ihre Mutter anwendete: „Wenn ihr euch streitet, müßt ihr Fenster putzen, jede auf einer Seite, bis ihr euch anlächelt."

Ist die Konsequenz zu stark? Vorsicht ist angebracht, wenn Sie natürliche Konsequenzen als Ergebnis einer falschen Entscheidung zulassen. Sie werden sicherlich nicht Ihr Kind von einem Auto überfahren lassen, nur weil es die falsche Entscheidung getroffen hat, auf die Straße zu gehen. Die gleiche Vorsicht ist bei der Gestaltung logischer Konsequenzen angebracht, damit ein Kind keinen psychischen oder sozialen Schaden nimmt. Ja, weh tun darf es ruhig ein wenig, aber das Selbstbild oder die Hoffnung zerstören – nein! Ein Beispiel: In einer Zeitung wurde von einem zehnjährigen Jungen berichtet, der zum Geburtstag ein Zehn-Gang-Rad einschließlich Anweisungen zu Gebrauch und Pflege bekam. „Auf der Hauptstraße wird nicht gefahren, und du stellst das Rad immer in die Garage." Nach nur *einer* Warnung, nachdem der Junge das Rad hatte draußen stehen lassen, verkaufte der Vater das Rad und behielt das Geld. Der junge Mann heulte sich die Augen aus. In diesem Fall war es so, daß er beschloß, sich das Geld für ein neues Fahrrad zu verdienen, um das er sich dann richtig kümmern wollte, so daß dieser Vorfall als Erfolgsgeschichte berichtet wurde. Doch in den meisten Fällen dürfte ein Zehnjähriger wohl kaum die Möglichkeit haben, sich genügend Geld für ein Fahrrad zu verdienen. Die meisten hätten daraus nicht gelernt, Verantwortung zu übernehmen, sondern Verbitterung wäre die wahrscheinlichere Folge gewesen. Wenn eine Strafe, und sei sie noch so logisch, zu streng ist und die Toleranzschwelle des Kindes übersteigt, wird sie mehr Schaden als Nutzen anrichten. Wenn Sie Ihren Wagen im Parkverbot abstellen, bekommen Sie wahrscheinlich ein Knöllchen oder werden womoglich sogar abgeschleppt, aber würde der Bürgermeister Ihr Auto verkaufen? Nein. Welche andere logische Konsequenz wäre für einen solchen Zehnjährigen geeignet, der noch mit der Gewohnheit kämpft, Dinge draußen herumstehen zu lassen? Man könnte das Rad für einen oder zwei Tage „beschlagnahmen". Man könnte ihm eine Möglichkeit vorschreiben, es sich „zurückzuverdienen". Wenn wir die Konsequenzen zu streng gestalten, kann das genauso schädlich sein, wie wenn wir das Kind vor allen Konsequenzen bewahren.

Nehmen wir ein Beispiel aus dem Bereich Geld. „Wenn du etwas kaputtmachst, bist du dafür verantwortlich und solltest es bezahlen." Aber bis zu welchem Grad ist das Kind haftbar? Wenn es die Tulpen der Nachbarn herausreißt, können Sie ihm eine Möglichkeit bieten, das Geld für den Ersatz der Blumen zu verdienen. Aber wenn er nun die Windschutzscheibe der Nachbarn kaputtmacht?

Ein Lehrer verkündete seinen Fünftkläßlern, daß jeder, der eine Hausaufgabe verspätet abgebe, eine Woche lang nicht in die Pause dürfe. Er war der Meinung, es sei an der Zeit, ihnen Verantwortungsbewußtsein beizubringen, um sie auf die weiterführende Schule vorzubereiten. Er blieb bei seiner Drohung, ohne Ausnahmen. Für die gewissenhafte Schülerin, deren Hausaufgabe von ihrem zweijährigen Bruder zerrissen worden war, war das eine verheerende Konsequenz. Die Schüler, die sich nicht so anstrengten, gaben bald auf, es auch nur zu versuchen, denn zwei, drei oder vier Wochen ohne Pause ist eine Ewigkeit. Und wenn er nun die Konsequenz etwas weniger stark gemacht hätte – vielleicht nur eine Pause? Als diese Schüler dann auf die weiterführende Schule kamen, stellten sie fest, daß es dort sowieso nicht so zuging, wie er gesagt hatte; dort zogen die Lehrer einfach für jeden Tag Verspätung zehn Prozent von der Note für den Aufsatz ab.

Wenn eine Konsequenz zu streng ist, ändern Sie sie. Gute Konsequenzen bauen Akzeptanz auf, schlechte bauen nur Groll auf. Ein anderes Beispiel: Mama und Papa kamen von der Arbeit nach Hause und stellten fest, daß ihre beiden Söhne die Küche nicht so aufgeräumt hatten, wie es ihre Aufgabe gewesen wäre. „Das ist so unhygienisch, daß man hier weder kochen noch essen kann." Sie machten auf dem Absatz kehrt und aßen in einem Restaurant, und die Jungen mußten sich selbst versorgen. Das passierte drei Tage hintereinander; am vierten Tag dann war die Küche sauber, als sie von der Arbeit nach Hause kamen. Hätte diese Methode in den meisten anderen Familien auch funktioniert? Nein. Anderswo hätten sich die Jungen Brote mit Erdnußbutter und Marmelade gemacht und sich vor den Fernseher gesetzt, oder vielleicht hätten sie sich einfach bei Freunden eingeladen. Wir müssen auch mehr über die Begleitumstände wissen. Waren die Kinder überhaupt in der Lage, die Küche ganz allein in Ordnung zu bringen? Wer hatte die Küche in Unordnung gebracht? War das noch das gesammelte Chaos vom Wochenende? Brauchen diese Jungen vielleicht mehr Hilfe und Anleitung, wie man mit einem so monströsen Chaos fertig wird? Gibt es vielleicht einen passenden Anreiz, etwa die Eisbechertabelle, um positives Verhalten zu belohnen? (Das wäre zumindest billiger, als drei Abende hintereinander essen zu gehen.) Das Prinzip, das den Eltern vorschwebte, war schon richtig – „Wenn *dies* nicht fertig ist, können wir *das* nicht tun" – aber vielleicht brauchten die Jungen einfach mehr Training, um die erste Aufgabe bewältigen zu können. Andererseits kann es auch sein, daß die Eltern recht hatten und die Jungen einfach nur faul waren und eine kleine Lektion brauchten.

Sind Zorn, Ärger oder Rachegefühle daran beteiligt, daß ich diese Konsequenz anwende? Wenn ein Kind seine morgendlichen Aufgaben vernachlässigt, sollte der Elternteil es dann aus der Schule nach Hause holen, damit es sie nachholt? Ein Schulleiter meint dazu: „Wenn eine Mutter unter solchen Umständen ein Kind abholen will, ist sie meistens sehr wütend, ist zu Hause nicht konsequent genug gewesen, jetzt plötzlich bricht alles über ihr zusammen, und sie will es an dem Kind auslassen. Das kann nur wieder zu einer negativen Erfahrung führen." Eine solche Konsequenz wäre nur dann logisch, wenn die Eltern zuvor zu Hause – im Lehren, im Training, in der Beharrlichkeit und in der positiven Verstärkung – ebenfalls außerordentlich konsequent waren, und das ist nur in den seltensten Fällen so. Was soll ein Elternteil also tun, wenn ein Kind sich in die Schule verdrückt, ohne seine morgendlichen Aufgaben wahrgenommen zu haben? Wenn der Job erledigt werden muß und nicht warten kann, wäre eine Ersatzaufgabe angebracht; ansonsten bleibt die Aufgabe eben liegen, bis das Kind nach Hause kommt. Am besten schreitet man gleich ein, bevor das Kind in die Schule geht, vielleicht, indem man sich eine Zeitlang mehr auf die morgendliche Beaufsichtigung konzentriert. Eltern, die darauf bestehen, daß die Arbeit vor der Schule erledigt wird, haben die natürliche Konsequenz der Verspätung in der Hand, um das Kind zur Eile zu motivieren. Vielleicht gibt es aber gute Gründe dafür, die morgendlichen Aufgaben nicht fertigzubekommen. Was passiert, wenn Sie es an einem Morgen nicht schaffen, Ihr Bett zu machen? Dann machen Sie es eben, wenn Sie nach Hause kommen. Kommt dann etwa Ihre Nachbarin herüber und macht Ihnen Dampf? Eine Mutter entschied sich, die Aufgaben ihrer Kinder bis nach der Schule liegen zu lassen, wenn sie am Morgen nicht erledigt wurden. Doch sie bemerkte, daß die liegengebliebenen Aufgaben direkt nach der Schule so viel Zeit erforderten, daß keine freie Zeit zum Spielen mehr blieb – ein notwendiges Ventil nach den Beschränkungen und dem Druck in der Schule. Es war ihr nicht so wichtig, daß die Dinge sofort erledigt wurden, aber um fünf Uhr war die Spielzeit vorbei, der Fernseher wurde ausgeschaltet, und *alle* erledigten ihre Aufgaben für den Tag. Die logische Zeitgrenze war, daß bis zum Abendessen alles erledigt werden mußte, und dann sorgte sie dafür, daß diese Stunde für die Arbeit reserviert blieb. Versuchen Sie, mit Ihren Konsequenzen fair und freundlich zu bleiben.

Ist diese Konsequenz erkennbar aus dem Vergehen abgeleitet? Viele Erwachsene entziehen als Strafe für unerledigte Arbeiten oder schlechtes Benehmen das Taschengeld. Das hängt davon ab, welche Logik bei Ihnen hinter dem Taschengeld steht. Wenn es als Bezahlung für die Erledigung bestimmter Aufgaben gegeben wird, dann gibt es eben keines, wenn der Job nicht erledigt ist. Geben Sie jedoch Taschengeld als Material, um die Kinder Erfahrungen im Umgang mit Geld machen zu lassen und ihnen kluge Kaufgewohnheiten beizubringen, und gehen Sie ansonsten davon aus, daß jedes Kind sich im Rahmen seiner familiären Verantwortung an der inneren und äußeren Instandhaltung und Pflege Ihres Hauses beteiligt, dann ist es nicht ratsam, das Taschengeld als Disziplinierungswerkzeug zu benutzen.

Ausgerechnet an dem Tag, an dem Bonnie anfing, über dieses Thema der logischen Konsequenzen zu schreiben, kam sie um zehn Uhr abends nach Hause und stellte fest, daß ihr Fünfjähriger, der eigentlich um acht Uhr hätte im Bett liegen sollen, noch auf war. Er wurde ins Bett geschickt. Mama, Papa, der große Bruder und die große Schwester bekamen Stracciatella-Eis mit

Schokosauce. Er war am Boden zerstört. „Kriege ich kein Eis?“ „Nein, weil du nicht ins Bett gegangen bist, als du solltest“, kam die Antwort. Zehn Minuten später kam er noch einmal ins Zimmer, wo sie die Nachrichten anschauten. „Aber Mama, wenn ich ins Bett gegangen wäre, als ich sollte, hätte ich doch auch kein Eis bekommen.“ Heller Junge. Der Grund, den sie für die Strafe nannte, hatte die falsche Beziehung zu dem Vergehen – das Kind erkannte die Ungerechtigkeit, und die Lektion war umsonst. (Das Eis bekam er freilich trotzdem nicht.)

Die erste Form der logischen Konsequenz ist: „Wenn ein Vorrecht mißbraucht wird, wird es für eine gewisse Zeit gestrichen.“ Eine junge Mutter mit einem drei und einem fünf Jahre alten Kind stellte fest, daß ihre Kinder immer alles herauszogen, wenn sie im Wohnzimmer spielten. Es wurde so schlimm, daß man kaum noch gehen konnte. Aufgeräumt wurde nichts, wenn Mama nicht dabei half. Die Kinder spielten mit Mama, nicht mit den Spielsachen. Sie genossen die Zeit, die sie damit verbrachte, aufzuräumen und wegen der Unordnung mit ihnen zu schimpfen. Ein Teil der Lösung bestand darin, die Spielsachen, die zuvor alle zusammen in großen Spielzeugkisten aufbewahrt wurden, in kleinere Beutel und Schachteln zu sortieren. Dann nahm sie mehr als die Hälfte davon in Gewahrsam, um sie umschichtig gegen andere Sachen auszutauschen. Diese veränderten Umstände trugen auch zu einer Verhaltensänderung bei den Kindern bei. Die junge Mutter lernte dadurch auch, daß kleine Kinder abstrakte Konzepte wie Sauberkeit noch nicht erfassen können und viel elterliche Geduld und Hilfe benötigen, bis sie mindestens sechs oder sieben Jahre alt sind. Darum war es besser, die Umstände zu vereinfachen, bis die Kinder auch eine größere Menge an Spielsachen bewältigen konnten.

Lassen Sie vernünftige Konsequenzen geschehen, solange sie nicht zu stark sind oder dem Kind physischen oder geistigen Schaden zufügen. Natürlich wird es Tränen und Trauer geben. Ein Vater berät sich mit seinen Kindern und fragt: „Was hast du aus deinem Fehler gelernt?“ Wenn er das Gefühl hat, daß das Kind aus dem Erlebnis gelernt hat, „ist das Strafe genug“. Aufgabe der Eltern ist es, zu unterstützen und zu ermutigen: „Du wirst das schaffen", „Ich bin bei dir." Mit manchen Problemen muß sich das Kind allein auseinandersetzen. Manchmal müssen wir lernen, zu dem Flehen der Kinder heute nein zu sagen, damit wir morgen zu ihrer Fröhlichkeit ja sagen können.

Kinder sind empfindsam. Wo Disziplinierung nötig ist, zeigen Sie bald darauf besonders viel Liebe, sonst könnte das Kind anfangen, Sie als seinen Feind zu sehen. Achten Sie darauf, daß die Konsequenzen fair sind und sich aus dem Vergehen ergeben. Explodieren Sie nicht einfach und sagen: „Du darfst nicht zu der Geburtstagsfeier" oder streichen irgendeine bevorstehende Vergünstigung. Fragen Sie sich: „Ist das die Art und Weise, wie ich mir wünschen würde, daß jemand mit mir redet?" „Würde ich so mit dem Kind einer Freundin reden?" Halten Sie die Konsequenzen einfach, so daß das Kind den Zusammenhang zwischen der Tat und der Konsequenz verstehen kann. Wenn möglich, geben Sie eine Vorwarnung: „Bitte sei dir darüber im klaren, daß dieses Verhalten folgende Konsequenz haben wird ..." Gute Konsequenzen fördern Selbstbeherrschung, Fairneß und Respekt vor den Regeln.

Kapitel 9

Im Kinderzimmer kann Ordnung herrschen

Eines der größten Probleme für Eltern ist das Chaos im Kinderzimmer. Wenn wir die Pflege des Zimmers völlig dem Kind überlassen, könnte es den Entschluß fassen, es nicht in Ordnung zu halten, und sich statt dessen einfach an das Chaos gewöhnen – ein harter Schlag für das Selbstbild des Kindes (und seine zukünftigen Zimmergenossen und Ehepartner). Bringen dagegen stets die Eltern das Zimmer für das Kind in Ordnung, wird das Kind zwar lernen, es sauber und ordentlich zu mögen, aber immer erwarten, daß jemand anderes für diese Ordnung sorgt. Keine dieser Einstellungen ist gesund. Halten Sie sich lieber an die Theorie, daß es besser ist, Kindern beim Ordnunghalten in ihren Zimmern zu helfen, so daß sie lernen, Ordnung zu schätzen, und stolz auf sich sind, als sich zurückzuziehen, die Tür zuzumachen und sie in ihrem Chaos leben zu lassen.

Gehen Sie davon aus, daß Kinder es gern haben, wenn ein Zimmer ordentlich ist. Das merken Sie daran, daß Kinder, sobald ein Zimmer aufgeräumt ist, sofort dort spielen wollen. Kaum haben wir die Küche in Schuß, möchte jemand Kekse backen. Gerade eben haben wir das Wohnzimmer in Ordnung gebracht, und schon will jemand ein Puzzle beginnen oder die Bauklötze hervorholen. Doch obwohl Kinder das gute Gefühl, in einem sauberen Zimmer zu leben, gerne mögen, sind sie oft noch zu unreif, um das Zimmer in diesem Zustand zu halten. Sie brauchen die Hilfe eines Erwachsenen, der sie anleitet und motiviert und darauf besteht, daß ein Minimum an Sauberkeit herrscht.

Der erste Schritt, um dem Kind zur Ordnung im Kinderzimmer zu verhelfen, ist die Abschätzung der Ursachen des Problems. Nehmen Sie sich dreißig Minuten Zeit, setzen Sie sich auf den *Fußboden* des Kinderzimmers und denken Sie über Ursachen und mögliche Lösungen nach. (Halten Sie dabei einen Block und einen Stift bereit.) Betrachten Sie das Zimmer aus der Perspektive des Kindes – darum sollten Sie sich auf den Boden setzen. Bei der Einschätzung des Zimmers halten Sie Ausschau nach Möglichkeiten, (1) die Anzahl der Gegenstände auf ein dem Alter und der Reife des Kindes angemessenes Maß zu reduzieren, (2) das Zimmer so einzurichten, daß es für das Kind so einfach wie möglich ist, aufzuräumen und sauberzumachen, und (3) jedem Gegenstand im Zimmer einen festen Platz zuzuweisen.

Reduzieren Sie die Anzahl der Gegenstände. Betrachten Sie die Struktur und die räumlichen Begrenzungen des Zimmers. Befindet sich zuviel darin? Wenn sich vier Jungen ein Zimmer teilen, dann liegt auf der Hand, daß nicht jeder soviel Spielzeug haben kann wie ein einzelnes Kind. Gibt es eine Möglichkeit, einen Teil der Habseligkeiten des Kindes anderswo unterzubringen? Besser noch, braucht es wirklich all diese Dinge? Vielleicht würde es sein Leben vereinfachen, wenn es einige dieser Dinge los wäre. Manchmal ist es leichter für Eltern, ihr Schlafzimmer in Ordnung zu halten, weil sie noch über andere Orte verfügen, wo sie wertvolle Dinge und Geräte verstauen können, doch ein Kind bewahrt vielleicht seine ganze Habe in seinem Zimmer auf. Stellt man seine Unreife in Rechnung, so ist für ein Kind die Forderung, sein Zimmer aufzuräumen, vergleichbar mit der Forderung an einen Erwachsenen, am Ende des Winterschlußverkaufs bei C&A aufzuräumen. Vielleicht können Sie diesem Kind helfen, einen Teil seiner Sachen auf dem Speicher unterzubringen und einen anderen Teil wegzugeben. Nachdem die Sachen für eine Weile außer Sicht sind, merkt es vielleicht selbst, daß es sie nicht braucht, und dann könnten sie auf einem Flohmarkt verkauft oder gespendet werden. Es kann sehr erhellend sein, wenn Sie sich diese Fragen stellen, wie es eine Mutter tat, die ihre dreiundzwanzigjährige Tochter in einem fürchterlich aussehenden Zimmer vorfand. Sie hatte genug Zeug in ihr Zimmer gestopft, um ein ganzes Haus zu füllen – Hochzeitsgeschenke von einer zerbrochenen Ehe und die *gesamte* Ausstattung für ein neugeborenes Baby. Nachdem das Problem erst einmal identifiziert war, machten sie sich zusammen an die Arbeit, um die meisten der Sachen in Kartons zu verpacken und für eine Weile auf den Speicher zu bringen.

Prüfen Sie die Einrichtung des Zimmers. Während Sie dort auf dem Fußboden sitzen, halten Sie Ausschau nach Möglichkeiten, das Zimmer so einzurichten, daß ein kleiner Mensch besser damit zurechtkommt. Wie ist es mit dem Bett? Sind die Laken, Decken und die Tagesdecke leicht zu handhaben, oder sind sie von der Sorte, die Erwachsene hübsch und niedlich finden, die aber schwierig sauber zusammenzulegen sind? Vielleicht wäre eine Tagesdecke mit einer langen Naht, die anzeigt, wo die Seiten des Bettes sein sollten, besser. Eine beziehbare Bettdecke ist besser als ein Laken mit einer Wolldecke. Wenn Sie genug Platz haben, rücken Sie das Bett etwas von der Wand ab, damit es von allen Seiten zu erreichen ist. Auf der Suche nach Wegen, dem Kind den Umgang mit dem Zimmer leichter zu machen, fragen Sie sich auch: „Kann das Kind Jacke und Bademantel selbst aufhängen?“ Wenn nicht, wäre es vielleicht mit Haken leichter als mit Kleiderbügeln. Wahrscheinlich brauchen Sie einen Papierkorb und irgendeine Art von Wäschebehälter im Zimmer. Schuhkartons in den Schubladen sind hervorragend als Einteilungen für

Socken, Unterwäsche, Gürtel und Schlafanzüge geeignet. Während Sie auf dem Boden sitzen und sich ein Bild machen, werden Ihnen manche guten Ideen einfallen, aber Sie sollten nicht vergessen, auch das Kind zu fragen, was es dazu meint.

Weisen Sie jedem Gegenstand einen festen Platz zu. Dabei braucht ein Kind die Hilfe eines Erwachsenen. Gehen Sie die folgende Liste durch und kreuzen Sie die Dinge an, die noch einen Aufbewahrungsort brauchen. Das Zimmer eines zweijährigen Kindes wird etwas anders aussehen als das eines Siebtkläßlers, und ein Kind, das ein Zimmer für sich hat, kann flexibler sein als mehrere Kinder, die sich ein Zimmer teilen. Passen Sie diese Vorschläge an Ihre Umstände an.

☐ Gibt es einen Schlafplatz, den das Kind wirklich gut bewältigen kann?

☐ Gibt es einen Platz, um die sauberen Kleidungsstücke aufzuhängen? Normalerweise wird das ein Schrank sein. Ist die Stange niedrig genug? Wenn Sie den Schrank nicht dauerhaft verändern wollen, hängen Sie von der höheren Stange mit Schnüren einen Besenstiel ab. Ein kleineres Kind kann saubere Kleidungsstücke vom Bügel ziehen, aber sie wieder auf den Bügel zu hängen, erfordert schon einiges Geschick. In diesem Alter tragen Kinder oft Kleidungsstücke nur für einen Tag und tun sie dann in die Wäsche, aber was ist mit dem Bademantel, den Jacken und Pullovern, die nicht jedesmal gewaschen werden müssen? Vielleicht wären Haken die beste Lösung. Manche Kinder brauchen gar keinen Schrank mit Kleiderstange, weil alles, was sie tragen, zusammengelegt werden kann.

☐ Gibt es einen Platz für Kleidungsstücke für die anderen Jahreszeiten oder solche, in die das Kind noch nicht hineingewachsen ist? Oft hängen wir auch die noch zu großen oder für die Jahreszeit nicht geeigneten Kleidungsstücke in den Schrank, weil das Kind sowieso nicht den ganzen Platz für die gegenwärtig benötigten Kleidungsstücke braucht, aber das macht das Ordnunghalten schwieriger. Versuchen Sie, diese zusätzlichen Kleidungsstücke in stabilen Kartons auf dem

Schrank oder in einem anderen Raum, vielleicht in der Waschküche, zu lagern.

[?] Gibt es einen Platz für Schuhe und Stiefel? Lassen sich die vielleicht unter dem Bett unterbringen? Gibt es ungenutzten Raum am Ende des Kleiderschrankes, den man mit kleinen Regalböden ausstatten könnte?

[?] Gibt es einen Platz für schmutzige Kleider? Sie wären überrascht, wie viele Erwachsene von ihrem Kind erwarten, jedesmal, wenn es sich auszieht, seine dreckige Wäsche zu einem zentralen Wäschekorb im Bad oder im Keller im Waschhaus zu bringen. Versuchen Sie, einen Behälter wie einen Wäschekorb oder eine mit Tapete beklebte Kiste in das Zimmer oder den Schrank zu stellen.

[?] Gibt es einen Platz für saubere zusammengelegte Wäsche? Meistens hat das Kind Schubladen für saubere Kleidung. Wie ist es mit Mützen und Handschuhen? Vielleicht wäre eine Kiste im Schrank oder Haken an der Innenseite der Tür geeignet. In manchen Familien ist es Tradition, den Schlafanzug unters Kopfkissen oder in einen Wäschebeutel in Gestalt eines Stofftieres zu stecken. Helfen Sie dem Kind, das Ordnungssystem im Gedächtnis zu behalten, indem Sie Regale und Schubladen beschriften. Wenn Sie viele Kinder haben, organisieren Sie jede Kommode auf die gleiche Weise, z. B.: oberste Schublade – Wertgegenstände, zweite Schublade – Schlafanzüge, Unterwäsche und Socken, dritte Schublade – Hosen und Hemden, vierte Schublade – Allerlei. Ein Tip noch: Machen Sie das Ausmisten der Schubladen zu einer jährlichen Tradition, indem Sie das Geschenkpapier der Geburtstagsgeschenke des Kindes zum Auslegen der Schubladen verwenden. Und auch die Aufregung vor Weihnachten kann Kinder motivieren, Schränke und Schubladen auszumisten. „Wir brauchen Platz für neue Geschenke. Können wir ein paar von diesen Sachen an eine Familie in Not weitergeben?“

[?] Gibt es einen Platz für den Abfall?

[?] Gibt es einen Platz für Bücher? Die Lösung dafür kann ein Brett am Kopfende des Bettes sein, ein Regal aus Ziegelsteinen und Brettern oder auch Regalböden im Schrank.

Wenn Sie möchten, daß Ihr Kind gerne liest, schaffen Sie in seinem Zimmer Platz für Bücher.

- ☐ Gibt es einen Tisch oder Schreibtisch? Besonders ab der fünften Klasse ist es wichtig, daß das Kind einen festen Platz hat, wo es seine Hausaufgaben machen kann; das könnte freilich auch ein anderer reservierter Bereich in Ihrem Haus sein.
- ☐ Gibt es einen Platz für die Schulbücher und die anstehenden Schulaufgaben?
- ☐ Gibt es einen Platz für die fertigen Aufsätze und Hausaufgaben? Vielleicht ist ein richtiger Aktenschrank oder einfach ein Karton im Schrank die Lösung.
- ☐ Gibt es einen Platz, um Spielzeug aufzubewahren? Für alles außer großen Spielzeugen sind Spielzeugkisten die schlechtestmögliche Aufbewahrungsmethode. Jedesmal, wenn die Kinder ein Spielzeug suchen, schütten sie die ganze Kiste aus und richten ein riesiges Chaos an. Spiele und Puzzles mit vielen Einzelteilen finden selten wieder zusammen, nachdem sie einmal in einer Spielzeugkiste gelandet sind. Überlegen Sie, ob sich die Spiele, Bauklötze und Puzzles nicht in Beutel oder Schachteln sortieren lassen. Verschließen Sie die Schachteln mit langen Gummibändern, damit nicht alles herausfällt, wenn das Kind sie fallen läßt. Kaufen Sie billiges elastisches Kleiderband und heften Sie die Enden zusammen – fertig sind Ihre eigenen stabilen Gummiverschlüsse. Haken im Schrank, eine Hakenleiste an der Wand oder ein Garderobenständer können als Aufbewahrung für diese Spielzeugbeutel dienen. Für die Stofftiere könnte man einen senkrechten Pfosten in der Ecke aufstellen, mit Haken versehen und jedes Tier mit einem Bändchen um den Hals daranhängen. Oder hängen Sie in geeigneter Höhe an einem Blumenhaken in der Decke eine lange, dicke Holzstange auf, in die Sie Haken einschrauben, an denen Spielsachen aufgehängt werden können. Oder befestigen Sie ein Fischernetz in einer Ecke des Zimmers als eine Art Hängematte für Puppen und Stofftiere.
- ☐ Gibt es Platz, um Dinge auszustellen? Kleine Dinge, die Ihrem Kind wichtig sind, brauchen einen Platz, besonders, wenn es kleinere Geschwister gibt, die sie kaputtmachen könnten.

Ein schlichtes Regalbrett oder Eckregal bietet sich dafür an. Wenn es mehr Gegenstände gibt, die darauf passen, dann wechseln Sie sie von Zeit zu Zeit aus. Eine Pinnwand oder Wäscheleine an der Wand könnte dazu dienen, Poster oder Kunstarbeiten aufzuhängen. Es gibt Bilder und Erinnerungen, die man gern in einem Sammelbuch aufbewahrt, um sie späteren Generationen zu zeigen. Vermitteln Sie dem Kind ein Gespür dafür, was es sich aufzubewahren lohnt. Alte, verschwommene oder dunkle Bilder haben keinen Wert. Beschriften Sie Bilder mit Namen und Daten, damit sie später leichter zu identifizieren sind.

☐ Gibt es noch andere Ordnungs-Hilfsmittel? Spiegel, Kalender, Stiftehalter und Nadelkissen können einem Kind helfen, Ordnung zu halten.

Auch wenn dies eine ziemlich lange Liste ist, werden Sie als Elternteil feststellen, daß sie Ihrem Kind hilft, nicht mehr Dinge zu haben, als es bewältigen kann. Lassen Sie Hobbys und Sammlerleidenschaften nicht ausufern

Vielleicht ist es auch nötig, über Ihre Schenkgewohnheiten zu Festtagen und Geburtstagen nachzudenken oder mit den Großeltern über diese Dinge zu sprechen.

Grenzen setzen

Die Plätze, die Sie zur Aufbewahrung bestimmter Dinge bereitgestellt haben, können eine automatische Mengenbegrenzung mit sich bringen. Eine Schachtel für die Schulpapiere ist eine Begrenzung. Wenn die Schachtel voll ist, geht das Kind die Papiere durch und behält nur diejenigen, die ihm am wichtigsten sind. Hat es Dinge erst einmal für eine Weile aufgehoben, so wird sich die emotionale Bindung schon etwas abgeschwächt haben, so daß es ihm leichter fällt, sich von Dingen zu trennen. Auch eine Pinnwand oder ein Schnickschnackregal haben ihre Grenzen. Sind sie voll, müssen einige der Papiere oder Hobbygegenstände anderweitig gelagert werden.

Eine andere wichtige Begrenzung, die bedacht werden muß, ist die der Kleidung. Wie oft waschen Sie? Jeden zweiten Tag? Einmal in der Woche? Zählen Sie die Anzahl der Tage zwischen den Wäschen, fügen Sie zwei hinzu, und das könnte die Begrenzung der Menge der im Umlauf befindlichen Kleidungsstücke sein. Oft haben wir zwei- bis dreimal so viele Kleidungsstücke in den Schränken und Truhen, und das macht es um so schwerer, das Zimmer in Ordnung zu halten. Viele dieser Kleidungsstücke werden niemals getragen. Wir neigen dazu, so viele Kleidungsstücke in den Schrank zu hängen, wie auf die Stange passen, anstatt sie auf die Zahl zu begrenzen, mit der das Kind gut umgehen kann. Vielleicht können Sie einen Teil davon auch rotieren lassen. Manche Leute finden es am besten, Kleidungsstücke, die nicht zur Jahreszeit passen oder noch zu groß sind, in Kartons auf dem Schrank oder unter dem Bett aufzubewahren. Es ist so schwer, Ordnung zu halten, wenn man zuviel hat, selbst wenn genügend Platz vorhanden ist. Helfen Sie Ihrem Kind, zu lernen, mit wenigen Dingen gut zurechtzukommen. Wenn ein Kind ein Kleidungsstück nie trägt, schlagen Sie Möglichkeiten vor, es mit anderen Kleidungsstücken zu kombinieren. Wenn den Kindern ein Kleidungsstück nicht gefällt, machen Sie das Leben nicht komplizierter; sortieren Sie es einfach aus.

Auch die Menge der Spielsachen muß begrenzt werden. Überlegen Sie sich ein Rotationssystem, bei dem manche Spielzeuge für eine oder zwei Wochen aus den Spielzeugregalen aussortiert und durch andere ersetzt werden, die inzwischen woanders gelagert wurden. Für kleine Kinder sind alte Spielzeuge wie neu, wenn sie ihnen nur für einige Zeit aus den Augen waren.

Helfen Sie dem Kind, das Zimmer attraktiv zu machen

Sorgen Sie ab und zu für etwas Neues – das entfacht das Interesse. Schenken Sie dem Kind zum Geburtstag neue Bettwäsche oder einen Eimer Farbe. Schon ein Umstellen der Möbel beim Saubermachen vermittelt ein Gefühl der Neuheit und motiviert das Kind, einige Tage lang Ordnung zu halten. Im Kinderzimmer muß nicht *alles* neu sein, und es muß nicht aussehen wie ein Bild aus einer Zeitschrift, aber jede kleine Veränderung gibt dem Kind einen Motivationsschub.

Werfen Sie keine Sachen Ihres Kindes weg, ohne zu fragen

Eine Mutter erzählte uns, sie habe das Zimmer ihres siebenjährigen Sohnes im Griff. Während er in der Schule ist, geht sie seine Sachen durch, wirft alles unnütze Zeug weg und bringt das Zimmer in Schuß. Doch das *für* ihn zu tun, ist nur eine vorläufige Lösung. Dadurch lernt er nicht, mit seinen Habseligkeiten richtig umzugehen; er braucht Übung darin, Dinge loszulassen, die entsprechenden Entscheidungen selbst zu fällen. Der Himmel möge verhüten, daß dieser Junge sich nicht verändert hat, bis er erwachsen wird, oder schlimmer noch, daß er eine unserer Töchter heiratet! Setzen Sie Grenzen für das Kinderzimmer und leiten Sie das Kind an, Entscheidungen darüber zu treffen, was es behalten und wovon es sich trennen will. Sobald das Kind fünf oder sechs Jahre alt ist, sollten Sie es an allen „Wegwerf-Entscheidungen" beteiligen. Die Familie eines Soldaten, die etwa alle zwei Jahre umziehen mußte, hatte das Motto: „Was seit dem letzten Umzug nicht benutzt wurde, fliegt raus!" Selbst, wenn Sie genügend Platz haben, tun Sie dem Kind keinen Gefallen, indem Sie alles aufbewahren, wie ein junges Paar, das gerade in sein erstes Haus einzog, schmerzlich erfahren mußte. Es war ein kleiner Drei-Zimmer-Bungalow, gerade groß genug für sie und ihr neugeborenes Baby. Doch dann fuhren die Eltern des Mannes mit einem ganzen Lastwagen vor. Sie hatten *jedes* Spielzeug und Kleidungsstück aufbewahrt, das er als Kind je besessen hatte – riesige Modellflugzeuge, eine fast zwei Meter lange Seifenkiste und anderes mehr. Die Lösung, auf die das Paar verfiel, war, eine Garage zu bauen. Also überlegen Sie. Daß Ihr Kind jetzt etwas hat und gerne mag, bedeutet noch lange nicht, daß es diesen Gegenstand für den Rest seines Lebens mit sich herumschleppen will. Leiten Sie das Kind darin an, einige wenige Erinnerungsstücke zu behalten und sich von den anderen Sachen zu trennen, sobald sie nicht mehr von Interesse sind.

Helfen Sie dem Kind, sein Zimmer aufzuräumen

Wenn ein Zimmer über mehrere Tage hinweg unordentlich bleibt, zeigt das, daß elterliche Hilfe beim Saubermachen und Organisieren notwendig ist. Nicht alle, aber doch die meisten Kinder sind mit vierzehn Jahren in der Lage, ihr Zimmer selbst in Schuß zu halten, doch auch später noch lassen sie sich gelegentlich gern von den Eltern helfen. Mit etwa fünf oder sechs Jahren, wenn die Kinder in die Schule kommen und mehr Kontakte zu Freunden haben, fangen sie auch an, mehr zu sammeln; sie bekommen schönere Geschenke, die länger halten, und damit stellen sich die Probleme mit dem Sauberhalten des Zimmers ein. In dieser Phase ist die Konsequenz der Eltern gefordert. Die Eltern müssen nicht darauf bestehen, daß das Zimmer des Kindes jeden Tag neunundvierzig von fünfzig Punkten auf der Inspektionsliste erreicht; schließlich würden das auch die meisten Erwachsenen nicht schaffen. Helfen Sie statt dessen dem Kind, jeden Tag ein Minimum an Ordnung in seinem Zimmer zu halten (Sachen aufheben, Bett machen, Kleidungsstücke einräumen) und es einmal in der Woche, vielleicht am Freitagnachmittag oder Samstagmorgen, gründlich mit Staubsauger und Staubtuch zu bearbeiten. Diese ordentliche Umgebung wird dem Selbstbild des Kindes guttun, und Mama und Papa haben auch ihre Freude daran. Damit ist das Kind auch nicht an das Perfektionsideal gebunden, es müßte ständig alles picobello sein. Es gibt Größeres im Leben als ein blitzblankes Haus, doch eine ordentliche Umgebung setzt einen in vieler Hinsicht frei, andere Dinge zu tun, insbesondere Dinge, die Spaß machen und kreativ sind.

Helfen Sie dem Kind, ein Aufräumsystem zu erlernen, und unterteilen Sie das Aufräumen in kleinere Bereiche, so daß das Kind die Fortschritte *sehen* kann. Kinder sind fähig, ein größeres Durcheinander anzurichten, als sie wieder beseitigen können; das Aufräumen erfordert schon ein gewisses Geschick. Lassen Sie es mit dem größten Inventarteil anfangen. Fragen Sie: „Was ist der größte Gegenstand in deinem Zimmer?“ (Wahrscheinlich das Bett.) „Dann laß uns das zuerst in Ordnung bringen.“ Nachdem das Bett gemacht ist, können sowohl Elternteil als auch Kind schon den Fortschritt sehen – ein meßbarer Erfolg. Was ist die zweitgrößte Kategorie, der wir uns jetzt zuwenden? Vielleicht die Bücher oder die schmutzigen Kleidungsstücke. Manchmal kann es das Ganze auflockern, die Sachen nach Farben sortiert aufzuräumen: „Jetzt räumen wir alles weg, was rot ist“, und so weiter, eine Farbe nach der anderen.

Stellen Sie sich auf den Standpunkt, daß dies das Zimmer des Kindes ist – das Kind ist der Manager, und der Elternteil ist der „Berater“. Scheuen Sie sich nicht, zu fragen: „Was möchtest du, daß ich tue?“ – aber überlassen Sie dem Kind die Initiative. Worauf es Ihnen ankommt, ist mehr *Un*abhängigkeit, nicht Abhängigkeit. Leiten Sie das Kind beständig beim Aufräumen an. Es lohnt sich mehr, alles aufgeräumt zu haben, *bevor* man sich an das eigentliche Saubermachen wie Staubwischen, Fensterputzen oder Schubladenordnen macht. Wenn die Energie nachläßt, hat man schon etwas, das den Erfolg *zeigt* und dazu motiviert, bis zum Ende weiterzumachen. Das Prinzip ist, von außen nach innen zu arbeiten. Wenn das Saubermachen zu unangenehm ist oder zu lange dauert, wird das Kind es beim nächsten Mal um so länger vor sich herschieben – ein Teufelskreis, denn inzwischen wird das Durcheinander um so größer.

Ermutigung und positive Aussagen sind die Hauptgründe dafür, daß ein Elternteil das Kind während des Aufräumens begleiten sollte. Weisen Sie auf die Fortschritte hin, indem Sie den Zustand des Zimmers mit dem Durcheinander am Anfang vergleichen, aber machen Sie aus dem ordentlichen Zimmer kein moralisches Thema. Sagen Sie nicht: „Du bist ein böses Mädchen, wenn dein Zimmer unordentlich ist.“ Weisen Sie auch auf Erfolge hin, indem Sie sagen: „Schau mal, wie hübsch die Bücher aussehen, wenn sie alle auf dem Regal stehen!“ oder „Man braucht nur die Schranktür zuzumachen, und schon sieht es viel besser aus, nicht wahr?“ oder „In so einem aufgeräumten Zimmer zu spielen macht viel mehr Spaß“ oder „Ist das nicht ein tolles

Gefühl, das alles geschafft zu haben?“ oder „Wir haben es schon halb geschafft.“

Die Zwei-Punkte-Methode, um Kleidungsstücke in den Wäschekorb zu räumen, kann viel Spaß machen und Ihre Kinder zum Aufräumen motivieren. Wenn das Kind das Kleidungsstück in den Korb werfen kann, ohne daß etwas heraushängt, gibt es zwei Punkte. Statt dem Kind zum achtunddreißigsten Mal eine Gardinenpredigt über herumliegende Klamotten zu halten, heben Sie einfach einen Socken auf, werfen ihn in den Korb und verkünden: „Ich kriege zwei Punkte!“ Die meisten Kinder springen sofort darauf an und wollen auch Punkte machen, indem sie einen Korb werfen. Von da an zählt der Elternteil die Punkte, während das Kind die Kleidungsstücke aufhebt. Wenn etwas über den Rand hängt, gibt es nur einen Punkt. (Das ist eine Methode, nach jeder Bemühung des Kindes eine sofortige verbale Belohnung zu geben.) Als Elternteil wird es Ihnen nichts ausmachen, bei diesem Spiel drei zu zehn zu verlieren, denn eigentlich sind Sie der Gewinner; das Kind hat die Kleider aufgehoben, wie es von Anfang an Ihre Absicht war. Das Kind wird vermutlich sogar mit dem Spiel weitermachen, auch wenn kein Elternteil da ist, um es dazu anzustoßen, und es wird ihm zur Gewohnheit werden, seine getragenen Kleidungsstücke in den Korb zu werfen. Manchmal funktioniert dieses Spielchen auch mit Mamas und Papas Klamotten.

Wer sich angewöhnt hat, sein Zimmer in Ordnung zu halten, kann mächtig Zeit sparen, die ihm sein ganzes Leben lang zugute kommt. Indem man die fünf Grundsätze des „7500-Minuten-Zertifikats“ anwendet, kann man täglich dreißig Minuten einsparen. Dafür lohnt sich die tägliche Mühe!

7500-Minuten-Zertifikat

Gültig für den Inhaber nur, wenn die folgenden Regeln befolgt werden:

1. Richte dein Zimmer einfach ein. Weise jedem Gegenstand einen Platz zu.
2. Lagere die Dinge, die du nicht benutzt, und die Kleidungsstücke, die du nicht trägst, anderswo.
3. Reserviere den am leichtesten zugänglichen Platz für die Dinge, die du am häufigsten brauchst.
4. Mache als erstes jeden Morgen dein Bett.
5. Räume jeden Tag fünf Minuten lang in deinem Zimmer auf.

Dieses Zertifikat erneuert sich automatisch in jedem Jahr deines Lebens. Sein Wert liegt in der gesparten Zeit, in der du Dinge tun kannst, die du tun möchtest.

Aber was ist mit Kindern, die ganz besonders unordentlich sind? Vielleicht tröstet es Sie, zu wissen, daß nur eines von fünf Kindern ordentlich auf die Welt kommt, alle anderen müssen es lernen. Das erfordert Geduld, und auch wenn das entmutigend klingen mag, müssen Sie vielleicht nicht nur einige Wochen, sondern einige Jahre lang Ihrem Kind dabei helfen, Ordnung zu halten. Halten Sie wachsam Ausschau nach möglichen Ursachen des Problems, denn es könnte sein, daß das Zimmer nur ein Symptom für andere Probleme ist. Mit ungefähr zwölf Jahren machen manche Kinder ein typisches Stadium durch, in dem sie dagegen rebellieren, in ihrem Zimmer Ordnung zu halten. Denken Sie nach, und stellen Sie sich folgende Fragen: Sind vielleicht mehr Dinge im Zimmer, als das Kind bewältigen kann? Gebe ich genügend positive verbale Belohnungen? Fehlt es dem Kind an den nötigen Fertigkeiten? Vielleicht ist das Kind nur auf die Aufmerksamkeit eines Erwachsenen aus und weiß keinen anderen Weg, um sie sich zu verschaffen. Hüten Sie sich vor dem vernichtenden

Satz: „Wenn du noch nicht einmal jetzt dein Zimmer in Ordnung halten kannst, wie willst du denn einmal mit einem ganzen Haus zurechtkommen?“ Damit könnten Sie zukünftiges Versagen vorprogrammieren. Versuchen Sie es weiter, geben Sie niemals auf, aber nörgeln und drohen Sie nicht. Bleiben Sie auf der Suche nach dem Anreiz, der Ihr Kind jetzt motivieren kann.

Sue Monson fand, daß bei älteren Kindern ein formeller Inspektionsbogen hilfreich war, um einen klaren Standard aufzustellen und genau zu vermitteln, was erwartet wurde. An einem Freitag verlegte sie sich in einem verzweifelten Versuch, den Zustand der Zimmer zu verbessern, auf den militärischen Stil. Nach einem Überraschungsappell in allen Zimmern klebte sie die Ergebnisse an die Türen. Das „Zeugnis“ enthielt Punkte für jeden Bereich des Zimmers mit Bemerkungen wie „Mehr Glück beim nächsten Mal!“ und „Von hier aus kann es nur bergauf gehen!“ Die Ergebnisse zeigten, daß die Zimmer in einem chaotischen Zustand waren. Von fünfzig möglichen Punkten erreichten Mama und Papa mit grandiosen fünfzehn Punkten das beste Ergebnis. Der Inspektionsbogen lehrte alle zwei Dinge: den erforderlichen Standard zu kennen und Schmutz und Unordnung zu bemerken. Da die Kinder nicht im Haus waren, als der Überraschungsappell erfolgte, führte er zu einer lebhaften Diskussion – es war eine neue Form für die Aufforderung: „Geh und räum dein Zimmer auf!“ Als Sue den Kindern sagte, sie könnten auch das Zimmer ihrer Eltern inspizieren, quietschten sie vor Vergnügen und nahmen sich vor, die Rolle des härtesten Feldwebels weit und breit zu spielen, was das ganze Vorgehen fair und akzeptabel erscheinen ließ.

Mit dieser Tabelle ließ sich die Inspektion in fünf Minuten durchführen. Der genaue Zeitpunkt jeder bevorstehenden Inspektion wurde auf dem Formular eingetragen, so daß die Kinder einige Tage im voraus gewarnt waren. Sue stellte bald fest, daß die Inspektion des Elternschlafzimmers von der Art war, bei der alle Flächen mit weißen Handschuhen abgetastet werden, und sie mußte sich gehörig ins Zeug legen, um dabei zu bestehen. Für alle, die ein Ergebnis zwischen vierzig und dem Höchstwert fünfzig erzielten, gab es eine Belohnung. Diese Preise wurden schlicht gehalten: ein Schokoriegel, ein alter Motor vom Flohmarkt zum Basteln für den Elfjährigen oder ein besonderes Buch aus der Bücherei. Die größte Belohnung sollte darin bestehen, den durch das Formular vorgegebenen Standard zu erfüllen, nicht in dem Preis. Passen Sie diesen Inspektionsbogen an Ihre Bedürfnisse an. Wenn Spielsachen und ein Spielzeugregal die Problemzonen sind, fügen Sie sie der Liste hinzu. Ändern Sie die Kategorien je nach dem Zimmer, das Sie inspizieren wollen. Wenn fünfzehn Bücher auf dem Nachttisch liegen, könnten Sie eine Obergrenze von drei Büchern festlegen. Gestalten Sie den Bogen so, daß er der Situation in Ihrem Haus entspricht.

Kinder haben unterschiedlich starke Motivationen, ihr Zimmer in Ordnung zu halten. Unsere Hoffnung ist, daß sie später in ihrem eigenen Haus stärker motiviert sind, weil es *ihnen* gehört. Vorerst können Sie ihnen helfen, mit ihrem Zimmer zurechtzukommen und es erfolgreich in Schuß zu halten. Wenn es zu Zusammenstößen kommt, vermitteln Sie trotzdem das Gefühl, daß die Zugehörigkeit des Kindes zu Ihrer Familie wichtiger ist als ein blitzblankes Zimmer. Wenn Sie können, vermitteln Sie Ihren Kindern die Fertigkeiten der Haushaltsführung jetzt, so daß sie sie anwenden können, wann immer sie wollen. Wenn sie diese Verantwortung jetzt nicht übernehmen wollen, werden sie vielleicht später dazu bereit sein. Die zweijährige Sarah wurde gelehrt, zu sagen: „Ich kann alles alleine, ich kann alles alleine." Eine solche Einstellung gibt den Mut, zu sagen: „Ich versuche es noch einmal."

Kapitel 10

Auch der Umgang mit Geld will gelernt sein

Das zukünftige Glück Ihres Kindes hängt stärker davon ab, *wie* es mit Geld umgeht, als davon, *wieviel* Geld es hat. Um mit Geld umzugehen, muß es natürlich erst einmal welches haben. Da es vieles zu lernen gibt, bevor das Kind alt genug ist, um sich außer Haus Geld zu verdienen, braucht es Geld zum Üben. Wie wollen Sie ihm das zur Verfügung stellen? Als Taschengeld? Durch bezahlte Jobs? Oder ein wenig von beidem? Diese Entscheidung müssen Sie treffen. Wenn dann das Kind Geld hat, gibt es vier Aspekte für den Umgang damit:

Budget aufstellen,
Sparen,
Verdienen,
Spenden.

Wie kommen Ihre Kinder zu Geld?

Die Taschengeldmethode scheint vor allem in den ersten Jahren erfolgreich zu sein. Ihr Kind für jeden kleinen Job zu bezahlen ist ziemlich lästig, und das Endergebnis wird wahrscheinlich sein, daß es nichts mehr für Sie tut, sobald es kein Geld von Mama und Papa mehr braucht. Und eine Bezahlung fürs Bettenmachen und Aufräumen vermittelt eine falsche Vorstellung, denn in der Erwachsenenwelt müssen wir unseren Haushalt ja auch führen, ohne dafür bezahlt zu werden. Versuchen Sie deshalb, das Zimmer und die regelmäßigen Aufgaben im Haushalt als Teil der Familienmitgliedschaft zu sehen, anstatt sie mit Geld in Verbindung zu bringen.

Ein wöchentliches oder monatliches Taschengeld, gestaffelt nach Lebensjahren, verschafft dem Kind genügend Mittel, um mit seinen Wünschen und Bedürfnissen zu experimentieren. (Fünfundzwanzig Pfennig pro Lebensjahr wären dann bei einem Siebenjährigen 1,75 DM.) Mit diesem kleinen Betrag können Kinder natürlich nicht alles kaufen, was sie brauchen, aber es reicht für den Anfang, um den Wert der verschiedenen Münzen kennenzulernen und ein Gefühl für ihren Gegenwert zu entwikkeln. Zum Beispiel könnte Ihr Kind beschließen, sich ein kleines Spielzeug zu kaufen, das schon nach einem Tag kaputtgeht. Sie können einen Rat beisteuern, aber Sie sollten ihm Ihre Meinung nicht aufzwingen. Der Grund dafür, daß das Kind Geld zur Verfügung bekommt, ist ja gerade, daß es die Konsequenzen seiner Entscheidungen kennenlernen soll. Wenn dann das billige kleine Spielzeug kaputtgeht, sagen Sie nicht: „Habe ich dir ja gleich gesagt“, sondern helfen Sie dem Kind, zu beurteilen, warum es so kam, und sich zu überlegen, was es das nächste Mal mit seinem Geld anfangen soll.

Einer der Vorteile des Taschengeldes ist, daß das Kind regelmäßig damit rechnen und somit Budgetieren und Planen üben kann – zwei wichtige Lektionen. Indem Sie das Taschengeld so gering halten, daß das Kind sich nicht alle zunehmenden Bedürfnisse damit erfüllen kann, wenn es über zehn ist, verschaffen Sie ihm einen Anreiz, sich mehr Geld dazuzuverdienen.

Wieder eine Entscheidung: Werden Sie die bezahlten Jobs bieten, oder sollen Ihre Kinder sich außer Haus Geld verdienen? Das hängt von Ihren Umständen und dem Alter des Kindes ab. Etwa mit zwölf Jahren können sich die ersten Möglichkeiten ergeben, Waren und Dienstleistungen außerhalb der Familie feilzubieten – Dinge wie die Pflege des Gartens und der Haustiere des Nachbarn während seiner Urlaubszeit, Babysitten oder Zeitungen austragen. Die Herausforderung für Eltern ist es, sich Lehrsituationen einfallen zu lassen, die ihre Kinder auf diese Arbeitsmöglichkeiten vorbereiten. Regen Sie sie an, Ausbildungsmöglichkeiten am Ort wahrzunehmen, wie Babysitting-Kurse, Erste Hilfe und richtige Pflege von Geräten wie dem Rasenmäher oder dem Fahrrad. Andererseits können Sie auch Möglichkeiten bieten, zu Hause Geld zu verdienen, besonders für Arbeiten, für die Sie normalerweise jemanden anderes bezahlen würden – das müssen freilich Dinge sein, die zusätzlich zu ihren regelmäßigen Arbeiten im Haushalt anfallen. Wenn die Kinder dann beschließen, das nicht mehr tun zu wollen, heuern Sie einfach jemanden anderes an. Der Lohn kann entweder nach Jobs ausgezahlt werden (zwei Mark fürs Holzstapeln) oder nach halben Stunden. (Nach Jobs zu bezahlen, beinhaltet den Anreiz, schnell fertig zu werden, und die Eltern brauchen nicht anzumahnen, daß sie für ihr Geld den entsprechenden Gegenwert bekommen.) Als Christa sah, wie ihre Mutter einer Putzfrau zwölf Mark pro Stunde bezahlte, fragte sie sie, ob sie nicht das Putzen übernehmen könnte, da sie Geld für Benzin brauchte. Ihre Eltern waren klug genug gewesen, nicht ihren gesamten Geldbedarf durch Taschengeld abzudecken, und hatten so eine Motivation erzeugt. Erwerbstätige Mütter schließen oft einen solchen Handel mit ihren Kindern ab, damit sie auf die kleineren Geschwister aufpassen oder die Dinge erledigen, die ihnen selbst wegen ihrer Arbeitszeiten schwerfallen würden.

Budgetplanung

Bringen Sie Ihren Kindern bei, sich ihr Geld einzuteilen. Sie brauchen viele verschiedene Erfahrungen während ihres Heranwachsens, um das Planen, Beurteilen und Entscheiden zu lernen. Ermöglichen Sie ihnen Erfahrungen damit, ihre eigenen Ausgaben zu planen, und helfen Sie ihnen, das Familienbudget zu verstehen. Die meisten Kinder geben ihr Geld einfach aus, bis es weg ist, und warten dann auf den nächsten Zahltag. Für sie ist es von großem Vorteil, und sie werden mehr von dem bekommen, was sie eigentlich wollen, wenn sie lernen, sich Ziele zu setzen, zu planen, ihre Ausgaben im Blick zu behalten und ihre Ausgabegewohnheiten immer neu zu beurteilen.

Geben Sie kleinen Kindern Gelegenheiten, Dinge zu kaufen. Wenn es beschlossen hat, sich von seinem Taschengeld ein Malbuch zu kaufen, dann lassen Sie das Kind die Münzen abzählen, das Geld dem Verkäufer geben, das Wechselgeld entgegennehmen und die Tüte tragen.

Schulen bieten viele Möglichkeiten, Verantwortung für Geld einzuüben. Wenn Kinder Geld für das Mittagessen in der Schule, für einen Ausflug oder für den Kauf eines Buches mitbekommen, dann lernen sie dabei. Es wird ein paarmal vorkommen, daß sie ihr Geld verlieren. Helfen Sie ihnen, Wege zu finden, es sicher bei sich zu tragen. Ein Portemonnaie mit Reißverschluß oder zum Umhängen, beschriftet mit dem Namen des Kindes, hilft Verluste zu vermeiden, wenn das Kind hüpfend, tobend und rennend in die Schule läuft.

Um Ihrem Kind den Umgang mit Geld beizubringen, können Sie Lernerfahrungen herbeiführen. Eine gute Gelegenheit dafür sind Kleidungskäufe. Nehmen wir an, es ist August, und Sie haben hundert Mark zur Verfügung, um die Lücken in der Garderobe Ihrer Tochter zu schließen. Das ist heutzutage nicht viel Geld für Kleidung, aber wenn Elternteil und Kind gemeinsam planen und einkaufen, besteht eher die Aussicht, daß das Kind mit der Auswahl der Kleidungsstücke zufrieden ist und diese Erfahrung beim Kauf anderer Dinge anwenden wird. Es wird die Kleidung vielleicht besser pflegen und möglicherweise verstehen, daß man Abstriche machen muß, wenn nicht genug Geld da ist, um alles neu oder alles sofort zu kaufen.

Setzen Sie sich mit Papier und Stift mit Ihrer Tochter zusammen. Schreiben Sie das Ziel auf. Was möchte sie gerne haben? Was hat sie bereits? Gibt es Dinge, die sie kaufen könnte, um manche Garnituren zu vervollständigen oder leicht zu verändern? So bringen Sie ihr bei, Logik anzuwenden, anstatt einfach zu kaufen, was sie sieht und was ihr gefällt (Impuls). Dann sprechen Sie über die finanzielle Grenze. Da wird es ein paar Streichungen, Verschiebungen und Einschnitte geben. Da um diese Zeit viele Sonderangebote zu haben sind, können Sie die Zeitungen studieren und dann zusammen einkaufen gehen. Helfen Sie ihr, die Paßform, die Qualität des Materials und die Verarbeitung zu beurteilen: „Ist es das, was wir wollen? Wird es halten?"

Gelegenheiten zur Budgetplanung können so strukturiert werden, daß das Kind allmählich immer mehr Verantwortung selbst übernimmt. Ein Vater gab seiner sechzehnjährigen Tochter zweihundert Mark für eine neue Jacke. „Ich glaube, du bist alt genug, um eine gute Wahl zu treffen; geh einkaufen und such dir etwas aus. Aber bevor du gehst, könntest du mir eine Liste deiner Anforderungen zeigen? Versprich mir, daß du diese Liste durchgehst, bevor du etwas kaufst, um zu klären, ob du diese Jacke ausgesucht hast, weil sie wirklich das ist, was du willst, oder weil sie dir im Augenblick eben gefiel." Ihre Liste sah so aus:

1. Ich möchte, daß die Jacke schick genug für die Gemeinde und für Partys ist.
2. Warm genug für den Winter.
3. Ein mäßiger Stil, der drei Jahre vorhält.
4. Soll nicht so aussehen wie die Jacke meiner Mutter.

Und siehe da, als sie mit ihrer Freundin einkaufen ging, verliebte sie sich zuerst in einen lila glänzenden Parka. Doch sie hatte bereits eine Skijacke und suchte weiter, weil sie es ihrem Vater versprochen hatte. Schließlich entschied sie sich für einen midi-langen grauen Wollmantel mit zierlichen Falten, Gürtel und Kapuze. Damit waren sowohl sie als auch ihr Vater sehr zufrieden.

Überlassen Sie Kindern allmählich immer mehr finanzielle Verantwortung als Vorbereitung auf die Zeit, wenn sie das Elternhaus verlassen und mit ihrem Geld vollkommen selbständig umgehen müssen. Eine Familie ist schon so weit, daß sie keine Probleme damit hat, jedem ihrer heranwachsenden Kinder das gesamte Geld für Kleidung und Schuhe, Mittagessen in der Schule, Busfahrkarten und Taschengeld monatlich in einer Summe auszuzahlen, so daß die Kinder ihre Budgetplanung selbst übernehmen. Sie schreiben sich ihr Grundbudget auf und führen dann Buch über ihre Ausgaben. Hin und wieder treffen die Kinder eine unkluge Entscheidung oder lassen sich von einer Laune hinreißen. Wie ist es mit Krediten? Wenn Sie einem Kind Geld leihen, lassen Sie es sich zurückbezahlen. Mag sein, daß Sie das Geld nicht brauchen, aber das Kind muß lernen, für seine Verbindlichkeiten aufzukommen. Wenn Ihr Kind das Geld zu häufig falsch einsetzt, schalten Sie einen Gang zurück. Eine einfache Tabelle hilft ihnen zu erkennen, was sie für ihr Geld bekommen haben und ob sie es wieder auf diese Weise verwenden würden oder nicht.

Lassen Sie Ihre Kinder eine Wunschliste führen, auf der sie ihre brennendsten Wünsche festhalten. Wenn sie dann etwas Geld in die Hand bekommen, unterhalten Sie sich darüber, was sie eigentlich am liebsten haben wollen. So können sie ihre Anschaffungen *planen*, anstatt ihr Geld impulsiv nach dem Verlangen des Augenblicks auszugeben. Für ein Kind ist es ungesund, alles zu bekommen, was es möchte – die meisten von uns können sich das ohnehin nicht leisten. Leiten Sie Ihr Kind an, sein Geld so auszugeben, daß es sich möglichst lange gut damit fühlt. Erinnern Sie sich an den Satz: „Das meiste Unglück auf der Welt entsteht dadurch, daß man für etwas, das man gerade möchte, das aufgibt, was man am meisten will."

Eine andere kurzfristige Lektion für die Budgetplanung könnte darin bestehen, den Familienurlaub gemeinsam zu planen, über die Gesamtsumme zu sprechen, die dafür zur Verfügung steht, auszurechnen, wieviel Geld für Benzin, Verpflegung und Unterkunft benötigt wird und wieviel dann noch für Spaß und Unterhaltung übrigbleibt. Helfen Sie bei der Planung des Familienbudgets dem Kind, ein persönliches Ferienbudget für Souvenirs, T-Shirts und so weiter zu planen. Das kann ihnen Hunderte von Anfragen ersparen („Darf ich das haben?“). Natürlich können Sie nicht all diese Erfahrungen auf einmal ausprobieren, aber eine hier und eine dort werden sich schließlich summieren.

Beteiligen Sie Ihre Kinder an der Budget- und Zielplanung der Familie. Wenn Sie Ihren Ausgabenplan aufstellen und überprüfen, lassen Sie Ihre Kinder ihre Wünsche und Eindrücke äußern. Geben Sie ihnen Gelegenheit, Erfahrungen zu machen. Paul lernte durch die Planung von Mahlzeiten, das Aufstellen von Einkaufslisten und Einkaufen, wie teuer Lebensmittel sind. Danach war er nicht mehr so sorglos dabei, seinen Freunden den Kühlschrank zu öffnen. David und Janette setzten ein visuelles Erlebnis ein, um ihren Kindern zu einem Verständnis des Familienbudgets zu verhelfen. David ließ sich seinen Gehaltsscheck in bar auszahlen. Dann brachte er das Geld mit nach Hause, wo er die Familie zu einem Familienrat zusammenrief. Die Augen der Kinder weiteten sich, als sie so viel echtes Geld sahen, doch dann beobachteten sie enttäuscht, wie es in verschiedene Umschläge aufgeteilt wurde, um die Rechnungen zu bezahlen. Sie unterhielten sich darüber, daß sie ein paar dieser Scheine zurückbekommen könnten, wenn sie mehr darauf achteten, die Außentüren zu schließen, die Lichter auszumachen und auf die Dinge zu achten, die sie bereits hatten. Eine andere Familie versuchte, eine ähnliche Veranschaulichung mit Monopoly-Geld zu erreichen. Kinder, die den Finanzplan der Familie verstehen und erleben, wie offen darüber gesprochen wird, werden es als Erwachsene leichter haben, sich für ihren eigenen Plan zu entscheiden und sich um ihre eigenen Angelegenheiten zu kümmern. Ältere Jugendliche können sich auch darin abwechseln, die Bücher der Familie zu führen und die Überweisungen auszufüllen, auch wenn die Eltern sie dann unterschreiben müssen. Wahrscheinlich werden Sie ihnen einschärfen müssen, daß finanzielle Informationen vertraulich sind und innerhalb der Familie bleiben sollten.

Sparen

Sparen, eine Kunst, die zum Geld gehört, muß in kleinen Schritten erlernt werden. Sie können nicht damit anfangen, daß Sie versuchen, Ihr Kind dazu zu bringen, alles Geld, das es bekommt, auf die Bank zu tragen, um sein Studium zu finanzieren. Das Kind weiß noch nicht einmal, was Studieren ist, wenn auch Mama und Papa vielleicht schon ein Sparbuch zu genau diesem Zweck eingerichtet haben. Das Kind muß ein Ziel vor Augen haben, wenn es zu sparen lernt – etwas, das es sich wünscht und das innerhalb von einer oder zwei Wochen zu erreichen ist. Später ist das Kind in der Lage, auch etwas länger für etwas zu sparen.

Manchmal hilft es, die eigenen Sparbemühungen des Kindes für eine große Anschaffung wie ein Fahrrad Mark für Mark zu verdoppeln. Das wird dem Kind helfen, sich auf realistische Erwartungen einzustellen – vielleicht, indem es sich für ein Fahrrad mit weniger Zubehör entscheidet, um es früher bekommen zu können. Kinder, die einen Teil der Kosten selbst beschaffen müssen, werden den erworbenen Gegenstand oft besser pflegen und instandhalten, können aber durch die elterliche Unterstützung trotzdem Dinge bekommen, die sonst ihre finanziellen Möglichkeiten übersteigen würden.

Um Bonnie Zeit zu verschaffen, um einen Abgabetermin für ein Manuskript einzuhalten, unterschrieben ihre Kinder Verträge für bezahlte Jobs, die sie normalerweise selbst erledigt hätte. Die achtjährige Tochter arbeitete mit großem Eifer jeden Tag nach der Schule. Ihr Ziel: Fenster für ihr Puppenhaus zu kaufen. Einen Teil ihrer Einkünfte legte sie für die Fenster zur Seite, den Rest hielt sie für sofortige Ausgaben zur Verfügung – für Bücher vom Buchclub oder was auch immer.

Manche Eltern leiten ihre Kinder schon sehr früh dazu an, einen bestimmten Prozentsatz ihres Geldes für „langfristige Ersparnisse", einen anderen Teil für „kurzfristige Ersparnisse" wie die Puppenhausfenster und den Rest für „sofortige Wünsche" zu reservieren. Wenn Sie nicht gleich zu Beginn mit langfristigen Ersparnissen anfangen wollen, denken Sie darüber nach, wann Sie es dann tun möchten.

In einer kürzlichen Umfrage einer großen Tageszeitung sagte von sechsundneunzig Schülern und Schülerinnen der achten Klasse nur eine, sie spare Geld für ihr Studium. Abgesehen davon, daß Ihre Kinder lebenstüchtiger sein werden, wenn sie das Haus verlassen, wird es auch ihr Selbstvertrauen stärken, einiges Geld zu haben – sei es für die Studienkosten oder als Startkapital für ein Haus oder ein eigenes Geschäft. Ein Mädchen sparte sich während ihrer Teenagerjahre durch Babysitting tausend Mark zusammen. Später, als sie auf ihre Hochzeit zuging, dachte sie oft an die besonderen Dinge, die sie sich davon kaufen konnte. Es war ein Gefühl großer Freiheit. „Soll ich Geschirr oder Kochtöpfe kaufen? Oder soll ich es aufsparen, um Babymöbel für das Kind zu kaufen, das wir eines Tages hoffentlich bekommen? Wenn ich wollte, könnte ich davon auch ..." Zweitausend Mark können großartig sein. Ein Student, der für seine Ausbildung teilweise selbst aufkommt, wird eher dazu neigen, sie ernst zu nehmen. Indem Sie den Kindern helfen, jetzt etwas für die Zukunft zurückzulegen, machen Sie es ihnen leichter, als Erwachsene bei dieser Gewohnheit zu bleiben, und auch Erwachsene haben es ja gerne, wenn sie etwas Geld haben, das für sie arbeitet.

Sobald ein Kind erst einmal etwas Geld selbst verdienen kann, leiten Sie es an, etwas davon zu sparen.

Wo bewahrt das Kind zu Hause sein Geld auf? Sparschwein, Schachtel, Büchse, Umschlag, Glas oder einfach auf einem Stapel? Ein Behälter aus Glas oder durchsichtigem Plastik hat natürlich seinen visuellen Reiz, und einer, der sich leicht öffnen läßt, macht Spaß, weil man das Geld herausnehmen und zählen kann. (Ein Junge bügelte sogar seine Geldscheine.) Sobald das Kind für eine bestimmte Anschaffung spart, helfen Sie ihm, zwischen Geld zum sofortigen Ausgeben und kurzfristigen Ersparnissen zu unterscheiden. Vielleicht sollte er das Geld zum Ausgeben in sein Portemonnaie stecken und das Ersparte in eine Flasche. Eine andere Möglichkeit wären zwei Reißverschlußtaschen, eine mit der Aufschrift „Geld zum Ausgeben", die andere etwa mit der Aufschrift „Fahrrad-Fonds". Doch Vorsicht: Raten Sie dem Kind, nicht zuviel Bargeld im Haus aufzubewahren und es so zu verstauen, daß andere es nicht sehen können. Sonst ist es eine Versuchung für

Kinder aus der Nachbarschaft, jüngere Geschwister oder gar Diebe. (Die oberste Schublade in der Kommode ist der erste Ort, wo ein Einbrecher nachsieht.)

Verdienen und Spenden

Es erfordert schon ein wenig Reife, eine oder zwei Wochen auf den Lohnscheck warten zu können. Wenn kleine Kinder zum ersten Mal für Geld arbeiten, brauchen Sie die Belohnung sofort: Wenn sie jetzt die Eingangstreppe kehren, wollen sie auch jetzt den Groschen dafür bekommen. Wenn ein Kind den Wunsch hat, sich Geld zu verdienen, geben Sie ihm die Möglichkeit dazu. Eine Mutter, deren Kinder gerne auf den Flohmarkt gingen, stellte fest, daß die Kinder sorgfältiger auswählten, was sie kauften, wenn sie sich das Geld selbst verdient hatten. Einmal kehrte ein Neunjähriger die ganze Einfahrt (dreißig Meter) und die Eingangstreppe, um sich Geld zu verdienen. Davon kaufte er sich dann einen funktionierenden Plattenspieler.

Halten Sie in Zeitschriften, Büchern, Boutiquen und Kunsthandwerkerläden Ausschau nach Dingen, die Ihre Kinder herstellen können, um sie zu verschenken oder zu verkaufen. Wenn man etwas verschenkt, das man selbst gemacht hat, erfüllt einen das mit Stolz und dem Gefühl, etwas geleistet zu haben. Und wenn etwas, das man selbst gemacht hat, sogar gut genug ist, um es zu verkaufen, dann gibt das dem Ego mächtig Auftrieb. In der dritten Klasse verdiente sich Bonnie ihr Taschengeld, indem sie Topflappen häkelte und ihrem Bruder eine Provision dafür zahlte, daß er sie verkaufte. Heute ist es oft nicht mehr ratsam, Dinge von Haus zu Haus zu verkaufen, doch Vereine, Schulen und Gemeinden nehmen bei ihren Flohmärkten und Basaren manchmal Dinge in Kommission.

Die tollste Geschichte ereignete sich 1979, als der elfjährige Wesley sich ein wenig Geld für Weihnachten verdienen wollte. Seine Schwestern hatten Geld vom Babysitten, doch dazu war er noch nicht alt genug, und seine Eltern erlaubten ihm noch nicht, Zeitungen auszutragen. Schließlich schlug Bonnie vor, er könne doch ein *paar* Bestellungen für selbstgebackenes Brot von den Lehrern in seiner Grundschule annehmen. (Bonnie hatte schon seit Jahren Brot als Spende für Schulfeste und als Geschenke für die Lehrer der Kinder geliefert.) Sie brachte Wes bei, Brot zu backen (sie haben eine Küchenmaschine mit Brothaken zum Kneten des Teiges), und er deponierte einen Probelaib und eine Bestelliste im Lehrerzimmer (natürlich erst, nachdem er sich die Erlaubnis des Schulleiters geholt hatte). Schon am ersten Tag bekam er Bestellungen für neunundfünfzig Laib Roggenbrot. (Das sind zehn Schübe!) Von nun an backte er jeden Nachmittag zwei Schübe Roggenbrot (zwölf Laibe), doch immer wieder brachte er neue Bestellungen mit nach Hause. Sein Erfolg und der Spaß an der Sache nahmen ihn so in Beschlag, daß er gar nicht hörte, wie seine Mutter sagte: „Schluß jetzt!" Wesley schloß mit seiner großen Schwester einen Handel ab, für einen Anteil am Gewinn das Geschirr abzuwaschen. Am Ende hatte er ungefähr achtzig Laibe Brot gemacht, und nur ein Schub war ihm danebengegangen. Nachdem er die Zutaten bezahlt hatte, blieb ihm noch genug Geld, um Weihnachtsgeschenke für seinen kleinen Bruder, seine drei Schwestern, Mama und Papa zu kaufen, und der Rest reichte für eine Digitaluhr. Sein Unternehmen wurde sogar auf der Titelseite der Lokalzeitung vorgestellt – er sonnte sich im Ruhm. 1980 entschied er sich für ein anderes Projekt, doch den anderen Kindern, die sich Weihnachtsgeld verdienen wollten, brachte Bonnie das Brotbacken bei, wobei sie allerdings die Grenze bei zwölf Laiben pro Person zog.

Wenn sie Geld verdienen, dann bringen Sie auch Ihren Kindern bei, welche Freude es macht, zu geben. Die Fähigkeit, bereitwillig im richtigen Maße abzugeben, ist eine Einstellung, die die meisten Eltern gerne fördern werden, indem sie Gelegenheiten dazu geben. Versuchen Sie, vor den Festtagen frühzeitig mit Ihren eigenen Projekten fertig zu werden, damit Sie Zeit haben, Ihrem Kind dabei zu helfen, Geschenke zu planen und herzustellen oder Geld zu verdienen, um sie zu kaufen. Kaufen Sie nicht einfach eine Packung Taschentücher für Ihre Tochter, damit sie sie dem Vater zum Geburtstag schenkt. Aussuchen und Kaufen macht soviel Spaß, daß Sie das Kind auch an diesem Teil beteiligen sollten, selbst wenn es noch kein Geheimnis für sich behalten kann.

Ein Ehepaar, das jedes Jahr einem Kinderkrankenhaus dreißig Mark spendete, beschloß, seinen drei Kindern zunehmend Möglichkeiten zum Verdienen und Abgeben zu geben. Sie stellten drei Einmachgläser, jedes mit dem Namen eines Kindes versehen, auf den Küchentresen und dachten sich Möglichkeiten für ihre Kinder aus, die Hälfte von diesen dreißig Mark als „Liebespfennige" für die kranken Kinder in der Klinik zu verdienen. Die Kinder wurden sofort oder am Ende jedes Tages für ihre kleinen Extra-Arbeiten bezahlt. Sie liebten es, zu beobachten, wie sich die Münzen immer höher stapelten, und zählten sie oft nach. Sie hatten wirklich das Gefühl, am Kauf von Krücken und Medikamenten beteiligt zu sein. Kleine Kinder haben von Natur aus ein liebevolles und großzügiges Herz, und diese Einstellung kann gestärkt werden.

Darf ich heute abend babysitten?

Wenn Sie Ihren Kindern erlauben, sich als Babysitter zu betätigen, helfen Sie ihnen, zu verstehen, welche Verantwortung damit verbunden ist. Helfen Sie ihnen, gut vorbereitet zu sein. Gemeinden, Schulen und Volkshochschulen bieten Kurse in Kinderpflege, Benehmen und Kinderbetreuung an. Wenn ein solcher Kurs nicht verfügbar ist, suchen Sie in der Bücherei nach einem entsprechenden Buch. In einem Kinderpflegekurs wird vorgeschlagen, daß der Babysitter eine Schachtel, ein Köfferchen oder einen Eimer bereithält, in dem er kleine Sachen hat, mit denen er die Kinder unterhalten kann: kleine Basteleien, Spiele, eine oder zwei Puppen, Fingerspiele und ein paar Bücher zum Vorlesen. Laura ist ein sehr gefragter Babysitter. Sie läßt sich nicht einfach vor dem Fernseher auf einen Sessel fallen; sie redet mit den Kindern und spielt *mit* ihnen. Bevor sie ihr Haus verläßt, packt sie eine kleine Bastelei, eine Kassette oder ein Spiel ein, das die Kinder noch nicht gesehen haben. Manche junge Leute haben wie Laura einen natürlichen Instinkt für den Umgang mit Kindern, doch auch andere können es lernen, wenn sie das Verlangen danach haben. Eltern können sie bei dieser Vorbereitung unterstützen.

Noch eine weitere Anregung: Zu einer richtigen Babysitter-Ausrüstung gehört auch ein Formular wie das folgende, das der Babysitter den Eltern zum Ausfüllen geben kann, bevor sie das Haus verlassen. Nur keine falsche Scheu. Als Angestellte muß Ihr Kind diese Einzelheiten wissen, um seinen Job gut machen zu können.

Lauras Babysitter-Dienst

Wir sind zu erreichen bei:
Telefon:
Voraussichtliche Rückkehr:
Bettzeiten:
Name und Telefonnummer der Nachbarn für Notfälle:
Besondere Anweisungen:
Meine Vergütung beträgt 2,00 DM pro Stunde bzw.
3,00 DM pro Stunde nach Mitternacht.

Darf ich Zeitungen austragen?

„Ja, aber dafür bist du allein zuständig. Ich habe keine Zeit, mich darum zu kümmern", lautet die oft gehörte Antwort. Wenn Sie möchten, daß Ihre Kinder lesen lernen, legen Sie ihnen dann einfach ein Buch vor die Nase? Nein. Sie schicken sie in die Schule. Für Zeitungsausträger gibt es nicht viele Lehrer, aber die Eltern können schon manches über Verkaufs- und Kassiermethoden weitergeben. Der zwölfjährige Patrick faltete die Zeitungen gern jeden Tag zusammen und lieferte sie aus, aber das Kassieren haßte er. Der Bezirksleiter sagte: „Wenn er nicht kassiert, verliert er den Job", eine natürliche Konsequenz. Jetzt aufzugeben wäre eine Lektion im Versagen, und wenn er ein Problem hat, lernt er damit nur, davor davonzulaufen. Die Eltern beschlossen, ihm über mehrere Monate hinweg zum Erfolg zu verhelfen, damit er die Lektionen lernte, die jeder Gläubiger gelernt hat. Diese Eltern betrachteten die Zeit, die sie damit verbrachten, ihm zu helfen, als eine Investition in seine zukünftige Laufbahn. Der Grund, warum er das Kassieren haßte, so fanden sie heraus, war, daß er von einigen ungehobelten Leuten eingeschüchtert war. Es gibt keine Statistiken darüber, aber wenn es sie gäbe, würde sich vermutlich herausstellen, daß es sich lohnt, ein Griesgram zu sein, weil der Griesgram tatsächlich in der Hälfte der Fälle davonkommt, ohne zu bezahlen. Patricks Eltern übten mit ihm zu Hause und übernahmen die Rolle des Griesgrams an der Tür. Manchmal gingen sie auch mit ihm. Sie brachten ihm bei, selbstbewußt aufzutreten, für seine Rechte einzustehen und dabei höflich zu bleiben – Fähigkeiten, die für einen Erwachsenen sehr wertvoll sind.

Erik Monsons Eltern halfen ihm, seine Route zu organisieren, indem sie eine Karte zeichneten, auf der jedes Haus in seinem Bezirk eingetragen war. Sie fuhren die Strecke ab und zeichneten jedes Haus ein. Dann kennzeichneten sie die Häuser der Kunden, die täglich eine Zeitung bekamen, schwarz; Rot stand für diejenigen, die nur die Sonntagszeitung bezogen, und die Häuser, in denen er nichts abzuliefern hatte, blieben leer. So konnte auch jederzeit ohne Schwierigkeiten ein Vertreter für ihn einspringen. Das Original der Karte wurde in eine schützende Plastikhülle gesteckt. Für zehn Pfennig im Monat konnte sich Erik eine Kopie machen und die Häuser abhaken, die bereits bezahlt hatten, so daß er jederzeit sah, wer noch im Rückstand war.

Marketingtechniken sind wichtig. Erik stellte fest, daß er schon im ersten Monat auf einer Route sehr viel mehr Trinkgeld als sein Vorgänger bekam, nur weil er die Zeitungen direkt vor die Haustür legte. Er bestellte sich gummierte Etiketten mit der Aufschrift „Erik Monson, Zeitungsausträger der *Post*" und seiner Telefonnummer, die er auf seine Quittungen klebte – ein kleiner professioneller Touch, der ihm Krämpfe in den Fingern vom Ausfüllen der Quittungen ersparte. Einem Freund zahlt er dafür, daß er mit ihm kassieren geht, einem kleinen Betrag – manchmal ist ein Zeuge von Nutzen, und mit einem Freund fühlt man sich sicherer und hat mehr Spaß an der Sache.

Jans Vater, der selbst Vertreter ist, half seinem Sohn, einen Vorstellungsbrief aufzusetzen, als er seine Route übernahm. „Wenn die Leute dich kennen, dann nehmen sie mehr Notiz von dir.“ Der Brief fing so an: „Hallo, ich heiße Jan und bin neun Jahre alt. Ich habe vier Schwestern und drei Brüder. Ich freue mich, für Sie tätig sein zu können. Bitte rufen Sie mich an, wenn es irgendein Problem gibt. Der Grund, warum ich diese Route übernommen habe, ist ...“ Wenn nun dieser aufgeweckte Junge mit seinen dunklen Haaren und Augen und seinem entwaffnenden Lächeln vor der Tür steht, kennen ihn die Leute. Das nächste Prinzip, das ihm sein Vater beibrachte: „Sag den Leuten, daß du kommst.“ Wenn es Zeit zum Kassieren ist, steckt Jan einen Zettel in die Zeitung: „Ich komme heute abend zwischen 18.30 und 20.00 Uhr vorbei, um das Geld für die im August bezogene Zeitung zu kassieren.“ Diese Idee entzog der Ausrede „Ich habe im Moment kein Kleingeld“ den Boden. Wenn er zweimal zu kassieren versucht hat und niemand zu Hause war, hinterläßt er einen adressierten Umschlag mit der höflichen Bitte, ihm das Geld zuzuschicken. Erwachsene, die große Routen mit Hunderten von Zeitungen austragen, legen oft einfach am Ende des Monats einen Umschlag in die Zeitung und erwarten, daß das Geld geschickt wird wie für jede andere Rechnung.

Es ist gut, einen Job zu haben, für den regelmäßige, beständige Leistung erforderlich ist. Fußball, Schwimmen und andere außerschulische Aktivitäten fördern die Geschicklichkeit und Disziplin, aber sie vermitteln nicht so stark die persönliche Verantwortung, wie es ein Job tut. Kinder müssen lernen, erfolgreich zu arbeiten.

Kapitel 11

Wie ist es bisher gelaufen?

„Warum hat es nicht funktioniert? Meine Kinder tun ihre Arbeit nicht. Ihre Zimmer sehen immer noch wüst aus." Nehmen Sie sich jetzt die Zeit zum Nachdenken, bevor Sie Ihre nächste Strategie planen. Vielleicht haben Sie zuviel verlangt und die geistigen oder körperlichen Fähigkeiten der Kinder überfordert. Vielleicht hat das Kind die Aufgabe nicht verstanden und braucht ein erneutes Training. Möglicherweise stimmt auch an der Methode der Eltern etwas nicht. Manchmal muß man zu Anreizen, Belohnungen oder Konsequenzen greifen, um zur Leistung zu motivieren.

Das Problem kann bei der Aufgabe, der räumlichen Anordnung, dem Kind oder den Eltern liegen. Nehmen Sie es genau unter die Lupe. Analysieren Sie die Situation. Überlegen Sie sich mögliche Lösungen – es hilft sicher, wenn Sie sie aufschreiben, um dann eine durchdachte Entscheidung treffen zu können.

Dann machen Sie sich einen neuen Plan. Dieses Buch ist eigens zu dem Zweck geschrieben worden, Ihnen viele Ideen zu liefern, aus denen Sie auswählen können, oder Ihre eigene Phantasie anzuregen, um Wege zu finden, die Arbeit aus einer neuen Richtung anzugehen. Eltern sein lernt man durch die Praxis. Wie wir auf die ersten Bemühungen des Kindes, eine Arbeit zu tun, reagieren, kann entscheidend dafür sein, ob das Kind es wieder versuchen, es vor sich herschieben, sich mit halb getaner Arbeit durchmogeln oder ganz aufgeben wird. Gehen wir eine Reihe von Fragen zur Selbstprüfung durch, um die Ursachen und Symptome solcher Probleme herauszufinden, damit Sie zurückgehen und das Trainingsprogramm überarbeiten können.

Sind die Maßstäbe klar? Die zwölfjährige Sally möchte gerne ganz genau wissen, was von ihr erwartet wird. Heißt „Badezimmer saubermachen", daß sie nur kehren oder daß sie auch wischen soll? Wenn Papa nachfragt, ob das Bad sauber ist, möchte Sally gern sagen: „Ja, ich habe alles gemacht, auch den Fußboden gekehrt." Setzen Sie klare Maßstäbe, indem Sie eine detaillierte Arbeitsbeschreibung aufhängen, auf der die täglichen und wöchentlichen Erfordernisse für einen bestimmten Raum oder Job aufgelistet sind, so daß das Kind die Möglichkeit hat, seine Arbeit mit dem Maßstab zu vergleichen, selbst wenn Mama und Papa nicht zu Hause sind. Konkrete Beispiele für solche Arbeitsbeschreibungen finden Sie auf Seite 24.

Diese Dinge muß das Kind genau kennen:

1. Die Vorschrift oder Ihre Erwartungen bezüglich des Jobs.
2. Die positiven Vorteile bzw. die Konsequenzen, falls der Job nicht getan wird.
3. Die Option, zwischen der Belohnung oder der Konsequenz zu wählen.
4. Die Wahl, die die Eltern sich von dem Kind wünschen.

Versteht das Kind Ihre Vorstellung von einer gründlich erledigten Arbeit? Als Erwachsene wenden wir aufgrund unseres Reifevorsprungs das Lückenprinzip an, wenn wir die Arbeit unserer Kinder beurteilen. Lassen Sie uns das erklären. Können Sie den folgenden Satz lesen? „S__b_rm_ch_n k_nn m_hr Sp_ß m_ch_n, w_nn m_n r_g_lm_ß_g fr___ Z__t h_t." Nach ein paar Sekunden können die meisten Leute daraus leicht den Satz entziffern: „Saubermachen kann mehr Spaß machen, wenn man regelmäßig freie Zeit hat." Wir ergänzen die fehlenden Vokale, weil uns die Wortmuster sehr vertraut sind. Wenn Kinder an einem Job arbeiten, haben sie einen völlig anderen Verständnis- und Erfahrungsstand als wir. Haben Sie dem Kind jeden Bestandteil der Tätigkeit beigebracht? Ein zwölfjähriger Junge, der hinausgeschickt wurde, um das Auto zu waschen, spritzte es einfach mit kaltem Wasser ab und meinte dann, es wäre nun sauber. Er hatte nicht mitbekommen, daß sein Vater dazu einen Schwamm, einen Eimer und eine Waschlauge benutzt hatte. Diese Schritte mußte man ihm erst beibringen. Es ist leicht, sich einzubilden, unsere Kinder wüßten Dinge, die sie noch gar nicht wissen können, nur weil wir so vertraut damit sind. Achten Sie also auf Details, die das Kind noch nicht gelernt hat. Ein anderes Problem mit dem Lückenprinzip ist, daß Eltern Lücken ausfüllen und Schlüsse ziehen, ohne dem Kind richtig zuzuhören. Stellen Sie Fragen, und vergewissern Sie sich, daß Sie verstehen, was das Kind auszudrücken versucht.

Ist das Kind dem Job gewachsen? Wenn das Kind dem Job, den Sie ihm geben wollen, nicht gewachsen ist, gibt es drei Möglichkeiten:

1. Machen Sie den Job leichter, oder senken Sie die Maßstäbe.
2. Geben Sie dem Kind einen anderen Job.
3. Bieten Sie Anleitung und Übungsmöglichkeiten.

Der Trick ist, daß Sie objektiv und frei von Emotionen – vor allem frei von Zorn und Frustration – Ihre Methode, das Kind von neuem zu trainieren, beurteilen müssen.

Wenn Sie merken, daß das Kind dem Job einfach nicht gewachsen ist, zögern Sie nicht, ihm einen anderen Job zu geben.

Der sechsjährige Daniel wollte gerne die Zimmerpflanzen gießen, und seine Mutter beschloß, es ihn versuchen zu lassen. Sie markierte die Tage, an denen gegossen werden mußte, genau auf einer Tabelle und zeigte ihm, wieviel Wasser jede Pflanze brauchte. Doch Daniel ließ sich immer wieder dazu hinreißen, den Pflanzen zuviel Wasser zu geben. Er brauchte noch Zeit zum Reifen, bevor er diese Verantwortung übernehmen konnte. Um ihm das schmackhaft zu machen, gab ihm seine Mutter die Gelegenheit, „offizieller Terrassenabspritzer" zu werden. Einmal in der Woche die Terrasse mit dem Gartenschlauch abzuspritzen machte ihm genug Spaß, daß er bereitwillig das Pflanzengießen wieder seiner Mutter überließ.

Um zu erreichen, daß ein Kind sein Verhalten ändert, ist es manchmal notwendig, daß zuerst der Elternteil sein Verhalten ändert. Ein Pferdetrainer kann ein Pferd erfolgreich zureiten, und nachdem er es seinem Besitzer zurückgeschickt hat, kann das ganze Training nach drei Wochen wieder zunichte gemacht sein. Der Besitzer muß sich erst einmal die falschen Signale abgewöhnen, die er dem Pferd gibt. Auch Kinder spüren unsere Erwartungen und wissen, ob wir meinen, was wir sagen. Wenn wir unsere Anforderungen durchdenken und darauf achten, daß sie vernünftig und fair sind, um sie dann mit Konsequenzen durchzusetzen, werden wir eher ernst genommen.

In der Geschichte vom häßlichen Entlein will die Entenmutter den Schwan nicht als eines ihrer Entenkinder akzeptieren; er sieht anders aus, hört sich schrecklich an und ist groß und unbeholfen. In einer Version dieser Geschichte beobachtet die Entenmutter das häßliche Entlein beim Schwimmen und quakt: „Er schwimmt sehr gut, er muß doch mein Kind sein!" Es ist leicht, unsere Kinder liebevoll anzunehmen, wenn sie gut schwimmen; doch wenn sie mit allen Vieren strampeln, ist es nicht so einfach. Finden Sie die Ursachen für das Strampeln, planen Sie neu, und versuchen Sie es noch einmal!

Nehmen Sie sich Zeit zum Inspizieren? Einen Job zu überprüfen, nachdem das Kind sagt, daß es ihn erledigt hat, bedeutet nicht, daß Sie dem Kind nicht vertrauen, sondern eher, daß Ihnen die Aufgabe und die Mühe wichtig genug sind, um die Sache bis zum Ende durchzuziehen.

- Indem Sie sich Zeit zum Inspizieren nehmen, haben Sie die Möglichkeit, verbale Belohnungen und positive Streicheleinheiten zu geben.
- Indem Sie sich Zeit zum Inspizieren nehmen, haben Sie die Möglichkeit, gründliche Arbeitsgewohnheiten zu fördern.
- Indem Sie sich Zeit zum Inspizieren nehmen, können Sie den Teufelskreis der „Verschieberitis" durchbrechen.

Das bedeutet nicht, daß Sie jeden Job inspizieren müssen, den das Kind je tut. Nachdem der Job mehrere Male ordentlich erledigt worden ist, bietet eine schlichte Frage, ob die Arbeit getan ist, die Chance, Integrität aufzubauen. Das Kind sagt: „Ja, ich habe es gemacht!", und Sie akzeptieren die Antwort. Wenn Sie die Arbeit Ihres Kindes inspizieren, sind die folgenden Anregungen von Nutzen:

1. Vermeiden Sie es, wegen einer Nichtigkeit die Atmosphäre zu schädigen. Die dicke Falte in der Bettdecke sollten Sie lieber übersehen, wenn die Freunde des Kindes schon vor der Tür warten und es bereits eine halbe Stunde mit Aufräumen und Bettmachen verbracht hat.
2. Verschieben Sie die Inspektion, wenn Sie ohnehin schon genervt sind. Eltern, die schlechter Laune sind, neigen dazu, übermäßig kritisch zu sein und an allem einen Fehler zu finden.
3. Geben Sie dem Kind freie Zeit. Wenn eine Arbeit schlecht gemacht wurde, kann manchmal eine Pause vor der Korrektur die Spannung lösen. Selbst wenn ein Job noch nicht abgeschlossen ist, kann es sein, daß das Kind freie Zeit braucht. Auch die Schule ist Arbeit für die Kinder, und sie brauchen nach ihren „Jobs" eine gewisse Zeit, um sich zu entspannen.
4. Beurteilen Sie die Leistung Ihres Kindes danach, wie das Zimmer aussah, bevor das Kind mit der Arbeit begann, nicht da-

nach, was nicht erledigt wurde. Wenn das Wohnzimmer mit Papieren, Spielsachen und Büchern übersät war, heben Sie hervor, daß diese Sachen alle weggeräumt wurden, nicht, daß die Sofakissen noch schief sitzen.

5. Hüten Sie sich vor Wörtern wie immer, nie und jedesmal. Vermeiden Sie auch Anspielungen auf Fehler der Vergangenheit: „Du vergißt immer, dein Bett zu machen!" oder „Du hängst nie deine Jacke auf!" Konzentrieren Sie sich statt dessen auf die jetzt anstehende Aufgabe, und sprechen Sie nur darüber.

Üben Sie zuviel Kontrolle aus? Wenn ja, möchte das Kind immer genau gesagt bekommen, was es als nächstes tun soll oder was es nicht tut, aber eigentlich tun sollte. In Berlin beobachtete eine Kindergärtnerin, deren Gruppe zur Hälfte aus deutschen und zur Hälfte aus amerikanischen Kindern zusammengesetzt war, daß die deutschen Kinder in ihrem aufgelockert strukturierten Gruppenraum länger brauchten, um innere Kontrollen zu entwickeln, als die amerikanischen. Dies führte sie auf das starke, strenge Regiment in den meisten deutschen Familien im Vergleich zu dem entspannteren, weniger autoritären Stil amerikanischer Familien zurück.

Sybille war enttäuscht, daß ihr siebenjähriger Sohn so ein Trödler war. Allein die Aufgabe, seine Socken anzuziehen, nahm ihn zwanzig Minuten lang in Beschlag. Sie war ihm ständig auf den Fersen: „Beeil dich, du kommst zu spät. Zieh jetzt dein Hemd an und dann deine Hose." „Vergiß nicht, dein Bett zu machen." „Komm schon, wir wollen essen." Leons Zimmer hatte zwei Türen; eine davon führte in die Küche, so daß seine Mutter ihn ständig im Auge behalten konnte, während sie das Frühstück machte, und sie nutzte das, indem Sie ihm Anweisungen zu jedem Handgriff gab. Bei einem Elternabend wies Leons Lehrerin darauf hin, er müsse mehr Verantwortung dafür übernehmen, seine Hausaufgaben pünktlich zu erledigen. Das brachte Sybille auf die Idee, Leons Zimmer umzugestalten, um ihm auch zu Hause mehr Selbstverantwortung zu geben. Die Küchentür wurde verschlossen, indem ein Möbelstück davorgerückt wurde. Da Leon weder das Frühstück verpassen noch zu spät zur Schule kommen wollte und die Verantwortung ihm selbst auferlegt worden war, schaffte er es bald, rechtzeitig fertig zu werden, ohne daß seine Mutter ihn ständig überwachte. Lassen Sie Ihr Kind so viele seiner Entscheidungen wie möglich selbst treffen und soviel Verantwortung wie möglich selbst übernehmen.

Nimmt das Kind Unordnung wahr? Wie können wir Kinder trainieren, Verantwortung für ihre eigenen Sachen zu übernehmen, ein auf dem Boden herumliegendes Buch zu bemerken und es zurück ins Regal zu stellen? Eine frustrierte Mutter stellte einen Küchenstuhl direkt in die Tür zum Zimmer ihrer Tochter. Sie dachte sich: „Ich wette, meine Tochter und ihre Freundin, die heute bei uns übernachtet, kommen nicht einmal auf die Idee, ihn wegzustellen." Und tatsächlich, die beiden spielten, aßen zu Abend, zogen sich zum Schlafengehen aus, machten Popcorn, hörten sich Kassetten an, wanderten den ganzen Abend über ins Zimmer hinein und wieder hinaus und kamen nicht ein einziges Mal auf den Gedanken, den Stuhl aus der Tür wegzustellen oder auch nur zur Seite zu rücken. Den ganzen Abend kletterten Sie darüber hinweg oder zwängten sich daran vorbei. Schmutz und Unordnung wahrzunehmen ist eine Fähigkeit, die die meisten Menschen erst lernen müssen, und wie das Schuhebinden erfordert es Training, Übung und wieder Training.

Sträubt sich das Kind? Robert L. DeBruyn meint, daß es beim Lehren von Kindern drei Hindernisse zu überwinden gibt: die Alibis, die Einwände und die Klagen. Vielleicht hilft es, diese Hindernisse zu verstehen, bevor Sie entscheiden, ob Sie den Maßstab senken, einen anderen Job zuweisen oder mehr Gelegenheit zum Üben geben wollen.

Ein Kind, das ein Alibi oder eine Ausrede vorschiebt, sagt vielleicht: „Ich hatte keine Zeit, mein Bett zu machen" oder „Ich mache das Bad morgen sauber." Wenn der vernachlässigte Job etwas ist, das unbedingt erledigt werden muß, können Sie sofort antworten: „Wir warten mit dem Frühstück, bis du dein Bett gemacht hast" oder „Dann kannst du das Bad heute abend während der Fernsehzeit saubermachen." Ein Kind, das regelmäßig Ausreden gebraucht, zeigt einen Mangel an Interesse und braucht Ihr Verständnis, wenn Sie wollen, daß es dieses Interesse zurückgewinnt. Versuchen Sie, gelassen zu reagieren, aber sofort eine Lösung anzubieten, und nehmen Sie sich dann später Zeit, um offen über den wahren Grund hinter den Ausreden zu sprechen. Hat Ihr Kind das Gefühl, zuviel arbeiten zu müssen? Gibt es vielleicht außergewöhnliche Belastungen in der Schule? Würde ein verantwortungsvollerer Job mehr Interesse und Sinngefühl wekken?

Kinder können sich durch die Schule, durch Lehrer, Gleichaltrige und Trainer enorm unter Druck fühlen. Sues Tochter erinnert sich an einen Physiklehrer, der Anstoß daran nahm, daß sie sich Zeit für die Unternehmungen mit ihrer Band nahm. Er wollte, daß sie alles in seinen Physikkurs steckte, und trug ihr absichtlich zeitraubende Hausaufgaben auf, die mit Musikfestivals und Konzerten kollidierten. In so einem Fall wird die beste Lösung wohl sein, dem Kind andere Jobs zuzuweisen, statt an der Sackgasse festzuhalten.

Ein Kind, das Ausreden gebraucht oder gegen zugewiesene Aufgaben Einwände erhebt, wünscht sich im allgemeinen mehr Aufmerksamkeit von den Eltern, mehr Hilfe bei dem Job oder mehr Zeit, um ihn zu bewältigen. „Aber ich kann das nicht, es ist mir zu schwer!" „Aber ich muß doch jetzt Klavier üben." „Aber gleich kommt doch Tom. Ich kann jetzt nicht helfen!" So ein Einwand kann durchaus stichhaltig sein. Hören Sie aufmerksam zu, und treffen Sie dann eine angemessene Entscheidung. Einwände können sich leicht zu Auseinandersetzungen auswachsen. Das können Sie vermeiden, indem Sie Ihr Kind auffordern, seinen Einwand näher zu erläutern. Wenn die Ausrede starke Emotionen verrät, beruhigen Sie das Kind freundlich. Erkennen Sie den Gedanken an, loben Sie das Kind für die stichhaltigen Punkte (einen oder zwei gibt es bestimmt), und bestehen Sie dann darauf, daß der Job weisungsgemäß erledigt wird.

Die „Plattensprungmethode" hilft oft bei Kindern, die Einwände dagegen erheben, ihre Arbeit zu tun. Wie lange können Sie einer verkratzten Schallplatte zuhören, die ständig „Liebe ist,

Liebe ist, Liebe ist, Liebe ist, Liebe ist" singt? Es juckt einen sofort in den Fingern, die Nadel anzustoßen und den Rest des Liedes zu hören. Diese Plattensprungmethode können Sie auch bei Ihren Kindern anwenden. Camilla hatte den Abwasch den ganzen Tag vor sich her geschoben und statt dessen Süßigkeiten genascht, mit ihren Freundinnen telefoniert und in ihrem Lieblingsbuch gelesen. Um vier Uhr nachmittags wußte ihre Mutter, daß die Küche aufgeräumt werden mußte, damit sie um fünf Uhr mit den Vorbereitungen für das Abendessen beginnen konnte. Sie sagte: „Camilla, mach jetzt den Abwasch." Camilla reagierte mit einer Ausrede und einem Blick, der „Wer, ich?" zu sagen schien. Die Mutter wiederholte gelassen die Aufforderung: „Camilla, mach jetzt den Abwasch." Nach einigen weiteren Wiederholungen beschloß Camilla, lieber den Abwasch zu machen, anstatt sich diese Aufforderung ständig anzuhören und so die verkratzte Platte anzuhalten. Um diese Technik wirksam einzusetzen, muß die Anweisung von dem Elternteil ruhig und emotionslos kommen, als eine schlichte, direkte Feststellung dessen, was zu tun ist. Sobald die Nadel dann angestoßen ist, begleiten Sie die Arbeit mit ermutigenden Bemerkungen und loben sie, wenn sie erledigt ist. Wenden Sie diese Methode an, wenn Sie eine Situation nicht länger schleifen lassen können. Der Plattensprung ist nicht dasselbe wie Nörgeln. Nörgeln heißt, daß Sie ständig etwas auszusetzen haben und schimpfen, und es kann viele Stunden oder Tage lang anhalten! Der Plattensprung zielt auf ein sofortiges Handeln. Sobald das Kind aktiv wird, nehmen Sie die Platte herunter, und ändern Sie die Tonart auf Lob und Ermutigung.

Am ärgerlichsten kann es sein, wenn Kinder sich beklagen. Liegt es daran, daß eine berechtigte Klage das Ego des Elternteils bedroht? „Ich muß mehr arbeiten als alle meine Freunde." „Warum kann Maria das nicht statt meiner tun? Das ist nicht fair!" Kinder, die sich beklagen, sind meist erregt, wenn auch nicht immer über das, worüber sie sich beklagen. Michelle beklagt sich vielleicht über den Abwasch, doch erregt ist sie wegen einer schlechten Note in der Geschichtsarbeit. Indem Sie dem Kind geduldig zuhören, können Sie viel dazu tun, die Atmosphäre oder die etwas vernebelte Klage zu klären. Napoleon soll gesagt haben:

„Wenn die Leute aufhören, sich zu beklagen, hören sie auf zu denken." Wenn die Klage auf dem Boden der Tatsachen steht, nehmen Sie unverzüglich Korrekturen vor, und scheuen Sie sich nicht, zuzugeben, daß Sie einen Fehler gemacht haben.

Auch als Erwachsene benutzen wir Alibis, Einwände und Klagen, um uns unangenehme Aufgaben vom Leib zu halten. Sie tun Ihren Kindern einen guten Dienst, indem Sie lernen, die Gründe zu verstehen, die sie dafür anführen, daß sie eine zugewiesene Aufgabe nicht erledigen.

Schiebt Ihr Kind Aufgaben vor sich her? Ein gewisser Hang zum Verschieben scheint uns allen angeboren zu ein. Der Trick ist, uns das Verschieben nicht zur Gewohnheit zu machen. Um das zu verhindern, müssen wir lernen, die Symptome und die möglichen Gründe zu erkennen, und dann mögliche Lösungen betrachten, um dem Hang zum Verschieben entgegenzuwirken.

Der Hang zum Verschieben zeigt sich daran, daß das Kind

- Es vor sich her schiebt, mit einer Aufgabe zu beginnen
- Langsam dabei ist, etwas zu tun oder zu beenden
- Unordentlich oder unvollständig arbeitet
- Übermäßig sorgfältig und pedantisch ist
- Auf Hilfe wartet
- Viele Ausreden vorbringt
- Selten Dinge bemerkt, die erledigt werden müssen
- Mangelndes Interesse zeigt
- Von zu Hause wegbleibt, um sich vor seinen Aufgaben zu drücken.

Mögliche Gründe für den Hang zum Verschieben

- Entmutigt, weil die Arbeit zu schwierig ist
- Eltern erwarten Perfektion
- Furcht vor Versagen
- Erlebt zu viele Mißerfolge und zu wenig Erfolge
- Ist gelangweilt, weil die Arbeit zu leicht ist
- Konnte sich zuvor erfolgreich drücken
- Gesundheitliche oder körperliche Mängel

- Versucht, Mangel an Know-how zu überdecken
- Sieht zuviel fern
- Anforderungen der Eltern sind ungleichmäßig: heute zwei Stunden, morgen gar keine Arbeit.

Mögliche Lösungen
- Kind für positive Bemühungen loben
- Dem Kind helfen, Fähigkeiten zu entwickeln, die zu Erfolgserlebnissen führen
- Regelmäßige Aufgaben auf Diensttabellen eintragen
- Dem Kind etwas Besonderes zu tun geben
- Herausfinden, ob es körperliche oder gesundheitliche Probleme gibt
- Arbeit dem Niveau des Kindes anpassen
- In der Nähe bleiben, um darauf zu achten, daß das Kind pünktlich mit der Arbeit beginnt
- Darauf bestehen, daß das Kind bei der Arbeit bleibt, bis sie erledigt ist
- Zeitgrenzen festlegen und das Kind anstacheln, den Rekord zu brechen
- Von Zeit zu Zeit Anreize anbieten, die Spaß machen.

Gibt es eine feste Zeit für die Arbeit? Oder gibt es jeden Tag einen anderen Zeitplan? Wird von dem Kind erwartet, heute einige Arbeiten und morgen gar keine zu tun? Ein einfacher Zeitplan mit festen Essenszeiten und Schlafenszeiten hilft Kindern, ihr Leben zu regulieren. Werden die Aufgaben im voraus zugewiesen, oder erst in letzter Minute aufgetragen? Wird das Kind behandelt wie ein wertvoller Angestellter oder wie ein Sklave? Erwarten Sie zuviel? Gibt es ein Problem mit dem Job? Ist er zu schwer? Ist er so umfangreich oder zeitraubend, daß er das Kind überfordert? Niemand ist vollkommen; auch von unseren Kindern können wir das nicht erwarten. Behandeln Sie Ihr Kind mit demselben Verständnis, das Sie dem Kind Ihrer Nachbarn entgegenbringen würden? Bedenken Sie, daß Kinder ihre Zimmer im Durchschnitt sauberer halten als die Eltern die Garage.

Gibt es äußere Ablenkungen durch Freunde, Fernsehen oder Bücher? Das alles sind gute Dinge, aber sie müssen ein wenig reguliert werden, damit das Leben ausgewogen bleibt. Ihre Kinder brauchen Zeit zum Arbeiten, ohne daß Freunde in der Nähe sind, und Sie brauchen eine Möglichkeit, das zu regulieren. Zuweilen sind es Kinder, die nicht zur Familie gehören, die das Problem verursachen, nicht nur durch ihre Gegenwart, sondern auch durch ihre Spielgewohnheiten. Solche Kinder finden es manchmal besonders reizvoll, alle Spielsachen, Schränke und Schubladen zu durchforsten, alles herauszuziehen und ein Riesenchaos zu verursachen. In einem solchen Fall muß der Erwachsene diese Gäste dazu anhalten, innerhalb akzeptabler Grenzen zu spielen. Richten Sie eine Aufräumzeit ein, bevor die kleinen Gäste Ihr Haus wieder verlassen, um ihnen die Konsequenzen solcher Neugier vor Augen zu halten. Manchmal müssen die Erwachsenen auch die Verantwortung für die von kleineren Kindern verursachte Unordnung übernehmen, um zu verhindern, daß sich bei den älteren Kindern in der Familie Groll aufstaut.

Bonnie merkte, daß es ihr jüngstes Kind war, das während der Arbeitszeit in ihrem Haus für die größte Ablenkung sorgte. Der Kleine unternahm alles mögliche, um seine älteren Geschwister zu beschäftigen. Als er noch zu klein zum Mithelfen war, steckte Bonnie ihn mit jeder Menge Spielzeug in die Badewanne, um ihn zu beschäftigen, während die anderen arbeiteten. Als er dann vier war, war die beste Lösung, ihn mitarbeiten zu lassen, damit er das Gefühl hatte, dazuzugehören.

Da Fernsehen eine passive Beschäftigung ist, behindert es die Arbeit, verlangsamt das Lernen, erstickt die Kreativität und trägt zur Aggressivität unter Geschwistern bei. Sicher, durchs Fernsehen kann man auch manches an Wissen erwerben, doch auf diese passive Weise lernt ein Kind weniger, als wenn es aktiv beteiligt ist. Statistiken zeigen, daß Kinder, die vier Stunden am Tag oder noch mehr fernsehen, geringere Intelligenzquotienten haben als diejenigen, die weniger als vier Stunden fernsehen. Fernsehen stört bei der Arbeit, weil es die Aufmerksamkeit der Kinder von ihrer Umgebung ablenkt. Sie bemerken nicht die Dinge, die zu tun sind. Wenn sie bei laufendem Fernseher zu arbeiten versuchen, verwandelt sich das Eisen in ihrem Blut in Blei in ihrem Hintern. Sobald sie das Interesse an einer Sendung verloren haben, fangen sie an, aufeinander herumzuhacken. Versuchen Sie einmal, den Fernseher für ein paar Tage ausgeschaltet zu lassen. Nach den ersten Entzugserscheinungen fangen Kinder an, selbst aktiv zu werden und bessere Beziehungen untereinander zu entwickeln. Sie sorgen selbst für ihre Unterhaltung, anstatt sich vor die Mattscheibe zu setzen, sobald sie sich nur einen Augenblick langweilen. Die meisten Familien möchten nicht ganz auf den Fernseher verzichten, aber sie können viel gewinnen, indem sie den Konsum einschränken.

Bücher können je nach ihrer Art ähnlich wirken wie der Fernseher. Nach einer spannenden Lektüre sackt man in ein Loch und muß sich erst wieder in der wirklichen Welt zurechtfinden. Manchmal folgt eine kurze Phase der Niedergeschlagenheit, die es schwermacht, sich wieder an die Arbeit zu machen oder die Hausaufgaben in Angriff zu nehmen. Lesen kann ein Fluchtmittel und eine Verschiebetaktik sein, die es schwermacht, sich wieder seinen Aufgaben zuzuwenden.

Ist es eine Umstellungszeit für Ihr Kind? Haben Sie schon einmal Zeitschriftenartikel gelesen, in denen es heißt: „Papa und Mama brauchen eine gewisse Zeit zum Durchatmen, wenn sie von der Arbeit nach Hause kommen, um sich an die veränderte Umgebung zu gewöhnen"? Nicht nur Erwachsene, sondern auch Kinder haben solche Umstellungsbedürfnisse. Achten Sie auf solche Bedürfnisse, wenn die Kinder aus der Schule, vom anderen Elternteil, von den Großeltern oder von einer Geburtstagsparty nach Hause kommen.

Eine Mutter erzählt: „Meine Kinder haben Probleme, sich wieder ins Familienleben einzufinden, nachdem die Zeichentrickfilme am Samstagmorgen vorbei sind." Eine andere berufstätige Mutter stellte fest, daß ihr zweijähriger Sohn, wenn sie ihm gleich nach der Rückkehr von der Arbeit ein paar Minuten widmete, indem sie ihm eine Geschichte vorlas oder einen kleinen Spaziergang mit ihm machte, anschließend zufrieden alleine spielte, während sie das Abendessen vorbereitete.

Vielleicht steckt das Bedürfnis nach einer solchen Umstellungszeit hinter der verbreiteten Gewohnheit, nach der Schule erst einmal eine kleine Vesper mit Keksen und Milch zu halten. Ein Jugendlicher und seine Eltern einigten sich auf ein Handsignal, das sie benutzen wollten, wenn der Streßpegel anstieg – ein Zeichen, das sagen sollte: „Laßt mich erst einmal in die Spur kommen." Eltern, die sich dessen bewußt sind, können Verständnis zeigen und ihre Anforderungen in Zeiten der Anspannung zurückschrauben.

Müssen Sie mit einem Ex-Ehepartner oder anderen Eltern wetteifern? Kinder, deren Eltern geschieden sind, bilden sich oft ein, daß der andere Elternteil sie nicht soviel arbeiten lassen oder nicht so streng mit ihnen sein würde. Wir haben keine Antwort auf dieses Problem, aber vielleicht hilft es Ihnen schon, zu wissen, daß es existiert. Auch Kinder, die bei beiden leiblichen Eltern leben, bilden sich ein, daß andere Eltern sie besser behandeln würden. Kommt Ihnen auch manchmal der Gedanke, daß die Kinder anderer Leute sich besser benehmen würden als die Ihren? Manchmal müssen wir sogar mit der Vorstellung wetteifern, wie Eltern vor hundert Jahren ihre Kinder zu gewissenhaften Arbeitern und überdies zu guten Rechtschreibern erzogen haben. Aber die „gute alte Zeit" war in Wirklichkeit vermutlich gar nicht so wunderbar.

Ist es der Elternteil, der ein Problem hat? Stehen *Sie* unter Streß? Erwarten Sie von Ihrem Kind, Ihnen Ihre Überlastung abzunehmen? Wenn es sich vermeiden läßt, versuchen Sie nicht, mit Ihrem Kind über Probleme zu sprechen, wenn einer von Ihnen müde (zum Beispiel nach zweiundzwanzig Uhr), hungrig (vor dem Essen) oder krank ist. Wenn der Elternteil unter Streß steht, ist es vielleicht nötig, eine Energiebilanz aufzumachen, die Prioritäten der Ziele neu zu ordnen und einige der weniger wichtigen Punkte zu verschieben oder fallenzulassen. Eine Mutter, die erst kürzlich wieder eine Arbeitsstelle angenommen hatte, glaubte, ihre Familie wäre enttäuscht, wenn sie nicht traditionsgemäß zu den Festtagen Früchtebrot und Schokoladenkekse machen könnten. Doch als sie sie danach fragte, erfuhr sie zu ihrer Überraschung, daß sie viel lieber karamelisiertes Popcorn und Partyknabbereien aus Bretzeln, Cornflakes und Nüssen machen würden. Und diese Dinge waren viel leichter herzustellen.

Wenn Eltern durch streßreiche Zeiten gehen, reagieren Kinder nicht immer mit gesteigerter Hilfsbereitschaft und reifem Verständnis. Manchmal blicken wir mit rosa getönten Brillengläsern zurück und kommen zu dem falschen Schluß, daß in früheren Zeiten die Familien einschließlich der Kinder sich in harten Zeiten um so enger zusammenschlossen. Im Kino können wir in dieser Hinsicht einige außerordentliche Geschichten beobachten, aber im Leben ist es nicht immer so. Oft, wenn Eltern eine Scheidung, den Verlust eines Arbeitsplatzes oder eine schwere Krankheit durchmachen, kommen die Kinder nicht damit zurecht. Wenn das bei Ihnen der Fall ist, machen Sie es sich bewußt, und nehmen Sie Hilfe in Anspruch. Sie finden Sie in Ihrer Familie, in der Gemeinde, in der Schule, in Selbsthilfegruppen und bei entsprechend ausgebildeten Lebensberatern.

Mütter, die ganztags erwerbstätig sind, müssen oft außerordentlich hohen Belastungen standhalten. Wenn die Kinder in einer Kindertagesstätte untergebracht sind, während ihre Mutter an der Arbeit ist, bleibt das Haus, wie es ist, während sie weg sind, doch wenn ältere Kinder vor und nach der Schule allein zu Hause sind, geht einiges an Boden verloren. Berufstätige Mütter sind allgemein ein wenig sorgfältiger dabei, bei den notwendigen Dingen am Ball zu bleiben und nicht zuzulassen, daß sich Dinge aufhäufen können, weil sie einen straffen Zeitplan und nur wenig Zeit zu Hause haben. Statistiken zeigen, daß Frauen, die zu Hause bleiben, mehr Zeit mit der Hausarbeit zubringen als erwerbstätige Frauen. Ein Grund dafür ist, daß sie sich mehr vornehmen. Doch ob die Mutter nun außer Haus arbeitet oder nicht, Kinder wachsen daran, daß sie lernen, zu Hause zu helfen.

In dem Film *Kramer gegen Kramer* wird gezeigt, wie an dem Morgen, nachdem die Mutter die Familie verlassen hat, Vater und Sohn versuchen, sich ein Frühstück zuzubereiten. Wäre es der Vater gewesen, der die Familie verlassen hätte, so hätte die Mutter das Frühstück allein gemacht und es ihrem Sohn vorgesetzt. Wenn eine Frau erwerbstätig ist oder zusätzliche Belastungen und Emotionen zu tragen hat, neigt sie dazu, trotzdem die traditionellen Haushaltspflichten auf sich zu nehmen. Ein Mann, der in die neue Situation geworfen wird, neben der Arbeit seine Kinder und sein Zuhause zu versorgen, neigt dazu, sich an die Kinder zu wenden und sie als Gruppe zu organisieren. Da dies für ihn eine Zeit ist, in der er umlernen muß, beteiligt er die Kinder an der Umstellung, statt sie davor zu beschützen, wie es Mütter oft tun. Manche Frauen haben Angst davor, einen Teil der Verantwortung an andere abzugeben. Anderen ist es einfach zuviel Streß, zu versuchen, den Kindern neue Fähigkeiten beizubringen, und meinen, es sei leichter, einfach alles selbst zu machen.

Wenn eine berufstätige Mutter bereit ist, andere einen Teil der Arbeit tun zu lassen, dann werden ihr die Prinzipien und Tricks in diesem Buch von Nutzen sein. Vielen Leuten ist es gelungen, die ganze Familie arbeiten zu lassen und nicht nur die Eltern. Sie werden vielleicht überrascht sein, wieviel ein Kind tun kann. Als Bettina eine Ganztagsstelle annahm, übertrug sie den Kindern den größten Teil des Saubermachens und Aufräumens und nahm sich selbst jeden Abend einen kleinen Bereich vor, den sie gründlich putzte. Manche Familien teilen die Arbeit, einschließlich des Kochens, in Listen je nach Anzahl der Familienmitglieder auf und lassen diese Listen jede Woche rotieren. Das ist erfolgversprechend, wenn alle Familienmitglieder in etwa die gleichen Fähigkeiten haben – vielleicht dann, wenn alle über zehn Jahre alt sind. Marianne bittet jedes ihrer Kinder, zusätzlich zur Instandhaltung seines eigenen Zimmers samstags eine volle Stunde für den Hausputz einzusetzen. Das reicht aus, um ihr großes Haus in Schuß zu halten, und keinem wird die Last auferlegt, das ganze Wochenende durchzuarbeiten. Familien, die so zusammenarbeiten, wachsen fester zusammen und entwickeln eine gesunde gegenseitige Abhängigkeit.

Wo auch der zweite Elternteil arbeiten geht, bleibt manchmal etwas überschüssiges Geld übrig, so daß die Möglichkeit besteht, jemanden anzustellen, einen Teil der Hausarbeit zu übernehmen. Manche Kinder ziehen dann den Schluß: „Wenn wir jemanden bezahlen müssen, gebe ich mir lieber etwas mehr Mühe, um alles sauberzuhalten“, während andere sich fühlen wie im Hotel und alle Verantwortung von sich weisen, nach dem Motto „das ist Sache des Mädchens“. Andere Eltern einigen sich darauf, lieber ihre Kinder zu bezahlen als eine Haushälterin, und geben so den Kindern Verantwortung und die Gelegenheit, sich etwas zu verdienen.

Für berufstätige Eltern besteht der Trick, die Hausarbeit in den Griff zu bekommen, darin, bei den Grundlagen wie Aufräumen, Mahlzeiten, Abwasch und Wäsche beharrlich am Ball zu bleiben und sich die Mitarbeit der Kinder zu sichern. Hilfreich kann es dabei sein, die folgenden Grundsätze zu beachten:

1. Ordnung ist die oberste Regel. Die Maßstäbe für den Haushalt sind locker, aber Unordnung und Schmutz sind nicht akzeptabel.
2. Stellen Sie ein Reinigungsprogramm auf, um im Auge zu behalten, wo bereits saubergemacht wurde.
3. Achten Sie darauf, daß aus den Anweisungen klar hervorgeht, wer, was, wann und wie zu tun hat.
4. Vereinfachen Sie den Haushalt, indem Sie dafür sorgen, daß alles einen festen Platz hat, daß Sie nicht ständig benötigte Wertgegenstände lagern und Unnötiges hinauswerfen.

Sind Sie wütend? Es gibt Zeiten, in denen Sie alle 401 Tricks ausprobiert haben und Ihre Kinder immer noch nicht arbeiten. Die Kinder finden, daß sie schon genug tun, und Sie finden, daß sie sich vor der Arbeit drücken. Sie regen sich auf und versuchen Zwang anzuwenden. Dann versuchen Sie es mit der Selbstmitleid-Methode: „Es dauert fünfzig Stunden, zu kochen und zu waschen und dieses Haus zu putzen, das schaffe ich einfach nicht alles alleine. Warum könnt ihr nicht wenigstens mal eine Stunde lang mit anfassen?“ Das Beste, was Sie in so einer Situation tun können, ist, einen langen Spaziergang zu machen und sich abzukühlen. Durchdenken Sie noch einmal die Situation. Vielleicht sind es ja Sie, der Elternteil, der so beschäftigt ist, daß Sie Ihren Anteil an der Arbeit nicht schaffen, und nun versuchen Sie, die Kinder dazuzubringen, daß sie mehr als ihren Anteil übernehmen. In diesem Fall rettet es vielleicht die Situation, einmal bis Mitternacht aufzubleiben und alles Liegengebliebene zu erledigen, um dann am nächsten Morgen bei ausgeglichener Bilanz von vorn anzufangen. Es kann alles mögliche schiefgehen, und das wird es auch. Das Ziel – die Kinder zur Mitarbeit zu bewegen – ist richtig. Halten Sie weiterhin Ausschau nach einem Weg, ihm näher zu kommen. Bedenken Sie dabei, daß ein blitzblankes Haus kein Selbstzweck ist. Der einzige Grund für die Hausarbeit sind die Menschen: um uns das Leben leichter zu machen, um gesund zu bleiben, um unser Selbstbild zu verbessern. Machen Sie also nicht das Haus zum Allerwichtigsten, so daß die Menschen dabei auf der Strecke bleiben.

Sind Sie eingeschüchtert von dem, was andere denken oder tun? Glauben Sie, daß die Kinder der Autorinnen ständig im Vorbeigehen Sachen aufheben, ihre Zimmer makellos in Ordnung halten und ihre Arbeiten erledigen, ohne daß man sie dazu auffordern muß? Dieses Buch wurde zum Teil mit dem Ziel geschrieben, Lösungen zu finden und auszuprobieren, um diese Probleme zu überwinden. Wir hoffen, daß andere Nutzen aus dem ziehen können, was wir gelernt haben; doch unsere Kinder versuchen sich genauso zu drücken und Dinge vor sich herzuschieben wie Ihre.

Vergleichen Sie Ihre Kinder nicht mit dem Bild, das Sie von den Kindern anderer Leute haben. Gehen Sie die ganze Sache freundlich an. Erwarten Sie nicht von Ihren Kindern, daß sie schneller rennen, als sie können. Eines Abends beendete Bonnie ein Telefongespräch mit der abschließenden Bemerkung: „Ich muß jetzt Schluß machen und den Küchenfußboden schrubben." „Was soll das heißen?" schalt sie die Anruferin. „Das sollten deine Kinder für dich erledigen! Ich habe immer für meine Mutter den Fußboden geschrubbt." Aber merken Sie sich eins, liebe Leser: AUSSENSTEHENDE BETRACHTEN IHRE KINDER OFT ALS UNGENUTZTE ARBEITSKRÄFTE, wie eine unerschöpfliche Quelle. Lassen Sie sich davon nicht einschüchtern. Bonnie erklärte ihrer Anruferin, daß ihre Kinder zur Zeit in anderen Hausarbeitsfächern eingeschrieben seien und man nicht von ihnen erwarten könne, alles in einem Semester zu lernen. Oft werden andere Leute, wenn Sie Probleme haben, Ihnen den Rat geben: „Geben Sie Ihren Kindern mehr zu tun.“ Doch Sie selbst müssen sich Ihre Ziele setzen und sie verfolgen.

Wenn Sie versuchen, Dinge zu verändern, rechnen Sie damit, daß die Familie sich Veränderungen widersetzen wird und die Lage möglicherweise erst einmal schlechter wird, bevor sie sich bessert. Ohne Fleiß kein Preis. Wir alle spielen in unserer Familie eine bestimmte Rolle – genau wie ein Schauspieler auf der Bühne. Und wenn ein Familienmitglied sich zu verändern beginnt, und sei es auch zum Besseren, haben die anderen unbewußt Angst davor, daß ihre Rollen und Positionen durcheinandergeraten könnten, und widersetzen sich der Veränderung oder versuchen sie gar zu sabotieren.

Nehmen wir an, Mama beschließt, ihren Haushalt besser in den Griff zu bekommen. Also liest sie ein Buch über Haushalts-Management und probiert die Ideen in ihrer Familie aus. Doch statt sie dabei zu unterstützen, sabotiert vielleicht die Familie ihre Bemühungen, bis die einzelnen merken, daß diese Veränderung ihre individuelle Rolle nicht beschädigen wird. Dasselbe passiert, wenn Papa eine Diät beginnt. Ungefähr am fünften Tag wird Mama einen unwiderstehlichen Drang verspüren, ihm seine Lieblingskirschtorte zu backen, was sie sonst nur einmal im Jahr tut. Sehen Sie, um Veränderungen herbeizuführen, müssen wir genau wissen, wohin wir wollen und warum, damit diese Widerstände uns nicht aus der Spur bringen. Ein guter Vorsteher muß bei seinem Ziel bleiben, Geduld zeigen und beharrlich versuchen, eine Veränderung herbeizuführen.

Wenn Sie dann die Ergebnisse Ihrer Bemühungen überprüfen, bedenken Sie, daß sie dabei sind, sich zu verbessern, und nicht etwa einen Endzustand erreicht haben, in dem es nichts mehr zu verbessern gibt. Es gibt nun einmal keine perfekten Eltern – also müssen Sie sich auch nicht schuldig fühlen, wenn Sie nicht perfekt sind. Das ist auch der Grund, warum so viele Eltern eine Abneigung gegen den Muttertag oder den Vatertag haben. Sie haben nicht das Gefühl, diesem Image zu entsprechen. Kinder wie Eltern machen Wachstumsprozesse mit Höhen und Tiefen durch. Wenn wir uns selbst akzeptieren als Menschen, die sich Mühe geben und langsam besser werden, wird es uns leichter fallen, mit uns selbst zu leben und es immer weiter zu versuchen.

Nachdem Sie Ihre Kinder gelehrt haben und sie alt genug sind, um allein zurechtzukommen, lassen Sie sie los. Sie haben versucht, ihre Selbständigkeit zu fördern und ihnen Verantwortung beizubringen, so gut Sie konnten. Jetzt ist es an der Zeit, sie weiterhin zu lieben, aber andere Bereiche ihres Lebens loszulassen. Eine Mutter versucht immer wieder ihrer achtundzwanzigjährigen verheirateten Tochter einzubleuen, sie solle ihr kleines Töchterchen nicht mit dem Spitznamen Lizzy anreden. Ein Vater besteht darauf, daß sein verheirateter Sohn auf die Uni geht. Eine sechsundsiebzigjährige Mutter will ihrer fünfzigjährigen Tochter immer noch vorschreiben, wie sie mit ihrem Geld umzugehen hat. Bringen Sie Kindern bei, ihr eigenes Leben zu lenken, und lassen Sie sie dann los. Da ist immer noch Raum für Freundschaft, aber es gibt nun Bereiche, für die die Kinder selbst verantwortlich sind. Wenn es Mängel in ihrer Persönlichkeit gibt, liegt es an ihnen selbst, sich zu ändern. Wenn sie Fähigkeiten besitzen wollen, liegt es an ihnen, den Preis dafür zu zahlen und sie zu erlernen. Es ist nicht nötig, daß Eltern ihr ganzes Leben lang die finanzielle und emotionale Verantwortung für ihre erwachsenen Kinder tragen. Freilich kann eine Familie eine mächtige Stütze sein, die durch schwere Zeiten hilft. Keiner kennt alle Gründe, aus denen manche Kinder zu Siegern und andere zu Verlierern werden. Auch dieses Buch kann keinen Erfolg garantieren, nur verbesserte Chancen.

Nutzen Sie die Jahre zwischen diesem Augenblick und dem Moment, in dem Ihre Kinder das Elternhaus verlassen, um sich Ziele zu setzen, beständig nach Möglichkeiten Ausschau zu halten, Ihre Kinder an der Hausarbeit zu beteiligen, Spaß zu haben und die Ernte einzubringen. D. O. McKay schrieb:

> Das Recht zu arbeiten ist ein Geschenk,
> die Kraft zu arbeiten ist ein Segen,
> und die Liebe zur Arbeit ist der Erfolg.

Kapitel 12

401 Wege, wie Sie Ihre Kinder dazu bringen, im Haus mitzuhelfen

Das Folgende sind Prinzipien, Methoden und Tricks, um Kinder zum Arbeiten zu bewegen. Die Tricks sind darauf angelegt, Interesse und Spaß in die Sache zu bringen; sie bieten eine äußere Motivation, bis das Kind etwas von sich aus tun will. Die Prinzipien sind aufgeführt, weil die Tricks nicht funktionieren werden, wenn sie nicht beachtet werden. Organisationsmethoden machen sowohl den Kindern als auch den Erwachsenen das Arbeiten leichter. Ein Job, der mit der richtigen Methode gelehrt wird, wird dann auch getan – und darauf kommt es an. Nutzen Sie diese lange Liste als Anregung für Ihr eigenes Brainstorming, wenn Sie auf der Suche nach Ideen sind. Ernten Sie den Lohn, eine spürbare Hilfe im Haushalt zu haben, erkennen Sie das persönliche Wachstum Ihres Kindes hin zur Selbständigkeit, und genießen Sie die gewonnene Zeit.

Arbeitsmotivatoren

- ☞ Decken Sie den Tisch mit Papptellern und bitten Sie um Freiwillige für den Abwasch.
- ☞ Lassen Sie die Kinder Karussellpferde spielen und jedesmal, wenn sie in die Knie gehen, einen Gegenstand aufheben.
- ☞ „Schleichen" Sie sich an einen schwierig aussehenden Job an, indem Sie das Kind immer nur einen kleinen Teil auf einmal tun lassen.
- ☞ Spielen Sie Arbeitsroboter, und ziehen Sie sich gegenseitig mit einem großen Schlüssel auf.
- ☞ Bewegen Sie sich beim Saubermachen wie ein steifbeiniges Tier oder eine mechanische Puppe.
- ☞ Ziehen Sie eine Spieluhr auf, und probieren Sie aus, wieviel von einem Zimmer aufgeräumt werden kann, bevor die Musik aufhört.
- ☞ Dichten Sie Liedzeilen um, z. B. „Komm, spül'n wir alle Teller" statt „Komm, sag es allen weiter" etc.
- ☞ Veranstalten Sie eine Laubrechen-Party, bei der zur Erfrischung „Laub-Chips" (Kartoffelchips) und Tunke gereicht werden.
- ☞ Spielen Sie beim Arbeiten gegen die Zeit.
- ☞ Teilen Sie die Familie in Arbeitsgruppen auf, damit sie bei der Arbeit Gesellschaft haben und sich unterhalten können.
- ☞ Versuchen Sie „Zwanzig-Stücke-Aufräumaktionen" oder „Fünf-Minuten-Aufräumaktionen", bei denen alle mithelfen.
- ☞ Tauschen Sie für einen Abend die Rollen und lassen Sie die Kinder Eltern und die Eltern Kinder spielen. Da kann das Schlafengehen ganz anders laufen!
- ☞ Veranstalten Sie eine Grüne-Daumen-Party, um Blumen einzutopfen oder etwas im Garten anzupflanzen. Als Erfrischung gibt es grünen Punsch.

- ☞ Regen Sie Kinder an, Dankesbriefe zu schreiben, indem Sie ihnen ihr eigenes Briefpapier und Briefmarken zur Verfügung stellen.
- ☞ Geben Sie dem Kind eine trockene Plastikbürste, um Dreck von Schuhen und Stiefeln zu entfernen.
- ☞ Nähen Sie einen Handschuh, den die Kinder beim Autowaschen benutzen können, indem Sie zwei Seiten eines alten Toilettenbezuges oder eines Vorlegers zusammennähen.
- ☞ Stellen Sie eine Vorschlags-Schachtel bereit, die Ideen, Aktivitäten und Projekte für die Kinder enthält, wenn sie sich langweilen.
- ☞ Singen Sie zusammen, wie es Armeegruppen beim Marschieren tun. Das macht Arbeiten wie Laubrechen, Schneeschaufeln oder Unkrautjäten leichter.
- ☞ Vergeben Sie Sterne für erledigte Jobs. Heften Sie ein kleines Büchlein zusammen, in dem die Kinder die Sterne sammeln und, wenn es voll ist, dafür eine gemeinsame Zeit mit einem Elternteil einlösen können.
- ☞ Lassen Sie die Kinder auf Blättern mit Stoffkreiden Bilder malen. Übertragen Sie diese Bilder auf große Taschen auf einer Schürze. Wenn dann Ihre Kinder aufräumen, lassen Sie sie die Schürze tragen und Gegenstände, die verschiedenen Familienmitgliedern gehören, in die entsprechenden Taschen stecken.
- ☞ Geben Sie den Kindern einen Handschuh, einen kleinen Malpinsel oder einen Staubwedel, um ihnen das Staubwischen an schwer erreichbaren Stellen zu ermöglichen.
- ☞ Stellen Sie aus einem einzelnen Socken einen Staub-Muppet her. Zeichnen Sie mit Markierstift ein Gesicht darauf.
- ☞ Motivieren Sie ein kleines Kind, das gerade lesen lernt, indem Sie die Aufgaben in einfachen Worten aufschreiben, wie etwa „Spielsachen aufheben“ oder „Becken saubermachen“.
- ☞ Benutzen Sie ein spezielles Tischtuch, das von dem Kind ausgesucht oder selbst entworfen wurde, wenn das Kind mit Kochen an der Reihe ist.
- ☞ Stellen Sie eine Aufhebe-Handpuppe her, die das Kind benutzen kann, um Spielsachen aufzuräumen.

- ☞ Hängen Sie ein Blatt Papier für jedes Kind an die Wand oder Pinnwand. Jedesmal, wenn sie eines ihrer Spielzeuge wegräumen, können sie ein Bild dieses Spielzeugs auf ihr Blatt zeichnen. Dazu dürfen sie besondere Stifte verwenden.
- ☞ Losen Sie aus, wer diese Woche füreinander „Heinzelmännchen“ spielt.
- ☞ Lassen Sie die Kinder reisende Vertreter spielen. Lassen Sie sie mit Koffern durch die Wohnung gehen, alles einpacken, was ihnen gehört, und dann damit in ihr „Hotelzimmer“ abziehen, um es einzuräumen.
- ☞ Spielen Sie abends „Spielsachen ins Bett bringen“.
- ☞ Lassen Sie kleine Kinder beim Aufräumen in der Küche eine Schürze tragen. Benutzen Sie Spielzeuglastwagen, um Sachen aufzuladen und abzutransportieren, und liefern Sie Spielsachen mit einem Postsack an ihrem richtigen Platz ab.
- ☞ Lassen Sie das Kind zehn Gegenstände in einem Zimmer wegräumen, und raten Sie dann, welche es waren. Kinder lieben das!
- ☞ Nennen Sie Ihre Wünsche auf ungewöhnliche Weise. Singen Sie: „Es wäre ja so schön, wenn das Wohnzimmer bis zehn Uhr gesaugt wäre.“ Singen Sie das nur so vor sich hin, aber in Hörweite des trödelnden Kindes.
- ☞ Der Elternteil kann als Spielzeugfänger agieren und herumliegende Spielsachen in den Spielzeugkäfig sperren. Um das Spielzeug zu befreien, muß das Kind den Preis entrichten, indem es eine besondere Aufgabe für den Elternteil erledigt.
- ☞ Zeichnen Sie Aufträge auf einem Kassettenrecorder auf, den die Kinder nach der Schule abhören. Das ist vor allem dann nützlich, wenn der Elternteil nicht zu Hause sein kann, und es geht schneller, als die Aufträge aufzuschreiben.
- ☞ Lassen Sie die Kinder helfen, Samen und Blumen- oder Gemüsesetzlinge auszusuchen, wenn Sie sie zur Mitarbeit im Garten anhalten wollen.
- ☞ Sagen Sie zu dem Kind: „Ich erinnere dich daran, die Treppe zu kehren.“ Wenn Sie für die Jobs einen Lohn bezahlen, ziehen Sie zehn Pfennig für jede Erinnerung ab. Notieren Sie Zeit und Datum auf einem Zettel, den Sie dem Kind am Zahltag übergeben.

☞ Ernennen Sie jemanden zum Entsorgungsingenieur, der rund ums Haus herumliegenden Abfall im Mülleimer oder Müllsack sammelt.

Anreize

✔ Geben Sie Anreize. Sie können bestehen in Essen, Vorrechten, Geld, Zeit mit einem Erwachsenen etc.

Zeit: Geschichte vorlesen, miteinander reden, ein Spiel spielen, ein Puzzle legen, etwas basteln oder zusammen kochen.

Rechte: mit einem Freund spielen, Kuchen backen, einen Limonadenstand aufmachen, Schwimmen, Fahrradfahren, malen, fernsehen oder Inliner fahren.

Essen: Apfel, Keks, Banane, Eiskrem, Erdnüsse, Eis am Stiel, Sonnenblumenkerne, Cola, Cracker, Butterkekse, trockene Cornflakes oder kleine Bonbons.

Sachen: kleines Spielzeug, Spiel, Kassette, Geld, Karten, Murmeln, Ball und Schläger, Kreide, Buntstifte, Malblock, Notizblock, Buch, Knete, Schere, Farben, T-Shirt, Springseil, Malbuch, Goldfisch, Verkleidung oder Schlaginstrumente.

✔ Erklären Sie das Kind an seinem Geburtstag zur Königlichen Hoheit – keine Arbeit!

✔ Stellen Sie „Spaßgeld" her, wie Geldscheine mit freien Feldern für den Namen, die getane Arbeit und den Betrag echten Geldes oder die Rechte, die der Job wert ist.

✔ Vergeben Sie Trophäen aus Papier, Blechdosen, Pappmaché oder Schachteln. Geben Sie die Kategorien vorher bekannt. Es könnte Preise für den „Saubersten Müllrausbringer", das „Ordentlichste Zimmer" oder den „Willigsten Helfer" geben.

✔ Verstecken Sie das Geld, das für die Freitagabend-Unternehmung zurückgelegt ist, im Wohnzimmer. Lassen Sie alle im Wohnzimmer saubermachen, um es zu finden.

✔ Lassen Sie die Kinder alte, schwere Socken anziehen und auf einem frisch gewachsten Fußboden herumrutschen, um ihn zu polieren. Achten Sie aber darauf, daß der Boden in gutem, glattem Zustand ist, damit niemand sich einen Splitter einzieht.

- ✔ Sorgen Sie dafür, daß das Kind ein Erfolgserlebnis hat.
- ✔ Kritisieren Sie den Job, nicht den Arbeiter.
- ✔ Machen Sie nicht jede anstehende Erlaubnis von einem Berg Arbeit abhängig.
- ✔ Hängen Sie eine Wäscheleine an die Wand, an der die Kinder Schulaufsätze und Kunstwerke aufhängen können.
- ✔ Hinterlassen Sie auf dem Bett Ihres Kindes einen Zettel mit der Aufschrift: „Das Phantom hat das Bett gemacht!"
- ✔ Bevor Sie die Kunstwerke und Zeichnungen des Kindes abhängen, machen Sie Fotos davon, um eine Erinnerung aufheben zu können.
- ✔ Verschicken Sie Lobesbriefchen als schriftliche Anerkennung für gut gemachte Arbeit.
- ✔ Reservieren Sie eine Wand für „Fellchen" oder richten Sie eine eigene „Halle des Ruhms" ein.
- ✔ Bringen Sie dem Kind bei, eine Gute-Taten-Liste zu führen, auf der es festhält, was es für andere Familienmitglieder getan hat.
- ✔ Stellen Sie aus blauem Band besondere Familienauszeichnungen her.
- ✔ Versuchen Sie, die Kinder mit dem Ausziehspiel dazu zu bringen, die Kleider so auszuziehen, daß die richtige Seite außen ist.
- ✔ Stellen Sie eine „Schrubberpuppe" her, die eine Woche lang im ordentlichsten Zimmer zu Gast ist.
- ✔ Überreden Sie eine Freundin, die Hausfee zu spielen, um die Zimmer Ihrer Kinder zu inspizieren. Im Austausch können Sie die Zimmer der Kinder Ihrer Freundin auf ähnliche Weise inspizieren.
- ✔ Machen Sie sich die Vorlieben Ihres Kindes klar, damit Sie seine natürlichen Interessen und die möglichen Anreize erkennen.
- ✔ Bringen Sie Ihre positiven Komplimente mit Nachdruck vor.

- ✔ Formulieren Sie Ihre verbalen Streicheleinheiten so konkret wie möglich.
- ✔ Führen Sie Buch über die positiven Streicheleinheiten, die Sie Ihrem Kind geben. Steigern Sie die Anzahl morgen.
- ✔ Zeichnen Sie einen Smiley auf die Hand Ihres Kindes. Sagen Sie: „Wann immer du das anschaust, weißt du, daß es ‚Ich liebe dich' bedeutet."
- ✔ Setzen Sie bei kleinen Kindern unmittelbare Anreize ein.
- ✔ Schreiben Sie zweimal in der Woche einen Liebeszettel.
- ✔ „Erst die Arbeit, dann das Vergnügen" schafft Anreiz, es hinter sich zu bringen. Plazieren Sie weniger angenehme Dinge vor angenehmeren Dingen.
- ✔ Setzen Sie Popcorn als Anreiz ein.
- ✔ Strukturieren Sie Belohnungen möglichst so, daß jeder dabei gewinnen kann.
- ✔ „Erst aufräumen, dann essen" könnte ein Anreiz sein, um die Spuren der Essenszubereitung zu beseitigen.
- ✔ Halten Sie sich einen Vorrat an Luftballons als Belohnungen.
- ✔ Gründen Sie einen Eiskremeclub für besondere Leistungen.
- ✔ Vergeben Sie Lose für gutes Verhalten und Hilfsbereitschaft. Später können diese aus einer Schachtel gezogen werden, um einen Preis zu gewinnen.
- ✔ Lassen Sie die Kinder während der Werbepausen im Fernsehen arbeiten.
- ✔ Schneiden Sie eine Reihe Papierpüppchen aus, und schreiben Sie für jedes Kind einen „Fellchengruß" darauf.
- ✔ Benutzen Sie aufregende Titel: Der Aktenbeauftragte schneidet wichtige Informationen aus Zeitschriften und Zeitungen aus und sammelt sie. Der Hausmechaniker nimmt einfache Reparaturen im Haushalt vor. Der Lagerungsbeauftragte räumt die Lebensmittel ein und sortiert die Regale.
- ✔ Lernen Sie, durch angenehme, unerwartete Reaktionen zu motivieren.
- ✔ Geben Sie Ihrem Kind einen Eimer, und ernennen Sie es zum Sachenfinder, der Dinge aufliest, die in einem Zimmer herumliegen.

- ✔ Regen Sie Ihr Kind an, seine Wäsche pünktlich in den Korb zu tun, indem sie einen Zettel darunterlegen, den es gegen eine Überraschung eintauschen kann. Diesen Zettel können Sie auch mit einer Gültigkeitsdauer versehen.
- ✔ Legen Sie während der Arbeitszeiten Pausen ein. Ein zehnminütiges Frisbee-Spiel mit der ganzen Familie wird alle erfrischen.
- ✔ Veranstalten Sie in einem unordentlichen Zimmer eine Münzwurf-Aufräumaktion. Bei Kopf wird etwas auf der rechten Seite aufgehoben und weggeräumt, bei Zahl etwas auf der linken Seite. Das dauert zwar etwas länger, bringt aber viel Gelächter, wenn die Arbeiter immer im Kreis marschieren.
- ✔ Stellen Sie als Anreiz, einen Job zu erledigen, ein Fernsehpicknick mit Tischtuch auf dem Fußboden in Aussicht.
- ✔ Belohnen Sie Ihre Kinder, indem Sie ihnen einen Sack, einen Plastikbeutel oder eine Schachtel mit einem Bastelprojekt zum Zusammensetzen geben.
- ✔ Fordern Sie Ihre Kinder heraus: „Kannst du dein Bett schneller machen als ich meins?“ Wenn das nicht funktioniert, versuchen Sie es mit: „Ich helfe dir; hilfst du mir auch?“
- ✔ Bezahlen Sie Jobs im Haus mit Spielgeld und veranstalten Sie dann eine Versteigerung.
- ✔ Verstecken Sie überall im Zimmer Münzen, um zu testen, wie gründlich Ihr Kind aufräumt.
- ✔ Achten Sie auf lokale oder jahreszeitliche Besonderheiten, die sich als Anreize anbieten.
- ✔ Setzen Sie Murmeln oder andere Spielfiguren als Belohnungssystem für Fortschritte ein. Die Belohnung besteht darin, daß der Elternteil mit dem Kind das Spiel spielt, sobald es sich alle Spielfiguren verdient hat. Zum Beispiel: zwei Murmeln fürs Bettmachen, drei Murmeln fürs Treppe kehren und so weiter.
- ✔ Halten Sie sich einen Vorrat an Aufklebern, wie sie Schul- oder Musiklehrer auf ein Blatt kleben, um gute Bemühungen zu belohnen – niedliche Tierchen, nette Sprüche, Herzen oder Sterne, die am Handgelenk oder auf der Stirn getragen werden können.

- ✔ Veranstalten Sie eine Geburtstags- oder Jahrestagsparty für Ihr Haus. Rufen Sie zu einer extra-gründlichen Reinigung auf, einschließlich kleinerer Reparaturen, Malerarbeiten und der Anschaffung eines Haushaltsartikels. Beenden Sie die Arbeit mit einem besonderen, hausförmigen Kuchen, und feiern Sie das Geschaffte.
- ✔ Spielen Sie eine Stunde lang den Diener, um dem Kind zu helfen, mit einer schwierigen Aufgabe fertig zu werden, indem Sie tun, worum das Kind Sie bittet.
- ✔ Hinterlassen Sie auf dem Tisch einen Zettel: „Treffpunkt um 14 Uhr im Auto. Bring einen Zettel mit, auf dem du bescheinigst, daß du deine Arbeiten erledigt hast.“ Dann machen Sie einen Ausflug zum Schwimmbad oder in die Eisdiele. Achten Sie darauf, daß die zugewiesene Aufgabe auch in der entsprechenden Zeit zu schaffen ist.

Feedback

- ✍ Erwischen Sie Ihr Kind dabei, wie es etwas richtig macht, anstatt auf der Lauer zu liegen, ob es etwas falsch macht.
- ✍ Lernen Sie fünf neue positive Formulierungen auswendig, die Sie diese Woche verwenden wollen.
- ✍ Machen Sie nie einen Job noch einmal, der inspiziert und abgenommen wurde.
- ✍ Verlieren Sie den Humor nicht aus den Augen.
- ✍ Geben Sie dem Kind einen Superhelden-Namen wie Superman oder Supergirl.
- ✍ Disziplinieren Sie, ohne zu beleidigen.
- ✍ Suchen Sie jeden Tag bei jedem Kind etwas Gutes, das Sie loben können.
- ✍ Betiteln Sie das Kind, das den Abwasch machen soll, als „Perlentaucher“.
- ✍ Zeigen Sie Interesse und hören Sie sich die Probleme Ihres Kindes an, seien sie groß oder klein.
- ✍ Meiden Sie negative Etiketten. Kinder werden zu dem, was ihre Eltern und Lehrer erwarten, daß sie werden. Positive Eti-

ketten sind besser geeignet, um Liebe zu vermitteln und Veränderungen zu motivieren.

- ✍ Bauen Sie die Selbstachtung eines Kindes auf, indem Sie Ermutigung in zwei Teilen ausdrücken: Sagen Sie, a) wie froh Sie darüber sind, und b) wie nützlich es für das Kind und die Familie ist.
- ✍ Zeichnen Sie ein Haus. Lassen Sie es mit einem gemalten Mund lächeln oder traurig sein, oder kleben Sie einen Mund mit Klebeband auf, und hängen Sie es als Haus-Barometer auf.
- ✍ Erklären Sie einen Tag zum „Ich hab dich"-Tag. An diesem Tag spielt die ganze Familie Abschlagen, indem man jemanden erwischt, der gerade etwas Hilfreiches tut. Wer abgeschlagen ist, muß jemanden anderes beim Helfen erwischen.
- ✍ Der Sofortaufräumer-Club sieht in seiner Satzung vor, daß, wer etwas benutzt, es danach sofort wieder wegräumt. Wenn nicht, ruht die Mitgliedschaft für ein paar Tage.
- ✍ Achten Sie darauf, daß die Beurteilung angenehm bleibt.
- ✍ Zeigen Sie auch für geringe Leistungen Anerkennung.
- ✍ Richten Sie Ihre Aufmerksamkeit auf die Bemühungen oder die gelernten Lektionen, nicht nur auf das Endergebnis.
- ✍ Zeigen Sie Anerkennung so bald wie möglich. Sparen Sie sich den Dank nicht auf.
- ✍ Fragen Sie: „Wie würdest du das beim nächsten Mal machen?"
- ✍ Lassen Sie das Kind seine Arbeit selbst beurteilen.
- ✍ Bitten Sie das Kind, Ihre Anweisungen zu wiederholen, um sicherzugehen, daß es Sie richtig verstanden hat.
- ✍ Zeichnen Sie zwei Bilder vom Zimmer. Darauf kann das Kind Bilder von Gegenständen kleben, so daß das Zimmer unordentlich oder ordentlich aussieht. Wenn das unordentliche Bild an der Tür hängt, bedeutet das, daß aufgeräumt werden muß; hängt das ordentliche Bild dort, ist das Zimmer in Ordnung. Lassen Sie das Kind selbst urteilen.

Aufgabenverteilung

- ✏ Lassen Sie die Kinder hin und wieder ihre Aufgaben selbst wählen.
- ✏ Verlangen Sie während der Schulzeit nicht zuviel Arbeit von dem Kind.
- ✏ Bitten Sie jedes Kind um eine Stunde Einsatz pro Tag für den Haushalt: Zehn Minuten im eigenen Zimmer, fünfzehn Minuten mit einer Morgenaufgabe, fünfzehn Minuten mit einer Nachmittagsaufgabe und zwanzig Minuten, um beim Abwasch zu helfen.
- ✏ Verlangen Sie samstags zwei Stunden Arbeit von jedem Kind.
- ✏ Passen Sie die Aufgaben und Anforderungen an, und beteiligen Sie die Kinder zunehmend an Entscheidungen, wenn sie heranwachsen.
- ✏ Helfen Sie dem Kind, eine Prioritätenliste der Dinge aufzustellen, die es tun möchte.
- ✏ Verlangen Sie *jeden Tag* irgendeine Arbeit von jedem Kind.
- ✏ Richten Sie täglich eine feste Zeit für die Arbeiten ein.
- ✏ Versuchen Sie, eine „Arbeitsanforderung" per Post zu schikken, oder richten Sie Ihr eigenes internes Postsystem ein. Alle Kinder bekommen gern Post.
- ✏ Notieren Sie den Job auf einem Zettel, knacken Sie Walnüsse, stecken Sie den Zettel hinein, und kleben Sie die Schale wieder zusammen.
- ✏ Stecken Sie zusammengerollte Zettel mit Jobs in leere Luftballons. Dann pusten Sie die Ballons auf, und lassen Sie die Kinder die Ballons zum Platzen bringen, um die Jobs zu finden.
- ✏ Füllen Sie einen „Zauberhut" mit besonderen Aufgabenstellungen oder Freizeitanregungen.
- ✏ Verschließen Sie die Aufgabenliste in einem Umschlag, und lassen Sie die Familienmitglieder die Umschläge ziehen wie bei einem Kartenspiel.
- ✏ Lassen Sie die Aufgaben aus einem Korb oder einem anderen interessanten Behälter ziehen.
- ✏ Würfeln Sie aus, wer welchen Job macht.

- Veranstalten Sie eine Job-Schnitzeljagd.
- Lassen Sie die Kinder einer Schnur folgen, um die Belohnung für gut gemachte Arbeit zu finden.

Aufgabentabellen

- Versuchen Sie mit einer wöchentlichen Aufgabentabelle festzulegen, wer wann was tut.
- Schrauben Sie Haken in ein Brett, und hängen Sie beschriftete Schlüsselanhänger mit den Aufgaben daran.
- Fertigen Sie für ein kleines Kind eine „To-do-Liste" an, auf der die grundlegenden Körperpflegeschritte und Aufgaben des Tages abgehakt werden.
- Bitten Sie das Kind, einen Vertrag für eine Aufgabe zu unterschreiben, wie auf S. 64 beschrieben.
- Verstärken Sie Beständigkeit und geben Sie sofortige soziale Belohnungen, indem Sie die Sternchentabelle verwenden.
- Verwenden Sie die Eisbechertabelle als Anreiz für gutes Aufräumen in der Küche.
- Verwenden Sie die Rennwagentabelle als Anreiz für einen Fortschritt über zwei Wochen hinweg. Sie sollte aussehen wie ein gewöhnliches Brettspiel, mit einem Auto als Markierung und einer Belohnung für den, der das Ziel erreicht. Mit farbigem Klebeband und Magneten kann diese Tabelle auch an der Kühlschranktür angebracht werden.
- Zeichnen Sie eine Bohnenranke, auf der eine Figur an den Blättern immer höher emporklettert, je mehr Fortschritte das Kind bei einer Gewohnheitsänderung macht, auf die Sie sich mit ihm geeinigt haben.
- Stellen Sie eine vertikale Aufgabentabelle auf, um eine Morgen- und eine Abendaufgabe zuzuweisen.
- Bringen Sie Aufgabentabellen in der Küche an, wo sie leicht zu sehen sind.
- Benutzen Sie runde Aufgabentabellen, um Jobs rotieren zu lassen, besonders in kleinen Familien.

- ❒ Machen Sie Fähnchen an Eisstielen, um die Jobs zuzuweisen, und bewahren Sie sie in Bechern für die einzelnen Kinder auf.
- ❒ Zeichnen Sie einen Grundriß Ihres Hauses, und befestigen Sie ein Bild der jeweiligen Person in dem Zimmer, für das sie verantwortlich ist.
- ❒ Binden Sie die Morgenaufgaben an die Frühstückslöffel.
- ❒ Kopieren Sie sich einen Stapel täglicher Aufgabentabellen, und füllen Sie die Formulare jeden Abend für den folgenden Tag aus.
- ❒ Schreiben Sie die Initialen der Kinder auf den Kalender, um den Abwasch oder das Füttern des Hundes rotieren zu lassen.
- ❒ Schreiben Sie den Job, der nach dem Abendessen erledigt werden soll, auf die Papierserviette.
- ❒ Zeichnen Sie eine Diensttabelle auf einen großen Pappbogen, und beziehen Sie diesen dann mit Klarsichtfolie. Tragen Sie die Aufgaben mit einem Stift ein, der sich leicht wieder abwischen läßt.
- ❒ Heften Sie kleinen Kindern einen „Ich hab's geschafft!"-Button an, wenn sie mit der morgendlichen Körperpflege und dem Aufräumen fertig sind.

Geld

- ❖ Geben Sie Kindern Taschengeld, damit sie lernen können, mit Geld umzugehen.
- ❖ Bemessen Sie das Taschengeld nicht zu reichlich, damit es nicht alle zunehmenden Wünsche abdeckt, wenn die Kinder ins Teenageralter kommen, so daß ein Anreiz besteht, sich etwas dazuzuverdienen.
- ❖ Ermutigen Sie Ihre Kinder, Kurse für Babysitting und Erste Hilfe sowie für die richtige Pflege von Geräten wie dem Rasenmäher und dem Fahrrad zu belegen.
- ❖ Bieten Sie an, die Kinder für Jobs zu bezahlen, für die Sie normalerweise jemanden anderes bezahlen würden.
- ❖ Lassen Sie ältere Kinder ihre Kleidung selbst planen, auswählen und einkaufen.

- ❖ Zeigen Sie dem Kind, wo das Geld der Familie bleibt, indem Sie Ihr Gehalt in bar mit nach Hause bringen und dann das Geld für jede Rechnung in einzelne Umschläge verteilen.
- ❖ Üben Sie Budgetplanung ein, indem Sie den Familienurlaub gemeinsam planen.
- ❖ Lassen Sie die Kinder über ihre Einnahmen und Ausgaben Buch führen.
- ❖ Helfen Sie dem Kind, Geld für die Zukunft zu sparen und ein Sparbuch zu eröffnen.
- ❖ Geben Sie dem Kind für die Aufbewahrung seines Geldes einen durchsichtigen Behälter.
- ❖ Lassen Sie die Kinder ihr Geld zählen, so oft sie Lust dazu haben.
- ❖ Bezahlen Sie einen Job, sobald er erledigt ist, besonders am Anfang.
- ❖ Beteiligen Sie die Kinder an manchen Geschenkentscheidungen, auch wenn sie noch kein Geheimnis für sich behalten können.

Selbstachtung

- ▲ Respektieren Sie das Recht Ihres Kindes auf eine Privatsphäre. Jeder von uns möchte manchmal allein sein.
- ▲ Vermitteln Sie Familiensinn, indem Sie Traditionen begründen. Feiertage und Geburtstage sind gute Gelegenheiten für Traditionen. Regelmäßiges Feiern in der Familie ist einem Kind sehr wichtig.
- ▲ Achten Sie bei Ihren Kindern auf Interessen, die die Grundlage eines sich entwickelnden Talents sein könnten – Dinge wie Kochen, Musik, Kunst usw. –, um das Selbstwertgefühl zu stärken.
- ▲ Indem Sie Ihrem Ehepartner Liebe und Respekt zeigen, vermitteln Sie Ihrem Kind ein Gefühl der Geborgenheit.
- ▲ Stellen Sie Ihr Kind Besuchern mit positiven Worten vor.
- ▲ Sagen Sie Ihren Kindern oft mit Worten und Taten, daß Sie sie lieben. Verlassen Sie sich nicht darauf, daß sie es wissen.

▲ Erkennen Sie die Würde und die Selbstachtung des Kindes an. Klopfen Sie an, bevor Sie sein Zimmer betreten, und fragen Sie, bevor Sie seine Sachen benutzen.
▲ Versuchen Sie, zumindest eine Mahlzeit täglich als Familie gemeinsam einzunehmen.
▲ Wiederholen Sie Traditionen, die Sie gemeinsam genießen, um die Familie zu vereinen und Erinnerungen zu pflegen.
▲ Feiern Sie Geburtstage als Familie, um jedes Kind in dem Gefühl zu bestärken, daß es wichtig ist.
▲ Machen Sie eine Krone aus Papier, um Ihr Kind daran zu erinnern, wie kostbar es für Sie ist. Lassen Sie das Kind die Krone dekorieren und tragen.
▲ Vermeiden Sie ständige Drohungen und Strafen. Sie haben selten dauerhafte positive Auswirkungen.
▲ Korrigieren Sie ein Kind unter vier Augen statt in Gegenwart von Freunden oder der Familie, um ihm Peinlichkeiten zu ersparen.
▲ Stellen Sie Posttaschen für jedes Familienmitglied her, in die „Liebeszettel“ oder Aufgaben gesteckt werden können.
▲ Entwickeln Sie Ihre eigenen Interessen und Begabungen. Wenn Kinder Ihre Begeisterung und Ihr Wachstum sehen, motiviert sie das und bereichert ihr Leben und dient ihnen als Vorbild, neue Dinge auszuprobieren.
▲ Führen Sie eine Liste über die Gelegenheiten, bei denen Ihre Kinder Ihnen gut geholfen haben. Hängen Sie diese Liste aus, wo Sie und Ihre Kinder sie oft sehen, um solches Verhalten zu verstärken.
▲ Lernen Sie als Familie positive Wahlsprüche auswendig. Zum Beispiel: „Gott macht keinen Müll!“ oder „Häng deinen Wagen an einen Stern.“
▲ Geben Sie den Kindern Gelegenheit, sich barmherzig um Leute in Not zu bemühen. Solche Aktivitäten bauen Liebe und Wertschätzung auf und steigern die Bereitschaft, zu Hause zu helfen.
▲ Lassen Sie Ihre Kinder an Ihren Talenten, Interessen und Ihrem Beruf teilhaben. Lassen Sie sie manchmal mit zur Arbeit kommen, oder gehen Sie zusammen Schmetterlinge fangen

oder angeln. Verbringen Sie einfach Zeit mit gemeinsamen Unternehmungen.

- ▲ Vergeben Sie positive Etiketten.
- ▲ Dekorieren Sie eine „Sonnenschein-Kiste“ mit einem Schlitz im Deckel, in die Sie Zettel mit anerkennenden, lobenden oder ermutigenden Worten stecken. „Du hast heute den Sonnenschein in unser Haus gebracht, indem du …“
- ▲ Lassen Sie den Kindern Zeit zum Träumen.
- ▲ Bauen Sie Anspannungen ab, indem Sie zu summen beginnen und sich allmählich zu einem lauten Schrei steigern. Wenn Sie das als Familie gemeinsam tun, gibt es ein großes Gelächter.
- ▲ Sagen Sie „Pst“ als Signal für absolute Stille und Reglosigkeit. Verharren Sie ein paar Sekunden so, um eine Situation zu beruhigen, und sagen Sie dann „Action“.
- ▲ Geben Sie Ihren Kindern Gutscheinbücher mit Gutscheinen für Extradienste oder gemeinsame Zeiten. Zum Beispiel: „Eine Gratis-Vorlesestunde mit Mama oder Papa“ oder „Zweimal gratis Bettmachen“.
- ▲ Verwenden Sie irgendein Signal, um zu zeigen, daß die Emotionen hochschlagen, etwa eine rote Flagge an der Zimmertür oder ein Handzeichen.
- ▲ Vergessen Sie nicht, daß Kooperation und gegenseitiger Respekt das Ziel ist, nicht nur, den Job erledigt zu bekommen.
- ▲ Feiern Sie erste Anlässe: den ersten Schultag, den Verlust des ersten Zahns, den ersten Schnee des Winters und den ersten Sommertag. Feiern Sie Papas oder Mamas Beförderung oder abgeschlossenes Projekt; feiern Sie, wenn ein Kind etwas Neues wie Fahrradfahren gelernt hat.
- ▲ Holen Sie die Erinnerungsbücher hervor, wenn Sie entmutigt sind. Blättern Sie sie mit einem Kind durch, und erzählen Sie ihm die Geschichte seiner Geburt, und wie sehr Sie sich auf seine Ankunft gefreut haben, um eine positive Grundlage zu schaffen, auf der Sie weiterarbeiten können.

* Zuhören, zuhören, zuhören.
* Lassen Sie Ihr Kind seine Meinung sagen; Klagen äußern schafft gegenseitiges Verständnis.
* Legen Sie sich ein dickes Fell zu.
* Nehmen Sie sich zu Beginn des Familienrates ein paar Minuten Zeit, in der jeder Wertschätzung für die anderen Familienmitglieder äußern kann.
* Rollen Sie eine Kartoffel oder einen Ball rasch von einem zum anderen, bis ein Wecker klingelt. Dann sagt die Person mit der Kartoffel etwas Nettes über ein anderes Familienmitglied.
* Setzen Sie keine Grenzen, und sprechen Sie keine Drohungen aus, die Sie nicht durchsetzen können oder wollen.
* Lassen Sie sich beim Familienrat nicht durch das Telefon unterbrechen, besonders, wenn Sie Teenager in der Familie haben.
* Seien Sie konsequent, indem Sie Kindern zu verstehen geben, was von ihnen erwartet wird, und indem Sie grundlegende Routinen einführen, zum Beispiel Frühstückstisch decken, die Zeit für das Abendessen und die Arbeitszeiten.
* Stellen Sie die Regel auf: Niemand darf ohne die Erlaubnis eines Elternteils die Aufgaben eines anderen übernehmen.
* Legen Sie einem vielbeschäftigten Teenager einen Zettel hin, auf dem Sie um einen Termin für ein Gespräch und einen Ratschlag bitten. Die Formalität des geschriebenen Zettels hilft, dem Gespräch Priorität zu geben und dem Thema größere Aufmerksamkeit zu schenken.
* Lassen Sie das Kind so tun, als sei es der Zeitungslieferant, und die Zeitung hereinholen. Erwachsenentitel machen Spaß.
* Geben Sie den Familienmitgliedern Gelegenheit, Ideen, Vorschläge und Lösungen einzubringen, und vergessen Sie nicht, offen zuzuhören.
* Koordinieren Sie einmal in der Woche die Zeitpläne auf einem Kalender, der im Haus zentral aufgehängt wird.
* Stellen Sie eine Liste von Regeln und Vorschriften für die Familie auf. Halten Sie sie positiv.

* Einigen Sie sich auf einen Reinlichkeitsstandard für Ihren Haushalt, der Ihren ästhetischen Bedürfnissen und der dafür verfügbaren Zeit entspricht. Definieren Sie die Zwecke, für die die einzelnen Zimmer bestimmt sind.
* Nehmen Sie sich mindestens einmal in zwei Monaten Zeit für ein vertrautes Gespräch unter vier Augen mit Ihrem Kind, formell oder informell.
* Behandeln Sie Kinder gerecht, aber unterschiedlich, je nach Interessen und Alter.
* Halten Sie die individuellen Ziele, an denen Ihr Kind in den nächsten Monaten arbeiten soll, schriftlich fest. Die Haushalts-Fortschrittstabelle gibt dazu Anregungen (siehe S. 64).

Konsequenzen

- Lassen Sie dem Kind freie Zeit zum Spielen.
- Halten Sie sich an das Prinzip: „Wenn dies nicht fertig ist, können wir jenes nicht tun."
- Ziehen Sie Konsequenzen durch, doch tun Sie es ohne Zorn, Groll und Rachegefühle.
- Streichen Sie nicht zur Strafe das Taschengeld, es sei denn, es ist ausdrücklich ein Lohn für eine Arbeit, die nicht getan wurde.
- Lassen Sie natürliche Konsequenzen zu, um Respekt vor Regeln, Selbstbeherrschung und Fairneß zu vermitteln, solange keine Gefahr für das Kind besteht.
- Geben Sie Unterstützung und Trost, indem Sie sagen: „Du schaffst das schon" oder „Ich bin bei dir".
- Überlegen Sie sich Konsequenzen für Fehlverhalten im voraus und geben Sie sie bekannt.
- Gestalten Sie Konsequenzen vernünftig und durchsetzbar.
- Ziehen Sie den Stecker des Radios oder der Lampe, wenn ein Kind vergißt, sie auszuschalten. Beim weiteren Verstoß setzen Sie das Gerät für einen Tag außer Betrieb.
- Berechnen Sie jedesmal fünf Pfennig, wenn ein Kind das Licht brennen läßt.

- Setzen Sie eine Grenze: „Das muß erledigt sein, bevor du das nächste Mal etwas ißt." Auf diese Weise wird das Essen nicht vorenthalten, sondern nur verschoben.
- Fordern Sie Schadenersatz für eine Aufgabe wegen unnötiger Dienstleistung eines Elternteils.
- Reden Sie über die Konsequenz; fordern Sie das Kind auf, die übertretene Regel zu wiederholen und zu sagen, wie es die Sache hätte besser machen können.
- Enthalten Sie nie zur Strafe eine Mahlzeit vor.
- Überprüfen Sie die Beziehung zwischen Elternteil und Kind, um mögliche Ursachen für Probleme zu finden.
- Überfordern Sie mit einer Strafe nicht die Toleranzschwelle des Kindes, sie zu akzeptieren.
- Schaffen Sie eine „Ecke" oder einen Ort, an den sich das Kind zurückziehen kann, wenn es sich in die Gewalt bekommen muß. Fünf oder zehn Minuten an diesem Ort reichen normalerweise aus; eine Stunde ist definitiv zu lang.
- Ändern Sie die Konsequenz, wenn sie zu hart ist.
- Fragen Sie das Kind nach seiner Meinung, was für eine Disziplinierung angemessen wäre. Dadurch beugen Sie Groll gegenüber dem Elternteil vor. Das kann bedeuten, daß Sie um die richtige Lösung feilschen müssen, doch die eigenen Ideen des Kindes erscheinen ihm natürlich fairer.

Anleitung geben

- Geben Sie klare, einfache Anweisungen, besonders bei kleinen Kindern.
- Hören Sie mit der Arbeit auf, solange sie noch Spaß macht. Ziehen Sie sie nicht in die Länge, nur weil Sie gute Arbeiter haben.
- Zeigen Sie Ihre eigene positive Einstellung zu Ihrer Arbeit.
- Bestehen Sie freundlich auf einer ordentlichen Leistung.
- Gehen Sie nicht davon aus, daß ein Kind weiß, *wie* es etwas machen muß, selbst wenn es Sie schon dabei beobachtet hat.

- Agieren Sie, statt zu reagieren. Wenn wir agieren, kontrollieren wir unser Verhalten; wenn wir reagieren, lassen wir uns von den Umständen kontrollieren.
- Bedenken Sie die individuellen Unterschiede der Kinder.
- Bedenken Sie, daß auch behinderte Kinder Aufgaben bekommen sollten.
- Teilen Sie den Job in kleine, überschaubare Teile auf.
- Führen Sie den Job Schritt für Schritt mit Erläuterungen vor.
- Sagen Sie jedesmal, wenn ein Job erledigt ist, mindestens zwei positive Dinge darüber, besonders am Anfang.
- Sagen Sie dem Kind, wie lange es arbeiten muß, damit es das Ende vor sich sehen kann.
- Halten Sie die Arbeitszeiten kurz und erfolgreich.
- Kündigen Sie Arbeitstage vorher an.
- Erst die Arbeit, dann das Vergnügen. Verstärken Sie eine weniger angenehme Aktivität durch eine bevorzugte Aktivität: „Wenn dies erledigt ist, kannst du jenes tun."
- Nutzen Sie einen Teil der Arbeitszeit, um vorbeugendes Verhalten zu lehren, wie etwa, die Schuhe oder Stiefel auszuziehen, bevor man das Haus betritt, um Putzaufwand zu sparen, oder nach dem Essen die Hände zu waschen, um Flekken auf Wänden und Möbeln zu vermeiden.
- Geben Sie fünf Minuten vor dem Ende der Spielzeit eine Vorwarnung, damit die Kinder einen Gang zurückschalten und sich auf die Arbeitszeit einstellen können.
- Halten Sie die Kinder zur Effizienz an: Lieber einmal mit vier Sachen ins Zimmer gehen als viermal mit je einer Sache.
- Bringen Sie Ihrem Kind frühzeitig die Begriffe „rechts" und „links" bei, damit es lernt, Wegweisungen zu folgen.
- Lehren Sie die Kinder, bei der Arbeit auf Ästhetik zu achten und das Vergnügen zu genießen, Dinge attraktiv und schön zu gestalten. Lassen Sie die Kinder an schönen Dingen wie frischen Blumen Anteil haben.
- Leiten Sie das Kind an, selbst zu entdecken, was noch zu tun ist, indem Sie ihm Fragen stellen. „Was muß in deinem Zimmer als nächstes getan werden?" ist besser, als zu sagen: „Und jetzt hebe deine schmutzige Wäsche auf."

- Überlassen Sie die Verantwortung dem Kind, indem Sie sagen: „Möchtest du, daß ich dir helfe? Was soll ich tun?"
- Lassen Sie individuelle Interpretationen zu, wie der Job zu erledigen ist, indem Sie das Kind nach seiner Meinung fragen.
- Zählen Sie bei Kindern zwischen zweieinhalb und sieben Jahren die Aufgaben an den Fingern ab (siehe S. 86).
- Lehren Sie Arbeitsgestaltung – etwa, das Geschirr beim Abwasch von links nach rechts (oder umgekehrt) wandern zu lassen, so daß das saubere Geschirr möglichst nahe bei den Schränken landet, um unnötigen Arbeitsaufwand zu vermeiden.
- Helfen Sie dem Kind, wenn es Sie darum bittet.
- Stehen Sie zur Aufsicht zur Verfügung.
- Spenden Sie oft Ermutigung und Wertschätzung, wenn Sie dem Kind eine Tätigkeit beibringen.
- Schrauben Sie Ihre Anforderungen zurück, wenn das Kind erhöhten Belastungen ausgesetzt ist.
- Überprüfen Sie die Aufgabenverteilung häufig.
- Weisen Sie jedem Familienmitglied eine Farbe zu. Kennzeichnen Sie mit diesen Farben Dinge wie Zahnbürsten und Becher mit Farbstiften. Kleidungsstücke können mit kleinen farbigen Aufnähern gekennzeichnet werden. Das macht es einem Kind leichter, Dinge zu sortieren.
- Stärken Sie die Zuversicht des Kindes, daß der Job zu schaffen ist, nicht, indem Sie ihm sagen, wie leicht der Job ist, sondern indem Sie sein Selbstvertrauen stärken.
- Weisen Sie auf die bisherigen Erfolge des Kindes als positives Vorbild hin.
- Vergleichen Sie das Kind nicht mit Geschwistern oder Freunden.
- Betonen Sie die guten Fortschritte bei dem Job, nicht das Schlechte.
- Besprechen Sie Verbesserungsmöglichkeiten, ohne die Persönlichkeit anzugreifen, und gehen Sie dabei konkret auf die Einzelheiten der Aufgabe ein.

- Halten Sie genaue Arbeitsbeschreibungen schriftlich fest. Bringen Sie sie in Schränken oder hinter Vorhängen in den betreffenden Zimmern an (siehe S. 82).
- Geben Sie Ratschläge statt Anweisungen, besonders, wenn das Kind zwölf Jahre und älter ist.
- Respektieren Sie die Handlungsfreiheit jedes Familienmitglieds, indem Sie es seine eigenen Entscheidungen treffen lassen, soweit es sein Entwicklungsstadium zuläßt.
- Halten Sie die Entscheidungsmöglichkeiten bei kleinen Kindern einfach, und stellen Sie in der Regel nicht mehr als zwei Möglichkeiten zur Wahl.
- Wenn Sie versuchen, Ihre Kinder zu zwingen, werden Sie vermutlich scheitern, aber wenn Sie bereit sind, sich die Zeit zu nehmen, um sie liebevoll anzuleiten, vervielfachen sich ihre Erfolgschancen.
- Sprechen Sie das Kind mit seinem Namen an, damit es merkt, daß Sie mit ihm reden.
- Denken Sie an Sicherheitsmaßnahmen, wenn Sie Aufgaben zuweisen.
- Sprechen Sie mit sanfter, ruhiger Stimme.
- Stellen Sie sich vor, wie Sie und Ihr Kind den Erfolg erreichen – Sie müssen glauben, daß es so kommen kann.
- Achten Sie auf spontane Gelegenheiten zum Lehren.
- Halten Sie spezielle Lektionen mit Namen wie „Knopf-Annäh-Abend“ (an dem jeder lernt, Knöpfe anzunähen), oder versuchen Sie es mit „Schmutzige Wäsche sortieren für Anfänger“ oder „Jeans flicken leicht gemacht“.
- Erklären Sie Dinge, anstatt zu sagen: „Mach es so, weil ich es dir sage.“
- Zeigen Sie freundlich, aber bestimmt, daß Sie meinen, was Sie sagen.
- Nachdem Sie dazu aufgefordert haben, etwas zu tun, setzen Sie es durch.
- Rufen Sie alle zu einer Lektion im Scheuern der Badewanne oder der Kacheln zusammen. Teilen Sie die Kachelwand mit Klebeband in Abschnitte auf, und weisen Sie jeder Person ei-

nen Abschnitt zu. Seien Sie nicht überrascht, wenn alle naß werden.

- Machen Sie „Zauberbrillen“ aus Bastelpapier. Dann gehen Sie damit auf die Jagd nach Stellen, wo Keime gedeihen – in Abflüssen, in der Mülltonne, auf dem Boden von Mülleimern und am Büchsenöffner.
- Vermitteln Sie Lektionen spielerisch. Verkleiden Sie sich als „Fee der Unordnung“, um über Sauberkeit und Ordnung zu unterrichten.
- Stellen Sie einen Putzkorb mit grundlegenden, ungefährlichen Putzutensilien zusammen, den man in den zu reinigenden Raum mitnehmen kann.
- Führen Sie vor, wie man sich von den sichtbaren Bereichen des Zimmers zu den verdeckten vorarbeitet – also z. B. das Bett macht und die Kleider einräumt, bevor man die Schubladen sortiert.
- Erst werden die großen, dann die kleinen Dinge weggeräumt.
- Arbeiten Sie sich im Uhrzeigersinn durch das Zimmer.
- Legen Sie nach jeder Spielzeit und kurz vor dem Abendessen oder Schlafengehen eine Aufräumzeit fest.
- Lassen Sie das Kind sich anziehen, sich die Haare kämmen, sich die Zähne putzen und Schuhe anziehen, bevor es zu arbeiten beginnt.
- Bemalen Sie die stumpfe Seite eines Messers mit farbigem Nagellack, so daß Kinder ungefährdet bei den Mahlzeiten helfen können, da sie zwischen den beiden Seiten unterscheiden können.
- Geben Sie Vorbilder. Zeigen und erklären Sie, wie man etwas leichter machen kann, und bauen Sie auf diese Weise Selbstvertrauen auf.
- Lehren Sie eine Fähigkeit. Eine Fähigkeit ist eine Gabe, die für immer bleibt, während andere Spielsachen oder Spiele nur für kurze Zeit halten.
- Lassen Sie Ihre Kinder auch Fertigkeiten lernen, die Spaß machen, nicht nur Putzen. Zum Beispiel einen Kuchen dekorieren, Spiele für eine Geburtstagsfeier planen, Blumen arrangieren, Süßigkeiten kaufen oder das Vogelhäuschen füllen.

Auswertung

- ➔ Vergewissern Sie sich, daß Sie den Job in allen Einzelheiten erklärt und nicht irgendwelche Lücken gelassen haben, weil Sie Dinge stillschweigend als bekannt voraussetzen.
- ➔ Probieren Sie eine Checkliste mit fünfzig Punkten aus, um ein Zimmer zu beurteilen.
- ➔ Beurteilen Sie ein Zimmer im Vergleich zu dem Zustand, indem es sich befand, bevor mit der Arbeit begonnen wurde, nicht nach dem, was noch zu tun ist. Dann vergleichen Sie es mit dem vorgegebenen Standard.
- ➔ Befassen Sie sich nur mit der gegenwärtigen Situation, und vermeiden Sie Wörter wie nie, immer und jedesmal.
- ➔ Gehen Sie zweimal täglich um acht Uhr durchs Haus, um liegengebliebene Sachen einzusammeln und in die Extra-Service-Kiste zu tun. Durch Erledigen einer Ersatzaufgabe oder Entrichten einer Servicegebühr kann man die Sachen wieder auslösen.
- ➔ Haben Sie Verständnis für Streß und äußere Belastungen durch Schule, Lehrer, Trainer oder Gleichaltrige.
- ➔ Wiederholen Sie eine Aufforderung immer wieder (Plattensprung-Technik) in ruhigem, emotionsfreiem Ton, wenn eine Situation nicht länger toleriert werden kann und unverzüglich angegangen werden muß.
- ➔ Ändern Sie die Aufgabe, wenn das Kind den Job nicht bewältigen kann.
- ➔ Wenn Sie zornig sind, kühlen Sie sich ab, bevor Sie Maßnahmen ergreifen.
- ➔ Vergleichen Sie nicht ein Kind mit dem anderen.
- ➔ Attackieren Sie das Problem, nicht das Kind.
- ➔ Erwarten Sie von einem Kind nicht, daß es in allem den Maßstäben eines Erwachsenen entspricht.
- ➔ Führen Sie eine Woche lang eine Liste aller Vorfälle, bei denen die Harmonie und Einheit gestört wurden. Analysieren Sie die Tageszeit und die Beteiligten. Dann ergreifen Sie Maßnahmen, um die Umstände zu verändern.

- ➔ Nehmen Sie sich jede Woche ein paar Minuten Zeit, um Ihren erzieherischen Wirkungsgrad einzuschätzen. Loben Sie sich selbst für Ihre Fortschritte und fassen Sie Entschlüsse bezüglich notwendiger Veränderungen.
- ➔ Verstecken Sie einen Kassettenrecorder, und nehmen Sie einige unbefangene Familiengespräche auf, um dann die Beteiligten objektiv einschätzen zu lassen, wo sie etwas verbessern könnten. Kinder merken oft gar nicht, wie oft sie sich beklagen, und Eltern ist oft nicht klar, wie fordernd und negativ sie sich anhören können.
- ➔ Analysieren Sie die Tageszeit, in der sich die meisten Erfolge einstellen, und schlagen Sie Kapital daraus.
- ➔ Reiten Sie nicht auf kleinen Unvollkommenheiten herum.
- ➔ Führen Sie die Beurteilung in Form eines Rollenspiels durch. Wenn ein Job schlecht gemacht ist, lassen Sie das Kind die Rolle des Elternteils spielen und den Elternteil die Ausreden vorbringen, die das Kind normalerweise parat hat. Fragen Sie das Kind, was es als Elternteil sagen oder tun würde, um mehr Harmonie und Verständnis herbeizuführen.
- ➔ Vermeiden Sie Situationen, in denen es heißt: „Tu das jetzt, sonst ..."

Persönliche Organisation

- ⇨ Entwickeln Sie die „Taschengewohnheit", um Nachrichten aus der Schule und Bücher aus der Bücherei zusammenzuhalten (siehe S. 219).
- ⇨ Schenken Sie jedem Kind, wenn es in die Schule kommt, einen Wecker, damit es persönlich die Verantwortung dafür übernimmt, morgens pünktlich aufzustehen.
- ⇨ Helfen Sie Ihrem Kind, sich wöchentliche Ziele zu setzen, um der Verschieberitis vorzubeugen, die Produktivität zu steigern und die Vergeßlichkeit zu begrenzen.
- ⇨ Geben Sie den Kindern eigene Terminkalender, und helfen Sie ihnen, zu Beginn des Jahres alle Geburtstage von Freunden und Bekannten einzutragen.

- Schaffen Sie abseits der Ablenkungen durch Fernsehen und kleinere Geschwister Platz für die Hausaufgaben.
- Montieren Sie ein Außenthermometer so, daß es von innen zu sehen ist. Halten Sie Ihr Kind an, die Temperatur abzulesen und selbst zu entscheiden, ob an diesem Tag Jacke und Mütze notwendig sind.

Allgemeine Organisation

- Weisen Sie Fahrrädern und anderen Fahrzeugen ihren Platz zu, indem Sie Parklinien auf den Zementboden der Garage oder des Hofes malen.
- Kennzeichnen Sie Kassetten und Kassettenhüllen mit übereinstimmenden Zeichnungen. Auf diese Weise können auch kleinere Kinder sie richtig einräumen.
- Halten Sie Kinder an, Geburtstagsgeschenke für ihre Freunde im voraus bei Sonderverkäufen zu kaufen. Einen kleinen Geschenkevorrat zu haben lehrt guten Umgang mit Zeit, Mühe und Geld.
- Schaffen Sie einen Abstellplatz in der Nähe Ihrer Haustür für Bücher aus der Bücherei, Schulbücher und Aktentaschen.
- Hängen Sie an die Innenseite einer Schranktür eine Juteplane mit vielen Taschen für kleine Spielsachen, Mützen, Handschuhe, Socken oder Pantoffeln.
- Sortieren Sie Spielsachen in verschiedene Schachteln und geben Sie Ihren Kindern alle paar Tage eine andere Schachtel, so daß die Spielsachen rotieren und das Interesse wach bleibt.
- Schränken Sie das viele Stiefelan- und -ausziehen ein, indem Sie an der Hintertür Plastiktüten bereitlegen, die man sich für einen kurzen Aufenthalt im Haus über die Stiefel ziehen kann.
- Große Gemüse- oder Obststiegen und Wäschekörbe können als Ordner oder Schubladen auf einem Regal dienen.
- Helfen Sie Ihrem kleinen Kind, aus Pappe eine Uhr zu basteln, und erklären Sie, wann die Zeit zum Spielen, zum Arbeiten und zum Schlafengehen ist. Das hilft dem Kind, sich an einen geordneten Zeitplan zu gewöhnen.

- Bringen Sie Nachrichten an einem festen Platz in Ihrem Haus an, vielleicht neben dem Telefon oder an der Hintertür.
- Organisieren Sie einen festen Platz für das Spielzeug – entweder alles zusammen in einem Zimmer oder in geeigneten Bereichen für verschiedene Formen des Spielens. Vermeiden Sie es, Spielzeug in den folgenden Bereichen aufzubewahren: im Elternschlafzimmer, im Wohnzimmer oder an der Treppe.
- Benutzen Sie Regalteiler und Schubladenunterteilungen, sei es gekauft oder aus Kartons gebastelt.
- Bewahren Sie Badewannenspielzeug in einem Nylonnetz auf. Hängen Sie das Netz mit einem Duschvorhang-Clip an den Wasserhahn oder eine Handtuchstange.
- Überlegen Sie, wo das Spielzeug gebraucht wird, am besten nach einer intensiven Spielzeit. Manchmal ist es besser, umzuräumen und das Spielzeug da unterzubringen, wo die Kinder es am häufigsten benutzen.
- Benutzen Sie Kork- oder Styroporplatten als Pinnwände.
- Stellen Sie draußen im Garten eine große Mülltonne (mit Deckel) bereit, in der Gartenspielsachen wie Sandschlepper, Eimer, Bälle etc. aufbewahrt werden.
- Bringen Sie für Kinder erreichbare Haken für Jacken und Pullover an.
- Schaffen Sie Platz für Kreiden, Bleistifte, Filzstifte und dergleichen, indem Sie leere Suppendosen in einen Sechser-Flaschenträger stellen. Wenn Sie ein Stück Pappe an die Unterseite kleben und es mit Latexfarbe anmalen, wird es stabiler.
- Lassen Sie die Kinder die Socken mit einer Nadel zusammenstecken, bevor sie sie in die Wäsche tun – das spart Zeit beim Sortieren und bewahrt vor verlorenen Socken.
- Benutzen Sie Truhen oder Koffer, um Sachen zu lagern.
- Reservieren Sie eine Ecke oder einen Schrank für Mal- und Bastelutensilien, und sorgen Sie dafür, daß die Kinder einen Tisch haben, an dem sie malen, kleben oder schneiden können.
- Hängen Sie Modellflugzeuge mit Angelschnüren und Reißzwecken an die Decke, um Platz auf den Regalen zu sparen.

- Halten Sie an einem festen Platz einen Vorrat an Papier und Stiften für die Hausaufgaben.
- Richten Sie einen festen Platz für Schulbücher ein. Selbst eine Kiste hinter dem Sofa ist besser, als sie überall verstreut zu haben.
- Hängen Sie eine Hakenleiste für Becher an die Wand. Nähen Sie Schlaufen an Stofftiere, um sie an die Haken zu hängen.
- Kaufen Sie Wandhaken für die Schränke, an die Sie Tennisschläger und dergleichen hängen können.
- Plastikschüsseln sind hervorragend zum Aufbewahren von Spielsachen und Bastelprojekten geeignet. Sie lassen sich auch leicht von Ort zu Ort tragen.
- Nähen Sie Klettverschlüsse an einen langen Stoffstreifen und hängen Sie sie an die Wand. Dann nähen Sie an die Stofftiere ebenfalls Klettverschlüsse, so daß sie einfach an den Stoffstreifen gehängt werden können.
- Besorgen Sie sich stapelbare Gemüsekästen aus durchsichtigem Plastik, um Zeitschriften, Kleidungsstücke oder Spielsachen darin zu lagern.

Küche

- Bewahren Sie das Eßgeschirr so auf, daß das Kind es erreichen kann, damit es ohne Hilfe der Eltern den Tisch decken kann.
- In einer Familie gilt für den Abwasch die Absprache: „Du tust dein eigenes Geschirr in die Spülmaschine und scheuerst zwei Töpfe und Pfannen oder Servierschüsseln aus, und Papa und Mama machen den Rest."
- Nehmen Sie immer nur ein Kind auf einmal zum Einkaufen mit.
- Geben Sie Ihrem Kind zwanzig Mark, und lassen Sie es ein Abendessen für die Familie planen, dafür einkaufen und es zubereiten.
- Hängen Sie den Speiseplan wöchentlich aus, damit sich ältere Kinder schon an die Vorbereitung machen können, bevor Sie von der Arbeit kommen.

- ➪ Kaufen Sie einen kleineren Besen, mit dem auch ein kleines Kind zurechtkommt.
- ➪ Schicken Sie Ihr Kind zur Oma, damit es von einem „Profi" lernt, wie man Brot oder Kuchen backt.
- ➪ Halten Sie Gutscheine zusammen, indem Sie mit Ihren Kindern eine Schachtel dekorieren, einen Schlitz im Deckel anbringen und die gesammelten Gutscheine in die Schachtel stecken, bis sie sortiert werden können.
- ➪ Lassen Sie das Kind Kellner oder Kellnerin spielen und die Bestellungen für einfache Mahlzeiten zum Frühstück oder Mittagessen zubereiten.
- ➪ Malen Sie auf ein Tischset die Umrisse eines Gedecks auf, damit ein kleines Kind es als Vorlage benutzen kann, wenn es den Tisch deckt. Das Bild sollte Teller, Glas, Messer, Gabel, Löffel und Serviette enthalten.
- ➪ Möglichkeiten, bei Ihrem Kind Interesse und Lust am Kochen zu wecken:
  - Erfinden Sie interessante, lustige Namen für Gerichte, zum Beispiel „Invasion der Wurmgesichter" statt Makkaroniauflauf.
  - Bringen Sie den Kindern bei, auf ihr Müsli oder ihren Milchreis lustige Gesichter aus Apfelmus und Rosinen zu malen.
  - Lassen Sie die Kinder Sandwiches aus verschiedenen Brotsorten in verschiedene Formen schneiden (Dreiecke, Kreise etc.) oder Keksförmchen benutzen. Verwenden Sie verschiedene Beläge, oder machen Sie sogar ein dreistöckiges Sandwich.
  - Lassen Sie die Kinder „Ei im Schlafrock" machen, indem sie ein Loch in eine Brotscheibe schneiden, es in die Bratpfanne legen und das Ei in das Loch geben.
  - Lassen Sie das Kind eine besondere Form für Sülze aussuchen.
  - Lassen Sie die Kinder Kuchenschildkröten aus einem Teigklecks und fünf Haselnüssen machen.

- ➪ Verringern Sie die Arbeitszeit, indem Sie mehrere Sandwiches im voraus machen und einfrieren. Das kann ein Familienunternehmen sein, das allen Zeit spart.
- ➪ Lassen Sie das Kind bei der Essensvorbereitung Seite an Seite mit dem Erwachsenen arbeiten.
- ➪ Kaufen Sie einen Rezeptkasten für jedes Kind, in dem es die Rezepte aufbewahren kann, die es mag und erfolgreich gemeistert hat.
- ➪ Lassen Sie Ihr Kind erst einmal ein Gericht mehrmals erfolgreich zubereiten, bevor Sie ihm eine ganze Mahlzeit auftragen.
- ➪ Stellen Sie die Regel auf, daß der, der kocht, auch hinter sich aufräumt, aber dafür nicht den Abwasch nach dieser Mahlzeit machen muß.
- ➪ Verleihen Sie den „Prima-Pudding-Pokal" oder die „Makkaroni-Meister-Medaille", wenn Gerichte erfolgreich zubereitet wurden.
- ➪ Zeigen Sie den Kindern, wie sie die Essensvorbereitungen in Zeitblöcke unterteilen können, rückwärts ausgehend von der Zeit, wenn das Essen fertig sein soll.
- ➪ Schenken Sie dem Kind ein neues Kochbuch.
- ➪ Schreiben Sie Ihre Kinder für Kochkurse in Schule und Volkshochschule ein.
- ➪ Spielen Sie Restaurant, verwenden Sie Spielgeld und geben Sie Trinkgeld. Das Aufräumen macht mehr Spaß mit einem Tablett oder einem Servierwagen, wenn Sie einen haben.
- ➪ Ernennen Sie jeden Tag einen Koch vom Dienst mit einem Elternteil als Küchenhelfer.

Ordnung im Kinderzimmer

- ➪ Helfen Sie dem Kind, für alles einen Platz zu schaffen.
- ➪ Fügen Sie dem Zimmer des Kindes von Zeit zu Zeit etwas Neues hinzu, um das Interesse anzuregen.
- ➪ Rollen oder falten Sie Kinderkleidungsstücke klein zusammen, um sie vertikal in Schubladen aufzubewahren wie Bücher auf einem Regal, statt sie aufeinanderzustapeln.

- ⇨ Beteiligen Sie Kinder an der Entscheidung, was wegzuwerfen ist, sobald sie fünf oder sechs Jahre alt sind.
- ⇨ Bleibt ein Zimmer über mehrere Tage hinweg unordentlich, so deutet das darauf hin, daß elterliche Hilfe beim Aufräumen und Organisieren notwendig ist.
- ⇨ Spielen Sie das Zwei-Punkte-Spiel, indem Sie jedes verschmutzte Kleidungsstück in den Wäschekorb werfen.
- ⇨ Setzen Sie sich eine halbe Stunde lang mitten im Zimmer des Kindes auf den Fußboden, und überlegen Sie sich Möglichkeiten, die Anzahl der Gegenstände zu reduzieren und die Sachen so anzuordnen, daß alles seinen festen Platz hat.
- ⇨ Helfen Sie dem Kind, die Gegenstände im Zimmer auf eine zu bewältigende Zahl zu reduzieren, indem Sie ihm einen Platz anbieten, wo es Schätze und Erinnerungsstücke lagern kann, und indem Sie ihm helfen, sich von unnötigen Dingen zu trennen.
- ⇨ Bringen Sie kleinen Kindern bei, ihr Bett zu machen, indem sie hineinkrabbeln, die Decke hochziehen und dann wieder hinauskriechen.
- ⇨ Besorgen Sie Tagesdecken, die für das Kind leicht zu handhaben sind, oder planen Sie ein, dem Kind jeden Tag beim Bettmachen zu helfen.
- ⇨ Wenn Sie gründlich putzen, ordnen Sie die Möbel neu an, um ein Gefühl der Sauberkeit und das Verlangen zu vermitteln, das Zimmer so schön zu erhalten.
- ⇨ Bewahren Sie Schlafanzüge unter dem Kopfkissen oder im Bettkasten auf.
- ⇨ Machen Sie aus einem alten Lieblings-T-Shirt einen Beutel für die Schmutzwäsche, indem Sie die Unterseite und die Ärmel zunähen und es auf einen Bügel hängen. Die Wäsche wird durch den Halsausschnitt hineingetan.
- ⇨ Schneiden Sie aus Folie Schuhsilhouetten aus, und kleben Sie sie aufs Regal oder auf den Schrankboden, um anzuzeigen, wo die Schuhe hingehören.
- ⇨ Besorgen Sie einen Schubladeneinsatz, wie er z. B. für Nägel und Schrauben verwendet wird, wenn Ihr Kind gerne kleine Dinge sammelt.

- Sortieren Sie Spielsachen in Beutel oder Schachteln, statt sie in eine große Spielzeugkiste zu tun, wo alles durcheinandergerät.
- Stellen Sie einen großen Eimer für Dinge wie Bälle und Schläger in eine Ecke des Schrankes.
- Hängen Sie Spielzeugbeutel an einen Garderobenständer mit Haken auf der ganzen Länge des Mastes.
- Stellen Sie große Gummibänder her, um Schachteln zu verschließen.
- Hängen Sie Stofftiere und Puppen mit einem Bändchen um den Hals an einen langen Holzstab (fünf Zentimeter Durchmesser), der von einem Pflanzenhaken an der Decke herabhängt.
- Schätze und Erinnerungsstücke sollten dort aufbewahrt werden, wo jüngere Geschwister oder Spielkameraden sie nicht erreichen können.
- Lassen Sie Ihr Kind lernen, mit wenigen Dingen gut zurechtzukommen, indem Sie Höchstgrenzen für Papiere, Spielsachen und Kleidungsstücke festsetzen.
- Stellen Sie variable Bücherregale aus Ziegelsteinen und Brettern her. Aus Steinen können Sie größere Abteilungen für die Hobbys, Tische, Schreibtische, ja sogar Raumteiler machen. Die Zwischenteiler zwischen den Brettern können aus allem möglichen bestehen – Holzböcke, Steinplatten oder Schachteln –, Hauptsache, sie tragen das Gewicht.
- Stellen Sie die Möbel an den Wänden auf, um in der Mitte möglichst viel Platz zum Spielen und Arbeiten zu haben.
- Benutzen Sie Schachteln, wo immer es geht, um Regale und Schubladen besser auszunutzen. Wenn Sie sie mit Folie beziehen, sind sie haltbarer und sehen hübscher aus.
- Benutzen Sie Cornflakes-Schachteln als Zeitschriftenordner.
- Stellen Sie in jedem Zimmer einen Behälter für schmutzige Wäsche auf.
- Unterteilen Sie Schubladen mit Schuhkartons, um Socken, Unterwäsche, Gürtel und Schlafanzüge zu trennen.

- Sobald Kinder alt genug sind, um ihre Kleider aufzuhängen, sorgen Sie für eine Kleiderstange, die niedrig genug ist, daß sie sie erreichen können.
- Bewahren Sie gegenwärtig getragene Kleidungsstücke getrennt von solchen, die für andere Jahreszeiten geeignet oder noch zu groß sind, auf.
- Befestigen Sie eine Handtuchstange an der Innenseite einer Schranktür, an der Sie bauschige Kleidungsstücke wie z. B. Schneeanzüge aufhängen.
- Stellen Sie einen Papierkorb in jedes Zimmer, vielleicht mit Ausnahme des Wohnzimmers.
- Beschriften Sie Regale und Schubladen in den Kinderzimmern, Lagerungsräumen, Arbeitsbereichen und in der Küche. So wissen Kinder, wohin sie einen ausgeliehenen Gegenstand zurücklegen müssen.
- Organisieren Sie die Kommoden für jedes junge Familienmitglied gleich: oberste Schublade – Wertgegenstände, zweite Schublade – Schlafanzüge, dritte Schublade – Unterwäsche und Socken, und so weiter. Das macht es leichter, die Kleidungsstücke einzuräumen.
- Machen Sie es zur jährlichen Tradition, die Schubladen auszuräumen und mit dem Geschenkpapier der Geburtstagsgeschenke des Kindes auszulegen.
- Hängen Sie mit zwei Schnüren einen Besenstiel von der Kleiderstange im Kleiderschrank ab, um kurze Kleidungsstücke wie Hosen oder Hemden aufzuhängen. Das verdoppelt den Platz, der für die Kleidungsstücke kleinerer Kinder zur Verfügung steht.
- Schaffen Sie einen Platz für Bücher im Zimmer, damit das Kind seine Bücher in Ordnung halten kann. Das fördert auch die Neigung zum Lesen.

Anhang

Wie Sie Ihrem Kind helfen können ...

Kapitel 13

Wie Sie Ihrem Kind helfen können, sich richtig für den Schultag vorzubereiten

Verlieren Ihre Kinder, so wie unsere, gerne mal Mitteilungen aus der Schule, verlegen ihre Hausaufgaben oder vergessen, die Erlaubnisbescheinigung für den Schulausflug abzugeben? Es gibt Möglichkeiten, dafür zu sorgen, daß die Dinge in der Schule glatter laufen, und so nicht nur dem Kind zu helfen, ein besserer Schüler zu sein und ein besseres Selbstbild zu haben, sondern auch mehr Zeit für Hilfe in der Familie und Spaß zu schaffen.

Das organisatorische Training für die Schule beginnt im Kindergarten. Eine Lehrerin der McCullough-Kinder führte die „Taschengewohnheit" ein, indem sie alle Schüler aufforderte, täglich einen Rucksack oder eine Stoff- oder Plastiktüte mit Griffen mit in die Schule zu bringen. Die Kinder steckten Elternbriefe, fertige Arbeiten, Erlaubnisscheine und Bücher aus der Bücherei in ihre Taschen, um sie am Ende des Tages mit nach Hause zu nehmen.

So wußten die McCulloughs, wo Schularbeiten und Nachrichten zu finden waren und wo sie Dinge hintun sollten, die wieder mit in die Schule genommen werden mußten. Zu Hause wurden die Schulsachen nicht überall verstreut. Statt dessen wurde die Tasche an einen Haken in ihrem Schrank gehängt, bis der Inhalt aussortiert werden konnte. Die „Taschengewohnheit" gab den Kindern Zutrauen zu ihrer Fähigkeit, die Anforderungen der Schule zu bewältigen. Während ihrer Zeit als Lehrerin hat Sue Monson viele Kinder wegen verlorener Hausaufgaben oder vergessener Erlaubnisscheine in Tränen ausbrechen sehen. Die meisten Kinder nehmen die Schule ernst und möchten dort Erfolg haben. Das Wissen, daß die Schulsachen wohlorganisiert sind, verringert die Angst und baut Selbständigkeit und Selbstvertrauen auf.

In einer Familie waren die Kinder selbst dafür verantwortlich, ohne Drängen der Eltern aufzustehen und in die Schule zu gehen. In der Familie war es Tradition, jedem Kind zur Einschulung einen Wecker zu schenken. Wenn das Kind Schwierigkeiten mit dem Aufstehen hatte, war der Wecker der Böse, nicht der Elternteil. An einer Schule gaben die Lehrer jedem Schüler ein Blatt, auf dem er seine Noten für Arbeiten, Projekte, Hausaufgaben und Gruppenarbeiten eintragen konnte. Diese Blätter hefteten die Schüler vorn in ihre Mappen ein, so daß sie immer genau wußten, wo sie standen. Sie können Ihrem Kind helfen, dasselbe System anzuwenden – das verringert das „Überraschungsmoment", wenn es Zeugnisse gibt.

Oberschüler, die nebenbei anderen Aktivitäten wie Chor, Band, Sport oder sonstigen außerschulischen Beschäftigungen nachgehen, brauchen besonders Hilfe bei der Einteilung ihrer Zeit und Energie. Eine Oberstufenschülerin fand, daß ein Taschenkalender die Lösung für sie war; dort schlug sie sorgfältig nach, bevor sie bei irgendeinem Projekt zusagte. Ein solcher Kalender kann für einen vielbeschäftigten Teenager eine große Hilfe sein.

Helfen Sie Ihrem Kind, sich Wochenziele für die Schule zu setzen; so beugen Sie der Verschieberitis vor, steigern die Produktivität und begrenzen die Vergeßlichkeit. Viele Aufgaben für die Schule werden bis zum letzten Augenblick aufgeschoben, obwohl sie lange im voraus bekannt sind: wöchentliche Diktate oder Vokabeltests, das Freitagsquiz, die Halbjahresarbeit und das Referat sind Beispiele. Die folgende Tabelle dient dazu, Schulverpflichtungen und andere Aktivitäten wie Musikstunden, Sporttraining oder Verabredungen festzuhalten. Lassen Sie Ihr Kind die „Dinge, die ich tun muß" und die „Dinge, die ich tun will" auflisten und dann auf die Wochentage verteilen. Nachdem er diese Blätter einen Monat lang benutzt hatte, bemerkte ein Oberstufenschüler: „Mein Leben dreht sich um die Hausaufgaben, und diese Tabelle hat mir geholfen, alles an einem Ort aufzuschreiben und nicht zu vergessen. So habe ich alles im Griff."

Wer ist verantwortlich für die Hausaufgaben? Darüber werden Sie von Schulexperten unterschiedliche Meinungen hören. Einige sagen: „Das ist allein Sache des Kindes, und die Eltern sollten sich nicht einmischen", während andere meinen: „Eltern sollten um jeden Preis dafür sorgen, daß das Kind seine Hausaufgaben macht." Wahrscheinlich sind Ihnen beide Meinungen schon direkt oder indirekt von den Lehrern Ihrer Kinder vorgetragen worden. Manchmal wird Ihnen das Gefühl gegeben, als wäre es Ihre Schuld, wenn Hausaufgaben zu spät oder überhaupt nicht erledigt werden. Die folgenden Kompromißvorschläge, die eine Gruppe von Vorstandsmitgliedern und Lehrern der Christlichen Schulen in Lansing, Michigan, zusammengestellt hat, sind in diesem Zusammenhang bedenkenswert.

Wie Sie Ihren Kindern helfen können, ihre Hausaufgaben zu machen und gute Lerngewohnheiten zu entwickeln

1. Fragen Sie sie, ob sie etwas aufhaben.
2. Zeigen Sie Interesse an dem, was sie tun.
3. Schimpfen Sie nicht mit ihnen, besonders, wenn sie Schwierigkeiten in einem Fach haben.
4. Helfen Sie ihnen, sich mehrere kurze Lernzeiten zu reservieren statt einer langen Zeit.
5. Wenn sie nicht wissen, wie sie eine Aufgabe allein lösen können, gehen Sie die Aufgabe mit ihnen durch, erklären Sie, *wie* es geht, aber liefern Sie ihnen nicht die Lösungen.
6. Sorgen Sie für eine Zeit und einen Ort, wo sie unabgelenkt vom Fernsehen oder kleineren Geschwistern ihre Hausaufgaben machen können.
7. Halten Sie Utensilien wie Papier und Stifte bereit.
8. Schaffen Sie einen festen Platz für die Schulbücher.

Hausaufgaben sind die Verantwortung des Kindes, aber als Eltern können wir ihnen diese Verantwortung durch unsere Unterstützung leichter machen – genauso, wie Eltern ihre Arbeit leichter fällt, wenn das Kind sie durch Mithilfe im Haushalt unterstützt. Der Einfluß Gleichaltriger im Hinblick auf Drogenmißbrauch, frühe Freundschaften zwischen den Geschlechtern und andere unerwünschte Verhaltensweisen ist stark. Wenn das Kind keine Befriedigung darin findet, in der Schule gute Arbeit zu leisten, steigt die Wahrscheinlichkeit, daß es diesen Einflüssen nachgeben wird, da es auf der Suche nach etwas anderem ist, das ihm dieses Zugehörigkeitsgefühl vermittelt.

Schaffen Sie eine Umgebung, in der das Lernen problemlos möglich ist; d. h. nicht nur einen Ort (Schreibtisch oder Tisch), gute Beleuchtung und Utensilien, sondern auch die Verfügbarkeit eines Elternteils, um über die Aufgaben zu sprechen und Hilfestellung zu geben. Eine stille Hausaufgabenstunde kann die ideale Zeit für den Elternteil sein, in seiner persönlichen Lektüre weiterzukommen. Lesende Eltern haben meist auch lesende Kinder. Eine Pinnwand mit Aufsätzen und gemalten Bildern macht älteren Kindern ebensoviel Spaß wie jüngeren. Vielleicht können Sie auch an einer Treppenhauswand eine Wäscheleine aufhängen, an der Schularbeiten aufgehängt werden können.

Die Methode des Fragenstellens ist gut geeignet, um Ihrem Kind zu helfen, mit der Schule zurechtzukommen. „Was hast du heute auf?“ „Was denkst du, wie lange du dafür brauchen wirst?“ „Hast du nach den Hausaufgaben schon etwas vor?“ Diese Fragen helfen dem Kind, sich Ziele zu setzen. Es kann auch nützlich sein, die Aufgaben zu notieren, sobald sie aus der Schule kommen – eine sichtbare Erinnerung an das, was zu tun ist. All dieses Ermutigen und Fragen wird nicht jeden Tag nötig sein. Aber wenn für die Hausaufgaben eine feste Zeit und ein fester Ort bestehen und ein Elternteil nötigenfalls Hilfestellung geben kann, fällt es einem Kind leichter, sich anzugewöhnen, die Hausaufgaben an die erste Stelle zu setzen.

Kapitel 14

Wie Sie Ihrem Kind bei den ersten Kochversuchen helfen können

Essen begeistert fast jeden, besonders Kinder. Sue Monson erinnert sich an die Bemerkung eines Mannes, der in ihre chaotische Küche kam, als sie als Kind zusammen mit einigen Freundinnen gerade Kuchenteig rührte. „Wäre das schön, wenn meine Frau unsere Kinder auch so etwas machen lassen würde. Aber sie meint, das macht zuviel Umstände.“ Wenn ein Student, eine frischgebackene Ehefrau oder ein frischgebackener Ehemann die Küchenaufgaben übernehmen, dann hängt ihr Erfolg dabei davon ab, wieviel sie in der Vergangenheit schon mit Kochen zu tun hatten. Selbst wenn man nur fünf der wichtigsten Gerichte zuzubereiten gelernt hat, kann das schon ein Sprungbrett zu einer Vielzahl weiterer Menüideen sein. Das Selbstvertrauen aufgrund jener wenigen Gerichte kann das Eingewöhnen in die neue Aufgabe erträglich, ja sogar angenehm machen.

Wie können Sie Ihren Kindern helfen, die Grundlagen des Kochens zu erlernen? Beteiligen Sie sie an Ihrer täglichen Mahlzeitenvorbereitung. Eine der täglichen Aufgaben im Haushalt könnte die des Küchenhelfers sein. Dabei kann das Kind bei der Vorbereitung des Abendessens Hand in Hand mit dem Erwachsenen arbeiten, oder der Erwachsene spielt den Küchenhelfer für das Kind, so daß das Kind die Sache auf seine Art angehen kann. Teilen Sie jemanden für das Sonntagsfrühstück oder das Samstagsmittagessen ein. (Nehmen Sie sich Zeit für die Vorbereitungen, so daß das Kind helfen kann, das Menü zu planen und dafür zu sorgen, daß alle Zutaten vorhanden sind.) Zwei Schwestern unter zehn Jahren bekamen die Aufgabe, jeden Donnerstagabend das Abendessen vorzubereiten, während ihre Mutter die Jungschargruppe leitete. Eine andere Mutter in Kanada benutzte die Rezeptbox als Anreiz. Sie schenkte jedem ihrer Teenager (einem Jungen und einem Mädchen) eine Rezeptbox zu Weihnachten und versprach ihnen eine Kopie jedes Rezepts, das sie erfolgreich zuzubereiten lernten. Als die Kinder später das Elternhaus verließen, nahmen Sie ihre Sammlung erprobter und beliebter Rezepte mit, zusammen mit einem Gefühl des Selbstvertrauens und einer Kiste voller schöner Erinnerungen.

Bedenken Sie, daß die Erfahrung Sie sehr effizient gemacht hat. Eine Mahlzeit, die Sie in einer Stunde zubereiten und servieren können, kann bei einem Kind doppelt oder dreimal so lange dauern. Beugen Sie einem frustrierenden Erlebnis vor, indem Sie reichlich Zeit einplanen. Lassen Sie Ihr Kind erst mehrere Male ein Gericht erfolgreich zubereiten, bevor es sich an eine ganze Mahlzeit wagt. Wenn Sie ihm dann die volle Verantwortung für eine Mahlzeit übertragen, üben Sie keine Kritik an seinen Bemühungen oder dem Ergebnis. Jeder Koch hat schon viele peinliche Fehler gemacht. Lassen Sie Ihre Kinder aus ihren Erfahrungen lernen, so daß sie Stolz und Selbstvertrauen aufbauen können.

Zeigen Sie Ihren Kindern, wie man die Essensvorbereitungen in Zeitblöcke einteilt. Wenn zum Beispiel das Backen von Ofenkartoffeln eine Stunde dauert, sollte man die Kartoffeln in den Ofen stellen, bevor man die grünen Bohnen kocht, die nur zehn Minuten brauchen. Indem man von der Zeit, zu der das Essen auf dem Tisch stehen soll, zurückrechnet, kann man klarer abschätzen, wie lange die Vorbereitungen dauern werden. Lassen Sie dabei stets etwas Pufferzeit für Unterbrechungen und Mißgeschicke.

Kinder mögen die Regel: „Wer kocht, muß nicht abräumen oder abwaschen." Das bedeutet nicht, daß sie nicht beim Kochen ihre Utensilien aufräumen müssen. Aufräumen und Dinge an ihren Platz zurücklegen gehört mit zur Vorbereitung. Wer zum Beispiel einen Kuchen backt, muß auch die Zutaten wieder wegstellen, den Knethaken abwaschen und die Arbeitsplatte abwischen. Doch wenn ein Kind gekocht hat, freut es sich, wenn es vom Geschirrspülen nach dem Essen ausgenommen ist.

Besondere Anerkennung durch Auszeichnungen geben der Sache einen zusätzlichen Reiz. Verleihen Sie den „Prima-Pudding-Pokal" oder die „Makkaroni-Meister-Medaille", wenn diese Gerichte erfolgreich zubereitet wurden. Solche Auszeichnungen lassen sich ganz einfach aus Papier und Bändchen herstellen. Präsentieren Sie die Auszeichnungen beim Familienrat mit viel Trara, und hängen Sie sie irgendwo gut sichtbar auf, so daß die Inhaber ihre Freude daran haben.

Eine Mutter trägt alle Zutaten für Kekse oder einen Kuchen zusammen, breitet sie auf dem Küchentisch aus und bedeckt sie mit einem Tuch. Wenn ihre Kinder mit ihren Morgenaufgaben fertig sind, dürfen sie die Zutaten aufdecken und ihr entweder helfen, die Leckereien zu backen, oder es selbst tun. Das Überraschungselement hilft den Kindern, ihre Morgenaufgaben zügig zu erledigen, um sich mit einem Kocherlebnis zu belohnen.

Meßmethoden müssen früh erlernt werden. Bringen Sie einem Kind bei, wie man mit einem Meßbecher Flüssigkeiten abmißt, indem man ihn in Augenhöhe hält, um die richtige Linie zu sehen, und wie man im Gegensatz dazu Meßbecher für sehr dickflüssige oder trockene Zutaten verwendet, die erst mit einem Teigschaber glattgestrichen werden müssen.

Sobald Kinder ein paar Meßmethoden erlernt haben, können sie anfangen, Rezepte zu benutzen. Achten Sie darauf, daß sie ein paar Grundbegriffe des Kochens beherrschen, bevor Sie sie loslassen. Die folgende Liste wäre ein guter Anfang:

Aufschäumen: schlagen, bis es weich und schaumig ist
Backen: im Ofen garen
Braten: mit etwas Öl auf der Herdplatte garen
Bräunen: bei hoher Hitze garen, bis es braun wird
Einfetten: Pfanne oder Blech mit Backfett einreiben, damit die Zutaten nicht anhängen
Hacken: in kleine Stücke schneiden
Kochen: in Flüssigkeit garen
Mixen: zusammenrühren
Reiben: Zutaten auf einer Reibe zerkleinern
Schlagen: rasch rühren, um eine Mischung zu glätten (mit dem Löffel, dem Schneebesen oder dem Elektromixer)
Sieden: erhitzen, so daß nur wenige Bläschen aufsteigen
Verrühren: mehrere Zutaten zusammenmischen, bis sie glatt und gleichförmig sind
Würfeln: in kleine Stücke schneiden

Es gibt viele Rezepte, die Kinder leicht zubereiten können, wenn sie diese Begriffe beherrschen. Einige Speisen, mit denen man anfangen könnte, sind die folgenden:

Eierpfannkuchen
Gefüllter Sellerie
Knoblauchbrot
Salat
Bananen-Split
Rührei
Weich-/hartgekochte Eier
Hawaii-Toast
Heiße Getränke
Eis aus Orangensaft
Belegte Brote
Obstsalat aus Dosenobst

Würstchen
Suppe (aus einer Dose oder Packung)
Spaghetti mit Tomatensauce
Pizza
Bratkartoffeln

Die meisten Buchhandlungen haben eine reiche Auswahl an Kochbüchern speziell für kleine Köche. Sie eignen sich hervorragend als Geschenke.

Auch die Volkshochschule oder ähnliche Einrichtungen können Kindern helfen, das Kochen zu lernen. Nicht zu vergessen die Großeltern, die einfach den Kniff heraus und viel Geduld zu haben scheinen, wenn es um köstliche Rezepte und Kochmethoden geht. Nutzen Sie diese Hilfe.

Auch wenn Ihnen selbst das Kochen keinen Spaß macht, haben Sie vermutlich gelernt, nahrhafte Mahlzeiten relativ mühelos zuzubereiten. Geben Sie diese Grundkenntnisse an Ihre Kinder weiter. Eine Frau erinnert sich an eine Zimmerkameradin vom College namens Pat, die einmal in der Woche mit Kochen an der Reihe war – ein Tag, den die fünf anderen Bewohnerinnen der Wohnung fürchteten. Abgesehen davon, daß sie viermal soviel Geld ausgab wie sie, brauchte Pat auch noch den ganzen Nachmittag, um die Mahlzeit vorzubereiten, und den ganzen Abend, um das Chaos zu beseitigen. Sie war auf die Universität gekommen, ohne auch nur eine einzige Mahlzeit zubereiten zu können. Indem Sie Ihren Kindern zu Hause Gelegenheit zum Kochen geben, können Sie ihnen solcherlei Erlebnisse ersparen.

Kapitel 15

Wie Sie Ihrem Kind helfen können, sich mit der Nachbarschaft und der Stadt vertraut zu machen

In einer kalten Regennacht im September verließ Heike, eine jun ge Erwachsene, um halb eins das Haus einer Freundin, um die zwanzigminütige Fahrt nach Hause anzutreten. Doch sie fuhr immer im Kreis herum und entfernte sich dreieinhalb Stunden lang immer weiter von zu Hause weg. Zweimal hielt sie an, um Polizeibeamte nach dem Weg zu fragen, doch ihre Verwirrung wurde nur noch größer. Um vier Uhr morgens schließlich rief sie zu Hause an und rief verzweifelt: „Hilfe, ich habe mich verirrt!“ Sie bekam eine einfache Wegbeschreibung, die nur über bekannte Straßen führte, und wurde angewiesen, wieder anzurufen, falls sie sich wieder verirrte. Nachdem sie ihr letztes Geld an einer Tankstelle für Benzin investiert hatte, machte sie sich auf den Heimweg. Doch aus den vierzig Minuten, die es hätte dauern sollen, bis sie nach Hause kam, wurden weitere vier Stunden. Völlig verwirrt und ahnungslos, wie sie sich an den aufsteigenden oder absteigenden Hausnummern orientieren konnte, fuhr sie weiter, bis ihr das Benzin ausging, schlief in dem kalten Auto ein und wurde schließlich von einem Fremden geweckt. Er nahm sie in seinem Lieferwagen mit zur nächsten Tankstelle, spendierte ihr einen Kanister Benzin und beschrieb ihr den Weg nach Hause. Sie war nur noch ein paar Kilometer davon entfernt. Zum Glück verlief ihre Begegnung mit dem Fremden harmlos, doch dieses total frustrierende und traumatische Erlebnis für die Zwanzigjährige hätte sich vermeiden lassen, wenn sie beizeiten ein paar Grundbegriffe des Navigierens gelernt hätte.

Wie können Sie Ihren Kindern helfen, einen guten Orientierungssinn zu entwickeln und zu lernen, wie man eine Karte liest? Vielleicht denken Sie, die Kunst, Karten lesen zu können, sei ein Naturtalent, das manche Menschen nun einmal besitzen, andere dagegen nicht. Doch diese Vorstellung ist meist nur ein Vorwand für die Einstellung: „Sollen die anderen doch den Weg finden, ich fahre einfach mit." Ein paar Grundkenntnisse im Kartenlesen sind nicht nur nützlich, sondern geben auch dem Selbstvertrauen Ihres Kindes Auftrieb.

Sollte das Kartenlesen nicht an der Schule unterrichtet werden? Vielleicht, und manche Schulen tun das auch, aber meist nur in ganz allgemeiner Weise und wenig bis gar keinem Training auf der Straße. In einem Schulbuch die Richtungen Nord, Süd, Ost und West zu erkennen, ist etwas anderes, als Kinder loszulassen, damit sie sich auf den Straßen einer großen Stadt zurechtfinden. Benutzen Sie die Richtungsworte sowie die Namen der Straßen in der Nähe, wenn Sie mit Ihren Kindern reden. Wenn Ihr Kleinkind Straßen und Dörfer im Sandkasten baut, nutzen Sie dieses erwachende Interesse, um ein detaillierteres Verständnis aufzubauen. Um Kindern zu helfen, die Anlage Ihrer Straßen zu erkennen, können Sie mit Filzstiften eine Karte Ihrer Nachbarschaft auf ein großes Stück Stoff zeichnen. Wenn die Kinder dann auf diesen benannten Straßen mit Autos, Tieren und Figuren spielen, fangen sie an, das Kartenlesen zu lernen.

Viele Eltern stellen fest, daß ihre Kinder durchaus erpicht darauf sind, sich in der Nachbarschaft auszukennen. Frühzeitig investierte Lehrzeit kann so manche Sorge ersparen, wenn sich Kinder verlaufen haben! Wenn Sie durch die Straßen Ihrer Gegend gehen oder fahren, machen Sie das für Ihre Kinder zu einer Lernerfahrung, indem Sie auf auffällige Gebäude wie Kirchen, Schulen oder Häuser in verschiedenen Stilen und Farben hinweisen. Erwähnen Sie die Namen der Straßen und die Art und Weise, wie die Häuser numeriert sind. Es ist erstaunlich, wie viele Zehnjährige noch nicht in der Lage sind, die Straßen zu benennen, die nur zwei oder drei Häuserblocks von ihrem Elternhaus entfernt sind.

Wenn das Kind dann älter wird, kann jede Autofahrt Gelegenheit geben, eine Lektion anzubringen. „In welcher Richtung fahren wir jetzt?" „Achte auf die Zahlen an den Straßenschildern. Fahren wir jetzt auf die Stadtmitte zu oder davon weg?" Lassen Sie Ihre Kinder üben, indem sie bei besonderen Familienausflügen, z. B. in den Zoo, die Navigation übernehmen. Geben Sie ihnen einen Stadtplan und fahren Sie nur dorthin, wohin sie Sie führen.

Eine Familie, die in eine andere Stadt zog, fand es sehr hilfreich, für mehrere Wochen einen Stadtplan an die Küchenwand zu hängen. Jedesmal, wenn sie einen neuen Ort in der Stadt aufsuchten, markierten sie die Route auf der Karte und folgten ihr von ihrem Haus bis zum Ziel. Es dauerte nicht lange, bis allen die wichtigsten Straßen und die ungefähren Standorte der Einkaufszentren, Arztpraxen und anderer wichtiger Einrichtungen vertraut waren.

Kinder, die in ländlichen Gemeinden wohnen, brauchen vielleicht nicht soviel Geschick im Umgang mit Straßenkarten wie ein Stadtbewohner. Andererseits ist es nicht sehr wahrscheinlich, daß ein Kind sein Leben lang im heimischen Dorf zubringt. Der eine oder andere Ausflug in die Stadt, bei dem darauf geachtet wird, die Orientierungsfähigkeit zu fördern, kann ein wichtiges Erlebnis sein und das Selbstvertrauen für spätere Jahre aufbauen.

Auch bei der Benutzung öffentlicher Verkehrsmittel ist es nützlich, zu wissen, wie man eine Karte liest. Ein Taxifahrer kann

Sie nicht so schnell durch Umwege übervorteilen, wenn Sie sich auskennen, und Sie werden auch nicht erst einen Kilometer *nach* der Zahnarztpraxis aus Ihrem Bus aussteigen. Wenn Ihre Kinder mit dem Bus zu einem neuen Zielort fahren, geben Sie ihnen eine Liste der wichtigsten Straßennamen mit. So können sie nach der Straße Ausschau halten, die kurz vor ihrer Haltestelle kommt, und rechtzeitig auf den Signalknopf drücken. (Sorgen Sie dafür, daß die Kinder verstehen, daß sie mit diesem Signal den Busfahrer zum Halten veranlassen können.) Wenn es bei Ihnen eine U-Bahn gibt, dann wissen Sie, daß sie ein Monster sein kann, selbst für einen erfahrenen Reisenden. Begleiten Sie Ihre Kinder, bis sie mit ihrer Route vertraut sind. Halten Sie sie an, sich die ersten Male, die sie ohne Sie unterwegs sind, von einem Freund begleiten zu lassen. Dann können sie das unangenehme Erlebnis, sich zu verirren, zumindest gemeinsam tragen! Die Gefahr eines frustrierenden Mißerfolgs ist zwar groß, doch wenn man die Reise erfolgreich geschafft hat und zur richtigen Zeit am richtigen Ort angekommen ist, ist das ein großartiges Gefühl.

Berufstätige Eltern, die nicht immer verfügbar sind, um ihre Kinder von der Sportveranstaltung zum Klavierunterricht und von dort zum Haus eines Freundes usw. zu fahren, geben ihren Kindern dafür mehr Gelegenheit, den Umgang mit öffentlichen Verkehrsmitteln zu üben. Selbstvertrauen und Selbständigkeit entwickeln sich, wo Kinder diese Erfahrungen zu meistern lernen.

Erfahrung ist der Schlüssel. Nutzen Sie die Orte, die Sie bereits aufsuchen, und die Karten, die Sie bereits besitzen, um Ihr Kind mit seiner Umgebung vertraut werden zu lassen. Indem Sie sich jetzt, wo Ihre Kinder noch bei Ihnen sind, die Zeit nehmen, sie zu schulen, ersparen Sie ihnen Heikes unangenehmes Erlebnis, sich zu verirren.

Kapitel 16

Wie Sie Ihrem Kind helfen können, Berufe kennenzulernen und seine Zukunft zu planen

„Was soll ich werden, wenn ich groß bin?" Die zukünftige Laufbahn Ihrer Kinder wirkt sich nicht nur auf sie selbst, sondern auch auf ihre Eltern aus. Wenn Sie Ihren Kindern sagen, was sie werden sollen, und sie sich dann später gegen Ihre Wünsche entscheiden, werden sie das Gefühl haben, Sie enttäuscht zu haben. Werden Sie das, was Sie wollen, haben aber keine Freude daran, werden sie Groll gegen Sie hegen. Ihre Aufgabe ist es nicht, zu sagen: „Werde Lehrerin!" oder „Werde Klempner!", sondern sie anzuleiten, (1) sich selbst kennenzulernen, (2) Berufe kennenzulernen und zu vergleichen und (3) einen Weg zu wählen, um ihre Ziele zu erreichen.

Einsichten über Ihre Kinder sind der Schlüssel zu ihren beruflichen Möglichkeiten. Ihr Kind bastelt vielleicht gern an Sachen herum, nimmt sie auseinander, setzt sie wieder zusammen oder baut etwas Neues daraus. Ein anderes Kind blüht vielleicht auf, wenn es ein Monatsbudget aufstellen oder die Quadratmeterzahl Ihres Gartens ausrechnen kann, um Dünger zu kaufen, und wieder ein anderes ist am liebsten ständig mit Freunden zusammen – ein echtes Konversationsgenie. So ein personenorientierter Mensch würde eine Tätigkeit als Wissenschaftler in der Forschung vermutlich als genauso einengend empfinden wie der datenorientierte Mensch eine Tätigkeit als Hotelmanager.

Eltern hören Kinder oft darüber phantasieren, was sie gerne werden möchten. Wenn der siebenjährige Johannes davon redet, daß er gerne Fußballstar werden möchte, lassen Sie ihm den Spaß, selbst wenn Sie schon sehen, daß seine Stärke wohl eher nicht in dieser Richtung liegt. Redet er allerdings mit zwölf immer noch davon, ein Fußballheld zu werden, wobei er allerdings in der Jugendliga nicht das geringste Talent zeigt, können Sie anfangen, etwas Realismus in seinen Traum hineinzubringen. Fragen Sie ihn: „Warum stellst du dir das so aufregend vor? Was würdest du sonst gerne werden, wenn du aus irgendeinem Grund nicht Fußballer werden könntest?“ Aber machen Sie solche unrealistischen Ziele nicht zum großen Thema – Berufsentscheidungen braucht man nicht mit zwölf zu treffen.

Bieten Sie Kindern eine breite Basis an Erfahrungen. Nehmen Sie sie an verschiedene Orte mit, und ermutigen Sie sie, sich Vereinen anzuschließen und Hobbys zu betreiben. Städte und Gemeinden bieten eine Vielzahl an Programmen, um den Interessen von Kindern entgegenzukommen – weisen Sie sie auf diese Möglichkeiten hin. Versuchen Sie, die Erfahrungsmöglichkeiten, die Sie anbieten, nicht nach dem Geschlecht zu filtern. Wenn ein Freund Ihrer Tochter sagt, daß sie nur Krankenschwester werden könne, aber nicht Arzt, versuchen Sie, sie mit einer Ärztin oder einem Krankenpfleger bekanntzumachen. Machen Sie deutlich, daß ihr Verlangen und ihre Fähigkeit wichtiger sind als ihr Geschlecht. Achten Sie auf die Schulfächer, in denen Ihre Kinder sich auszeichnen, und sparen Sie nicht mit Lob dafür. Schärfen Sie ihnen ein, daß ihr „Job“ als Schüler – pünktlich in die Schule zu gehen und ihre Aufgaben gewissenhaft zu erfüllen – wichtig für ihren späteren beruflichen Erfolg ist.

Ihre Aufgabe als Eltern beinhaltet, daß Sie Ihrem Kind helfen, eine positive Einstellung zum Arbeiten zu entwickeln. Ein Berufsberater an einem Gymnasium äußerte, die häufigste Klage von Arbeitgebern sei: „Warum können Sie den Kindern nicht beibringen, eine positive Einstellung zu haben?“ Wenn Sie als Eltern Ihre Rolle als einen wichtigen Beitrag zur Gesellschaft betrachten, wird Ihr Kind diese Einstellung wahrscheinlich von Ihnen übernehmen.

Die Gelegenheiten, die Sie Ihren Kindern bieten, und die Einstellung, die Sie ihnen vermitteln, werden ihnen helfen, den Glauben an sich selbst zu finden, ein gutes Selbstwertgefühl zu entwickeln und herauszufinden, woran sie wirklich Interesse haben. Wenn sie dann um die siebzehn sind, sollten sie besser in der Lage sein, ehrlich auf die Frage zu antworten: „Woran habe ich wirklich Freude? Welcher Lebensstil ist der richtige für mich?“

Berufe kennenlernen und vergleichen

Wer sich selbst kennt, ist besser in der Lage, Berufe kennenzulernen und zu vergleichen. Als Christiane, Schülerin einer Oberschule, nur noch davon sprechen konnte, wie aufregend es sei, auf einer Ranch zu arbeiten und Pferde zu trainieren, arrangierten ihre Eltern ein Praktikum auf einer Ferienranch für sie. Nachdem sie den ganzen Sommer lang Pferde gefüttert, gestriegelt und gesattelt und ihre Hinterlassenschaften beseitigt hatte, kam Christiane zu dem Schluß, daß das Ranchleben doch nicht so romantisch sei, und war bereit, über andere Berufsmöglichkeiten nachzudenken. Wohin können Sie Ihre Kinder schicken, damit sie Orientierung gewinnen? Lassen Sie sie Leute nach ihren Berufen fragen und Arbeitsplätze besuchen, um ihr Verständnis zu erweitern. Laura war fest entschlossen, Krankenschwester zu werden, bis sie eine kleine Klinik besuchte und vom Geruch der Anästhetika ohnmächtig wurde. Viele Schulen bieten berufskundliche Programme an, die Ihrem Kind seine Fragen nach den Aussichten auf eine Stelle beantworten und passende Berufe für seine schulischen Stärken und Schwächen vorschlagen können. Es gibt auch Befähigungstests, um die Interessen und Fähigkeiten zu analysieren. Natürlich werden diese Tests Ihrem Kind nicht verraten, was es werden soll, doch sie werden ihm Hinweise auf mögliche Richtungen geben. Berufsberater können auch Hilfestellung für Vorstellungsgespräche und Bewerbungen geben und aktuelle Bücher und Zeitschriften zu verschiedenen Berufen empfehlen.

Ein anderer Berufsberater gab als allererstes zu bedenken, daß die wichtigsten Lehrer die Eltern sind, was die grundlegenden Fähigkeiten der Arbeitswelt angeht: einen Scheck ausschreiben, eine Einkommensteuererklärung anfertigen, dafür sorgen, daß das Kind sozialversichert ist. Vergessen Sie nicht diese wichtigen Details.

Den Weg zum Ziel wählen

Wenn das Kind die Antwort auf die Frage „Was will ich werden?“ kennt, lautet die nächste Frage: „Wie erreiche ich mein Ziel?“ Zuerst informieren Sie sich, welche Anforderungen ein Berufsanwärter auf diesem Gebiet erfüllen muß, und dann machen Sie sich daran, sie zu erfüllen. Auch hier können wieder Berufsberater an den Schulen helfen, indem sie Ihr Kind auf die besten Schulen und Ausbildungsmöglichkeiten in Ihrer Stadt hinweisen. Vielleicht bietet sogar die Schule selbst hier Möglichkeiten. Gerald beschloß in seinem ersten Jahr in der Oberschule, Tierarzt zu werden. Von diesem Moment an arbeitete er mit all seinen Kursen, seinen Nebenjobs und dem größten Teil seiner Freizeitlektüre auf dieses Ziel hin. Was er dabei lernte, bestätigte ihn in seiner Wahl, und mit fünfundzwanzig Jahren saß er beruflich fest im Sattel und arbeitete nach seiner Promotion weiter wissenschaftlich. Gerald ist ein ungewöhnlicher Fall, denn nur wenige

Kinder wissen schon so früh genau, welcher Beruf zu ihnen paßt. Ist jedoch die Entscheidung einmal gefallen, sollte man sich bemühen, sich so viel wie möglich mit dem gewählten Fachgebiet zu beschäftigen, wie es Gerald tat. Halten Sie Ihre Kinder an, die Bekanntschaft von Leuten zu suchen, die in ihrem Wunschberuf tätig sind, und sich um Praktika und Nebenjobs auf diesem Gebiet zu bemühen. Berufswechsel sind in unserer Gesellschaft nichts Ungewöhnliches mehr; nur wenige Leute bleiben bis zum Ruhestand in ein und demselben Beruf tätig. Zeigen Sie Verständnis, wenn auch Ihre Kinder Veränderungen durchmachen.

Denken Sie an die Warnung vieler Karrierespezialisten: „Ein Universitätsstudium ist keine Garantie für beruflichen oder finanziellen Erfolg." Helfen Sie Ihrem Kind, über die verschiedensten Ausbildungsmöglichkeiten nachzudenken, von Berufs- und Handelsschulen bis zum Wehr- oder Zivildienst und zu Lehrstellen. Viele Universitätsabsolventen finden leider keine Anstellung und müssen sich mit einer Arbeit zufriedengeben, die nichts mit ihrem gewählten Beruf zu tun hat. Ein unternehmungslustiger junger Mann studierte Computerwissenschaften an einer technischen Universität und arbeitete nebenbei als Schweißer, ein Handwerk, das er während seiner Schulzeit gelernt hatte. Seine Schweißerfirma war so erfolgreich, daß er damit sein Studium der Computerwissenschaften bis zum Abschluß finanzieren konnte. Ermutigen Sie Ihre Kinder, sich zwei Berufe zu wählen – einen, der praktisch und leicht zu vermarkten ist, und einen anderen, den sie wirklich verfolgen wollen. Auf diese Weise könnten junge Erwachsene auf dem Arbeitsmarkt doppelt soviel wert sein.

Ihr Kind kann versuchen, Stipendien oder Studentendarlehen zu erlangen. Informationen darüber erteilen die Berufsberatungen und die Universitäten. Jedes Jahr bleiben riesige Summen an Stipendien ungenutzt, weil niemand das Geld beantragt. Nicht nur die Universitäten bieten Stipendien an, sondern auch staatliche Stellen, Industrie und andere Einrichtungen. Das Bundesausbildungsförderungsgesetz (BAFöG) sieht günstige Darlehen für Schüler, Auszubildende und Studenten vor, die erst nach dem beruflichen Abschluß je nach Einkommen zurückgezahlt werden.

Vor allem aber stehen Sie als Gesprächspartner für Fragen, Sorgen und Ängste zur Verfügung. Das Selbstvertrauen, das Sie bei Ihrem Kind gefördert haben, indem Sie es zur Selbständigkeit anhielten und lehrten, einen eigenen Haushalt zu führen, wird auch in dieser entscheidenden Zeit eine wichtige Stütze sein.